宁波社科咨政报告

❦ 2022 ❦

POLICY ADVISORY
REPORT ON NINGBO SOCIAL
SCIENCES 2022

傅　晓◎主编

ZHEJIANG UNIVERSITY PRESS
浙江大学出版社
·杭州·

图书在版编目（ＣＩＰ）数据

宁波社科咨政报告. 2022 / 傅晓主编. -- 杭州 ：
浙江大学出版社，2024.7
ISBN 978-7-308-25061-0

Ⅰ．①宁… Ⅱ．①傅… Ⅲ．①社会科学－研究报告－
宁波－2022 Ⅳ．①C125.53

中国国家版本馆 CIP 数据核字(2024)第 111410 号

宁波社科咨政报告 2022

NINGBO SHEKE ZIZHENG BAOGAO 2022

傅晓　主编

策划编辑	吴伟伟
责任编辑	陈　翩
责任校对	丁沛岚
封面设计	雷建军
出版发行	浙江大学出版社
	（杭州市天目山路148号　　邮政编码310007）
	（网址：http://www.zjupress.com）
排　　版	杭州林智广告有限公司
印　　刷	杭州高腾印务有限公司
开　　本	710mm×1000mm　1/16
印　　张	18
字　　数	300千
版 印 次	2024年7月第1版　2024年7月第1次印刷
书　　号	ISBN 978-7-308-25061-0
定　　价	88.00元

前 言

　　围绕党委、政府中心工作，服务经济社会发展，深入研究、出谋划策、积极发声，是哲学社会科学工作的重要职能。长期以来，宁波市社科院（市社科联）围绕宁波发展的全局性、战略性、前瞻性问题，积极组织全市社科界力量开展研究，并通过《社科成果专报》及时向市领导报送研究成果和对策建议，为党委、政府决策提供理论支撑和智力支持，发挥了思想库、智囊团的重要作用。

　　本书收录了入编 2022 年度 47 期《社科成果专报》的部分优秀研究成果，涉及现代化滨海大都市建设、产业升级与创新发展、文化传承与发展、公共服务与教育、党建与社会治理等，力求通过深入的理论和实践研究，为宁波奋力推进"两个先行"、加快现代化滨海大都市贡献社科智慧和力量。入编成果体现了问题导向和实践导向，具有较强的前瞻性、针对性和可操作性，先后获市领导批示 37 人次，其中主要领导批示 23 人次，反映了社科研究服务经济社会发展的成效。

　　由于水平有限，本书难免有错漏之处，敬请批评指正。

宁波市社科院（市社科联）

2023 年 12 月

目 录

三 **文化传承与发展**

四　公共服务与教育

五　党建与社会治理

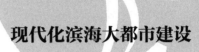

现代化滨海大都市建设

从两会舆情热点看现代化滨海大都市美好图景的向心力凝聚力

2022 年两会期间，宁波市宣传系统统筹宣传资源，创新宣传载体，丰富宣传形式，全方位、多角度、立体式及时宣传报道两会精神和内容。运用"新浪舆情通"大数据平台分析发现，舆情对两会的关注热度高，"六个之都""六大变革""港产城文"三大主题位居舆情热点前列，文化和旅游事业、全球智造创新之都、共同富裕、乡村振兴、发展动能变革、要素配置变革、城乡品质变革等话题受热议。舆情热点体现了"六个之都""六大变革"的广泛社会基础，展现了现代化滨海大都市美好图景强大的向心力和凝聚力。

一、会前积极预热、会中及时推送，舆情关注热度高

2022 年 4 月 6 日，中国宁波网发布宁波即将进入"两会时间"的报道，介绍会议议程。该报道被媒体转发 221 次，两会话题热度初现。4 月 8 日，政协会议开幕，媒体关注量迅速增加，舆论持续升温。4 月 10 日，相关报道达到 2108 条的峰值（见图 1）。会议后半程，媒体围绕"建设现代化滨海大都市"集中报道，舆情走势持续攀升。截至 4 月 12 日 24 时，两会期间媒体累计报道量达 6469 条，平均传播速度高达 38.50 条 / 时。

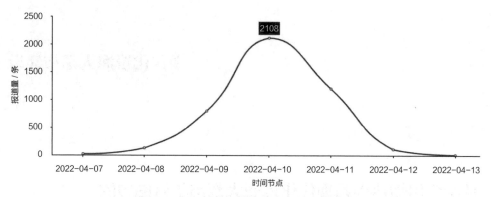

图 1　2022 年时间节点宁波两会舆情走势

二、本地媒体、省级媒体、中央媒体多方报道，立体展示宁波形象

（一）本地媒体第一时间发布权威信息，发挥了主场引领作用

《宁波日报》《宁波晚报》、甬派、宁波广电网、中国宁波网、北仑新闻网、镇海新闻网、慈溪新闻网等本地媒体第一时间开设专栏，对两会情况进行全方位报道，并及时发布重磅信息和权威解读。多个报道的阅读量迅速突破 10 万人次，营造了良好的舆论氛围。如：甬派《宁波市新一届国家机关领导人选出！》《宁波四套班子"全家福"来了》12 小时阅读量均超过 100 万人次，《定了！2022 年宁波 10 件民生实事项目出炉》12 小时阅读量超过 56 万人次，《宁波市 2022 年政府工作报告全文发布》5 小时阅读量超过 26 万人次；90 多万人次参与甬派的"两会云问答"，32.4 万人次参与"代表通道"互动。

（二）省级媒体多视角解读，全方位呈现宁波形象

省级媒体对宁波市重大战略进行了解读式报道。浙江在线以《超常规！政府工作报告中这三个字传递出制造业大市怎样的转型决心》为题，对宁波市加快推动数字经济产业跨越式发展战略进行了专门解读，文章被转发 152 次。荆楚网、齐鲁网、小时新闻等省级媒体对"秸秆焚烧""环境保护""共同富裕""新型基础设施建设"等多个主题进行了报道，相关文章累计转发量达 158 次。

（三）中央媒体关注重点，提升宁波的全国影响力

新华网、央广网、人民政协网、中国搜索、中国新闻网等中央媒体对两会热点进行了重点报道。如新华网以《做强数字化改革底座，宁波移动加快推进新型基础设施建设》为题，对宁波市全面推进数字化改革进行了报道，阅读量达

81.7 万人次；央广网以《数读宁波：从政府工作报告中读懂宁波未来五年发展》为题、中国新闻网以《宁波市政协十六届一次会议开幕聚焦五年新目标》为题报道了宁波未来发展总体战略，累计转发量达 1136 次。

三、新兴数字媒体优势凸显，成为舆论热度主力军

新浪微博、微信公众号、百家号、今日头条、抖音等新媒体积极参与两会热点的报道，报道量占总体报道量的 93.71%。其中，新浪微博以 83.26% 的平台活跃度占比高居首位，微信、百家号、今日头条的平台活跃度占比分别为 5.19%、2.90%、1.82%。政府工作报告中的"有序推进降碳节能"相关内容在新浪微博上累计被转发 1058 次、点赞 1714 次；提案"持续优化营商环境，立足港口这一最大资源，打造国际冷链枢纽平台"相关内容在微信公众号、今日头条等平台被 25 家数字媒体报道与转发；提案"加快构建新型算力网络，助推数字经济发展"相关内容在新媒体平台的累计阅读量达 6.1 万人次；百家号以短视频方式对提案"宁波等你来亚运，象山等你来看海"进行了报道。数字新媒体"短平快新"的报道形式，从另一个视角展现了数字赋能城市发展的力量。

四、热点紧扣时代主题，内容有效连接群众呼声与政府关切

"六个之都""六大变革""港产城文"三大主题位居舆情热点前列（见图 2），"发展动能变革""文化和旅游事业""全球智造创新之都""共同富裕""港城文化建设"等高居话题榜前列。

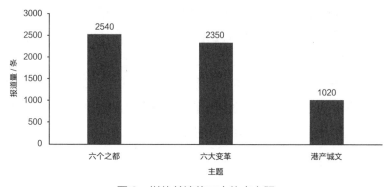

图 2　媒体关注的三大热点主题

（一）"六个之都"成为舆论最热主题

政府工作报告中关于"六个之都""六大变革""现代化滨海大都市建设"等内容迅速抬升舆情热度，"六个之都"成为 2022 年宁波两会期间最热主题。文化和旅游事业、全球智造创新之都和共同富裕是媒体主要关注的热点议题（见图 3）。

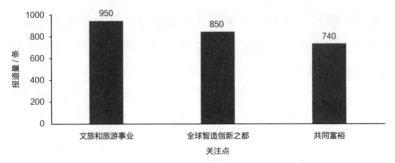

图 3 媒体对"六个之都"的主要关注点

"文化和旅游事业"是"六个之都"主题下热度最高的关注点，代表委员发声也较为集中。"如何让文化与旅游发展助力宁波现代化滨海大都市建设"话题在各个平台持续走热，网友普遍认同"文化是城市的根脉，更是源源不绝的力量之源"。发展文化和旅游事业既是实实在在的民生工程，也是提升宁波软实力的战略举措。27 家媒体对提案"通过文化引领，打造宁波塘河三十六景"进行了报道，相关文章在甬派上的阅读量达 6.4 万人次；16 家媒体对提案"紧抓亚运契机，繁荣文体事业"进行了报道，相关文章在甬派上的阅读量达 7.3 万人次。

"打造全球智造创新之都"居"六个之都"舆情热点第二位。抢抓数字经济发展机遇，引领发展之变、开创风气之先，激发创新活力和发展潜能，融入产业升级并引领经济社会发展，成为委员和各界的共同呼声。

"共同富裕"居"六个之都"舆情热点第三位。提案"探寻数字赋能共同富裕'宁波路径'"相关报道在甬派上的阅读量达 10.1 万人次，"艺术赋能村民，村民振兴乡村"相关报道在甬派上的阅读量超 18 万人次

（二）社会各界期待"六大变革"更加具体、务实

"发展动能变革""要素配置变革""城乡品质变革"等议题位居"六大变革"舆情热点前列（见图4）。

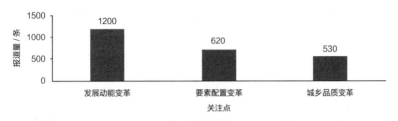

图4　媒体对"六大变革"的主要关注点

"发展动能变革"热度最高，"内需"作为经济平稳运行的"压舱石"和"稳定器"被高度关注，"千方百计扩大内需"被代表委员屡屡提及。

"要素配置变革"居"六大变革"舆情热点第二位，热点内容涵盖促进要素资源向重点地区、重点产业、重点项目集中等多个方面。提案"抓好降碳节能工作，促进产业绿色低碳发展，实现经济社会绿色转型""通过科技创新专项促进绿色低碳科技创新""出台扶持政策，培养储能领域'高精尖缺'人才，促进储能企业健康发展"被媒体报道72次，相关文章在甬派上的阅读量达20多万人次。

"城乡品质变革"得到较高关注，"提升城市治理水平""科学防疫""秸秆绿色回收"等具体议题受到热议。"宁波城市大脑成为宁波城市运行治理、市民生活的'标配'"相关话题被媒体报道23次，相关文章在甬派上的阅读量高达24.3万人次；提案"统筹设计堵疏结合，从根本上解决秸秆露天焚烧问题"被媒体报道53次。

（三）"港产城文"融合发展是各界的一致期望

加快"港产城文"融合发展，是两会期间媒体较为关心的重要议题。舆情热点涉及港口建设、港城文化建设、城市形象宣传等（见图5）。

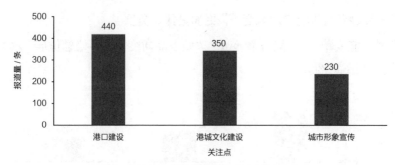

图 5 媒体对"港产城文"的主要关注点

加快建设世界一流强港，发挥港航经济优势备受关注。"港航物流产业做大做强""绿色港口建设""加快启动沿海管廊带建设，助力甬江科创区开发建设"等提案被媒体报道 94 次，相关文章的阅读量达 7.7 万人次。

港城文化建设受到热议。提案"涵养东方神韵与国际风范，打造宁波独有的城市气质"被媒体报道 27 次，相关文章的阅读量达 6.1 万人次；13 家媒体对提案"优化港产城文功能布局，提升整体效能"做了报道，相关文章的阅读量达 4.3 万人次。

城市形象宣传也是媒体关注热点。"结合区域特点与产业特征，借助新兴媒体做好宁波城市形象传播""塑造与传播令人过目不忘的城市文化形象，现代化滨海大都市应该是网红城市"等提案受热议，相关文章的阅读量达 4.2 万人次。

宣传系统全面、深度报道两会精神和内容，有效沟通了群众呼声与政府关切，让社会各界更加深入全面地了解了宁波发展战略和政府工作，立体化展示了宁波良好城市形象。舆情热点反映出社会民众高度认可"六个之都""六大变革"，对"港产城文"融合发展期望度较高，展现出现代化滨海大都市美好图景的巨大向心力和凝聚力。

"一带一路"职业教育研究基地　王　琪　吕建强　刘沪波

宁波市生产总值（GDP）排名相近城市竞争态势与争先进位对策建议

2021年，面对复杂的外部环境，宁波市委、市政府坚决贯彻落实党中央、国务院和省委、省政府各项决策部署，完整、准确、全面贯彻新发展理念，统筹常态化疫情防控和经济社会发展，全市经济保持较快增长，质量、效益不断提升，实现地区生产总值（GDP）14594.92亿元，居全国城市第12位，人均GDP居全省第一，增量、增速均为近年来最高值。"十四五"时期宁波如何实现更高质量发展，如何在激烈的城市竞争中实现GDP排名争先进位，是全市面临的重要考验。课题组选取GDP排名与宁波相近的4个城市，包括排在前面的天津、南京，排在后面的青岛、无锡，与宁波进行比较研究，对宁波实现高质量发展、GDP排名争先进位，提出对策建议。

一、宁波与主要竞争城市 GDP 增长态势比较

2021年，全国GDP超过万亿元的城市共有24个，排在宁波前面的有11个，排在宁波后面的有12个。其中，与宁波GDP相对接近的是排在第11位、第10位的天津、南京和排在第13位、第14位的青岛、无锡。这4个城市是今后一段时期宁波争先进位的主要竞争对象。

（一）2021年5市GDP比较

2021年，天津实现GDP 15695.05亿元，比上年增长6.6%；南京实现GDP 16355.32亿元，比上年增长7.5%。两市分别高出宁波1100.13亿元、1760.4亿元，是宁波争先进位最为接近的目标，但宁波与这两个城市的GDP总量相比，还有较大的差距。

2021年，青岛实现GDP 14136.46亿元，比上年增长8.3%；无锡实现GDP 14003.24亿元，比上年增长8.6%。两市分别低于宁波458.46亿元、591.68亿元，

是与宁波 GDP 最为接近的"追兵"。两市与宁波的差距分别在 500 亿元和 600 亿元以内，相对于 1.4 万亿元以上的经济体量，这是一个很小的差距（见表 1、表 2、表 3）。

表 1 2016—2021 年宁波与主要竞争城市的 GDP　　　　　　　单位：亿元

城市	2016 年	2017 年	2018 年	2019 年	2020 年	2021 年
宁波	8972.83	10146.55	11193.14	12035.11	12408.66	14594.92
天津	11477.2	12450.56	13362.92	14055.46	14083.73	15695.05
南京	10819.14	11894.00	13009.17	14045.15	14817.95	16355.32
青岛	9283.17	10136.96	10949.38	11741.31	12400.56	14136.46
无锡	9340.16	10313.07	11202.98	11803.32	12370.48	14003.24

表 2 2016—2021 年宁波与主要竞争城市 GDP 的差值　　　　　单位：亿元

城市	2016 年	2017 年	2018 年	2019 年	2020 年	2021 年
天津	−2504.37	−2304.01	−2169.78	−2020.35	−1675.07	−1100.13
南京	−1846.31	−1747.45	−1816.03	−2010.04	−2409.29	−1760.40
青岛	−310.34	9.59	243.76	293.8	8.1	458.46
无锡	−367.33	−166.52	−9.84	231.79	38.18	591.68

表 3 2016—2021 年宁波与主要竞争城市 GDP 的比值　　　　　单位：%

城市	2016 年	2017 年	2018 年	2019 年	2020 年	2021 年
天津	78.18	81.49	83.76	85.63	88.11	92.99
南京	82.93	85.31	86.04	85.69	83.74	89.24
青岛	96.66	100.09	102.23	102.50	100.07	103.24
无锡	96.07	98.39	99.91	101.96	100.31	104.23

可见，目前宁波距前方标兵还有较远的距离，但后方"追兵"时刻迫近，宁波面临较大的压力。要想争先进位，既要加快追赶标兵，又要防止"追兵"超越，宁波必须以时不我待的紧迫感，保持较快的发展速度。

（二）2016—2021 年 5 市 GDP 增长比较

2016—2021 年，宁波与 4 个主要竞争城市相比，是 GDP 增量最多的城市。2016—2021 年，宁波 GDP 从 8972.83 亿元增长到 14594.92 亿元，增量达 5622.09 亿元，高于南京的 5536.18 亿元、青岛的 4853.29 亿元、无锡的 4663.08 亿元和天津的 4217.85 亿元；6 年累计增长率为 62.66%，高于青岛的 52.28%、南京的 51.17%、无锡的 49.93% 和天津的 36.75%（见表 4）。

表4　宁波等5市2016—2021年GDP累计增长比较

城市	2016年/亿元	2021年/亿元	累计增量/亿元	累计增速/%	年均增量/亿元	年均增速/%
宁波	8972.83	14594.92	5622.09	62.66	1124.42	12.53
天津	11477.2	15695.05	4217.85	36.75	843.57	7.35
南京	10819.14	16355.32	5536.18	51.17	1107.25	10.23
青岛	9283.17	14136.46	4853.29	52.28	970.66	10.46
无锡	9340.16	14003.24	4663.08	49.93	932.62	10.00

2016—2021年，宁波与天津、南京的GDP差距分别由2016年的2504.37亿元、1846.31亿元减少到2021年的1100.13亿元、1760.4亿元，占两市GDP的比例也分别由2016年的78.18%、82.93%上升到2021年的92.99%、89.24%。6年中，宁波GDP从2016年分别低于青岛、无锡310.34亿元、367.33亿元到2021年分别高于两市458.46亿元、591.68亿元（见表1）。

由于GDP总量的快速增长，2016年以来，宁波在全国城市中的GDP排位呈现上升态势，从2016年的第15位上升到2019年的第12位，2020年、2021年两年保持在全国第12位（见表5）。宁波的一般公共预算收入也从2016年的全国第12位上升到2021年的第10位，实现了GDP争先进位。

表5　2016—2021年宁波与主要竞争城市CDP排位变化

年份	宁波	天津	南京	青岛	无锡
2016	15	10	11	13	12
2017	13	10	11	14	12
2018	13	10	11	14	12
2019	12	10	11	14	13
2020	12	11	10	13	14
2021	12	11	10	13	14

2016—2021年宁波GDP能够实现争先进位，一是得益于宁波全市上下勠力同心、努力奋斗，奋力进行"六争攻坚、三年攀高"，加快建设现代化滨海大都市，实现了经济社会快速发展。二是得益于宁波GDP保持了比较高的名义增长率。2016年以来，与天津、南京、青岛、无锡相比，宁波GDP名义增速多数年份高于这些城市，尤其是2021年，宁波GDP名义增速达到17.62%,远高于这些城市（见图1、表6）。三是得益于2019年全国第四次经济普查GDP数据的修订。经过普查，宁波等5个城市2019年及以前的GDP数据都得以修订。其中宁波、南

京、无锡总量调增，天津、青岛 GDP 总量调减（见表 7）。天津、青岛两市 2016 年 GDP 分别由初步核算时的 17885.39 亿元、10011.29 亿元调减到 11477.2 亿元、9283.17 亿元。其中，天津下调幅度高达 35.83%，从全国排位第 5 位下跌到全国第 10 位，再加上"十三五"时期天津过度依赖固定资产投资，经济转型升级缓慢，使宁波 GDP 快速接近天津。南京、无锡两市 GDP 在第四次全国经济普查中虽然都有上调，但上调幅度均小于宁波，使宁波 GDP 在竞争城市中的排位上升。

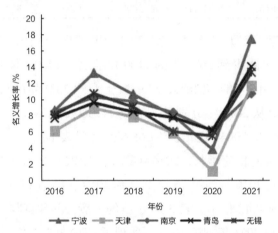

图 1　2016—2021 年宁波等 5 市 GDP 名义增长率比较

表 6　2016—2021 年宁波等 5 市 GDP 名义增长率　　　　　　　　单位：%

城市	2016 年	2017 年	2018 年	2019 年	2020 年	2021 年
宁波	8.17	13.08	10.31	7.52	3.1	17.62
天津	5.49	8.48	7.33	5.18	0.2	11.44
南京	8.02	9.93	9.38	7.96	5.5	10.38
青岛	7.21	9.2	8.01	7.23	5.61	14
无锡	7.59	10.42	8.63	5.36	4.81	13.2

表 7　宁波等 5 市 2016 年 GDP 初步核算与经济普查后修订数据比较

城市	初步核算 / 亿元	四经普调整 / 亿元	增减量 / 亿元	增减幅度 /%
宁波	8541.10	8972.83	431.73	5.05
天津	17885.39	11477.20	−6408.19	−35.83
南京	10503.02	10819.14	316.12	3.01
青岛	10011.29	9283.17	−728.12	−7.27
无锡	9210.02	9340.16	130.14	1.41

同时，我们也要清醒地认识到，2021 年宁波 GDP 增量和名义增速虽然比上年大幅上升，创近几年新高，但这一增长既得益于较快的增速，也是大宗商品价格上涨带来的助推效应所致。2021 年宁波全年 PPI（工业生产者出厂价格指数）、CPI（消费者物价指数）上涨幅度均高于全国和全省水平。由于与大宗商品关联度高的工业、批发零售业在宁波 GDP 中占比较高，所以对以现价计算的增加值总量起到明显的助推作用。

如前所述，2016—2021 年宁波 GDP 的增长和全国排位的上升是多种因素造成的，其中一些因素如大宗商品价格上涨、竞争城市增速缓慢、经济普查数据调整等对宁波来说是不可控制、不可持续的。今后一段时期，宁波能否维持这种高增长的势头，继续实现争先进位，更多地要靠自身努力。

二、宁波 GDP 争先进位前景分析

今后一段时期，宁波 GDP 争先进位高质量发展，既面临重要机遇，也面临严峻挑战。

（一）发展环境

在发展环境上，作为对外开放度较高的沿海城市，外部环境对宁波经济发展和争先进位总体上是有利的。从世界看，一方面，单边主义、保护主义思潮泛起，经济全球化趋势放缓，宁波经济发展和争先进位面临更加复杂多变的国际环境。另一方面，宁波作为制造业大市和外贸大市，在全球产业链供应链中的地位更加巩固。2020 年，宁波外贸逆势上扬，进出口同比增长 6.7%，2021 年更是同比增长 21.6%，成为拉动经济增长的重要动力。从国内看，我国进入高质量发展新阶段，以国内大循环为主体、国内国际双循环相互促进的新发展格局加快构建，转变经济发展方式、优化经济结构、转换增长动力进入攻关期。与天津、青岛等竞争城市相比，宁波近年来紧紧抓住有利时机，培育"246"万千亿产业集群，实施"3433"服务业倍增发展、"225"外贸双万亿等行动，经济发展方式转变较快，经济活力较强，为今后几年争先进位打下了坚实基础。从区域看，长三角区域一体化上升为国家战略，正在加快推进。交通互联、产业协同、要素共享、环境互保的长三角一体化发展新格局将为宁波高质量发展带来新的机遇，为宁波 GDP 的增长和争先进位注入新的动力。

（二）产业结构

在产业结构上，宁波具有较强的竞争优势。在百年未有之大变局和世纪疫情交织叠加的背景下，全球制造业的地位更加凸显。实体经济是一国经济的立身之本，是财富创造的根本源泉，是国家强盛的重要支柱；制造业是国家经济命脉所系。目前，我国正深入实施制造强国、质量强国、网络强国、数字中国战略。宁波作为制造业大市，工业总产值居全省首位，国家级制造业单项冠军数和专精特新"小巨人"企业数居全国城市首位，是"中国制造2025"首个试点示范城市。1978—2019年的42年中，宁波第二产业增加值在三次产业中一直保持第一，有38年占比超过50%。与天津、南京、青岛、无锡4个城市相比，2016—2021年，宁波第二产业增加值在GDP中的占比最高；宁波第二产业增加值总量除2020年略低于无锡外，其他年份均高于4个主要竞争城市。宁波的制造业优势在壮大实体经济、服务国家大局的同时，将为全市GDP争先进位、实现高质量发展提供强大支撑。

（三）发展速度

在发展速度上，2016—2021年宁波GDP名义增速高于主要竞争城市，为GDP争先进位奠定了一定的基础。2016—2021年，宁波GDP年均名义增速达到12.53%，高于天津的7.35%和南京的10.23%（见表4），与南京和天津的总量差距缩小为1760.4亿元和1100.13亿元。未来5年，宁波要赶超天津，需要年均增量高于天津220.03亿元以上。而2016—2021年，宁波GDP年均增量高于天津280.85亿。今后5年，宁波要保持2016—2021年高于天津的相对增速，才能实现对天津的赶超。要赶超南京，需要年均增量高于南京352.08亿元以上。而2016—2021年，宁波年均增量仅高于南京17.18亿元，再加上南京强大的科教资源优势，显然这是一项非常艰巨的任务。2016—2021年，宁波GDP年均名义增速同样也高于青岛的10.46%和无锡的10%，未来5年只需要每年名义增速和增量高于两市即可拉开与两市的差距。

总之，宁波争先进位高质量发展，既有优势，也有挑战。综合判断，未来如果外部环境有利，宁波在强创新、增动能、提能级、扬优势、补短板上持续发力，2025年宁波GDP有望达到2万亿元以上；在拉开与青岛、无锡差距的同时，有可能赶超天津，达到全国第11位，恢复宁波在全国GDP排位的历史最高水平。

三、关于宁波 GDP 争先进位的建议

（一）推动服务业高质量发展，补齐三产总量短板

2019 年以后，宁波市三次产业结构已经实现"三二一"格局，服务业成为经济发展的第一引擎，第三产业成为宁波 GDP 争先进位的重要支撑。但与其他 4 个竞争城市相比，宁波第三产业增加值总量和占比都较低。服务业发展不足，是宁波 GDP 争先进位一大短板。未来几年，宁波要努力提高服务业规模能级，进一步扩大服务业增加值。抢抓新一轮科技革命和产业变革的机遇，推动先进制造业和现代服务业深度融合。提升服务业产业层次，大力发展金融保险、科技创新、软件信息、商务服务等现代服务业，加快总部经济、律所、会计、高端咨询等业态发展。加快培育新兴行业和新型业态，强化科技创新应用，构建生产性服务业产业竞争新优势。扩大本地消费规模和拓展域外消费增量，争取国家级国际消费中心城市试点。持续推动服务业在扩总量、优结构、聚空间、促改革等方面不断实现新突破，为 GDP 争先进位贡献更多力量。

（二）提升制造业规模能力，放大二产总量优势

深入实施《宁波市制造业高质量发展"十四五"规划》，努力做强优势产业，聚焦汽车及零部件、绿色石化、新材料、高端装备等优势产业，推动优势产业向高端化、智能化、集群化、绿色化发展，加快锻造长板，延伸产业链，提升价值链，促进优势产业向更高层次跨越式发展。如在汽车及零部件产业上，要推动整车制造规模化、汽车零部件高端化、汽车后市场专业化发展，重点打造节能汽车、电动汽车、氢能汽车、智能网联汽车等细分产业链。加快发展战略性新兴产业、数字经济核心产业，大力培育领军型大企业、平台型生态型大企业，增强品牌引领能力，争取若干企业进入世界 500 强。

（三）提高科技创新水平，增强创新驱动能力

突出创新赋能争先，聚焦新材料、工业互联网和关键核心基础件等科创高地建设，加快布局创新空间，培育壮大战略科技力量，争创省级以上重点实验室、创新中心。把建设区域科教创新中心作为优先发展战略，实现率先突破。学习借鉴深圳、青岛等城市的经验，全力引进名校、名院、名人，推进高水平大学和一流学科建设，集聚高端科教创新资源要素。

（四）提升城市功能品质，增强城市竞争能力

加强规划管控和城市设计，做强核心功能，提高城市建设管理品质。优化城市空间布局，谋划行政区划调整，争取全域设区。建设高水平交通强市，完善综合交通大通道、大枢纽、大体系。推进宁波都市区建设，建好甬舟、甬绍一体化合作先行区，加快研究宁波舟山一体化推进工作。以更强的城市功能、更优的城市品质、更大的城市规模、更高的城市能级，吸引、汇聚更多的人才，努力唱好杭甬"双城记"。

宁波市委党史研究室　张　莉　代　莉　杨　艳　朝泽江　刘士岭

完善宁波城市形象塑造工作机制　助力东方滨海时尚之都建设

宁波市第十四次党代会报告提出"打造东方滨海时尚之都"，要求"简约海派的城市形象更加鲜明"。当前，宁波城市形象塑造工作机制在不断完善，但城市影响力、美誉度仍有待提升。宁波城市形象塑造工作机制主要存在顶层设计缺乏领导力、平台载体缺乏影响力、部门合作缺乏协同力等问题，建议加强顶层设计、完善工作平台、明确部门工作职责、强化评估考核体系。

城市形象是一座城市发展重要的无形资产。良好的城市形象对于促进城市发展具有不可低估的正向作用。宁波市第十四次党代会报告提出"打造东方滨海时尚之都"，并要求"简约海派的城市形象更加鲜明"。当前宁波的地区生产总值居全国第 12 位，但城市形象仍有待提升，抖音和清华大学发布的《短视频与城市形象研究白皮书》显示，宁波在"城市形象短视频播放量 TOP 30 城市"排名中居第 29 位，不仅远逊于"北上广"等一线城市，而且在 5 个计划单列市中排名末位，反映出宁波市城市形象塑造工作存在顶层设计缺乏领导力、平台载体缺乏影响力、部门合作缺乏协同力等问题。不断完善宁波城市形象塑造建设工作机制，进一步优化提升宁波城市整体形象，是加快建设现代化滨海大都市的重要战略选择。建议从四个方面进一步完善宁波城市形象塑造工作机制，助力东方滨海时尚之都建设。

一、加强顶层设计

（一）成立宁波市城市形象发展委员会

借鉴杭州、成都等城市做法（见表 1），将塑造和提升宁波城市形象列入宁波市委、市政府重要议事日程，由市政府主要领导牵头，推动成立市城市形象发展委员会。其主要职能是：推进城市形象与城市建设及城市发展同步规划、同步部署；主导全市上下统一认识和行动；加强城市形象建设的顶层设计，如制定城市形象建设中长期战略、明确城市形象总体定位和宣传主题；统筹、指导、组织和协调城市形象建设过程中的其他重大事项。委员会成员包括宣传文化系统、市发展改革、规划建设、工业交通和财政等部门的主要领导。

表1　成都、杭州城市形象/品牌建设工作组织架构

城市	主导部门及主要职责	下设机构及主要职责
成都	由政府牵头成立成都城市品牌形象营销委员会，承担决策规划、管理协调与实施控制的职能	下设秘书处和4个专业化职能机构（旅游推广、投资促进、文化开发、宜居成都专委会）、专家顾问团（智囊团与参谋机构）、监督小组（由人大代表、政协委员、社会贤达组成，负责工作监督）
杭州	由市政府牵头成立城市品牌工作指导委员，作为政府的职能机构负责城市品牌工作的总体规划与指导	委员会下设办公室，与市政策研究室合署办公，同时联络杭州生活品质研究与评价中心、杭州市城市品牌促进会、杭州发展研究会等非营利性社会组织，对杭州"生活品质之城"的城市品牌进行整体建设、研究、宣传、推广和管理

（二）成立宁波市城市形象建设与传播办公室

由城市形象发展委员会牵头成立宁波市城市形象建设与传播办公室，先期可考虑增设在市新闻办，由市新闻办领导兼任办公室主任，设专职常务副主任，相关部门分管领导为兼职成员。该办公室具体负责沟通上下、联络各界，统筹整合城市形象建设不同部门、不同领域、不同界别的资源和诉求，推进城市形象的系统构建及所有延伸项目的实施。在这一机构的基础上，也可以根据工作需要，抽调相关部门成员成立临时性的工作专班或项目专班，以灵活应对城市形象建设的重大活动或特殊阶段的任务。

（三）推进宁波市对外传播中心建设

宁波市委已经批复同意成立宁波市对外传播中心，具体组建工作正在推进。建议积极引入媒体、公关公司、广告公司等社会资源，建设专业化、市场化的营销传播队伍。宁波市对外传播中心的主要职责包括：承接城市形象重大活动或项目的具体运作，如拍摄城市形象宣传片、制作城市形象宣传册、策划城市形象的热点事件、策划打造一批网红打卡点等；积极促进城市形象方面的合作与推广；推动城市形象宣传推广走向市场化、专业化、精细化。

二、完善工作平台

（一）搭建城市品牌网群

杭州城市形象建设最值得称道的一个做法就是，构建起了一个以"让我们生活得更好"为价值共识的复合型城市品牌网群，创办生活品质网站、生活品质期刊、生活品质视听系列媒体，组建生活品质调查中心、展示展览中心、纪念品中心等，搭建起一个共同研讨交流、宣传推广"生活品质之城"城市品牌、引领相关行业品牌发展的主平台，有力地提升了城市品牌的知名度和影响力。宁波可以借鉴这一做法，贯通党政界、知识界、行业界、媒体界等，融合行业品牌、企业品牌和产品品牌，创办城市形象品牌网群。

（二）完善沟通交流平台

一是重大事项会商会议。一般由主要领导或综合协调部门召集，根据需要不定期召开，研究决定城市形象建设中的重大决策、重要活动、重点项目等。二是常规工作联席会议。可半年或一季度召开一次，主要讨论审议城市形象建设工作计划和年度工作总结，明确年度工作任务和进度要求。各成员单位根据相应的工作职责，细化任务分工，提出具体落实措施，和其他市级有关部门做好工作对接，加强协作。三是学习交流会议。可定期或不定期召开，各成员单位组织相关工作人员参加，交流汇报各自的亮点、特色和创新性工作，对于优秀的工作成果和工作方法要作为典型去宣传推介。

（三）建立工作调研平台

城市形象建设与传播办公室每年确定若干个调研项目，通过委托调研、组织联合攻关等形式开展，充分吸纳和培育学术机构参与城市形象研究。各成员单位结合各自工作职责，对城市形象建设工作进行专题调研。宁波市城市形象建设与传播办公室视调研情况，定期开展调研成果的交流和评优活动，健全成果运用制度。同时，在起草文件、部署工作、制定工作制度和章程时，将有价值的调研成果转化为具体的文件或制度。

三、明确部门工作职责

（一）共性职责

共性职责主要包括：增强"城市形象建设一盘棋"的认识理念，把城市形象建设的相应事宜纳入部门工作内容，在举办重大会议活动、开展对外合作交流、组织产品和信息发布时，同步策划和推进城市形象传播工作，突出宁波标识和宁波元素，凸显宁波整体形象；根据城市形象建设工作的需要，明确和落实相应的分管领导和工作人员，积极参与城市形象建设工作；加强系统内资源的统筹协调，积极发挥部门优势，与其他部门共同形成城市形象塑造和传播的工作合力；在开展与城市形象建设相关的活动和项目时，主动对接宁波市城市形象建设与传播办公室，加强工作联系和信息沟通，配合城市形象建设工作的统一部署和指挥调度。

（二）个性职责

个性职责主要分为三类。一是综合协调类，市委办公厅、市政府办公厅以及市委宣传部等单位要加强城市形象工作的综合协调，完善对接沟通、主题策划、协同联动、考核激励等工作制度；二是具体业务类，相关成员单位应充分发挥部门资源优势，围绕城市形象主品牌建设，在城市精神、人文旅游、产业产品、营商环境、生活环境、城市风貌、城市交通等不同领域构建起完善的子品牌体系和相应的营销体系；三是服务保障类，市财政局应加强城市形象建设资金整合，最大限度地提高财政资金使用绩效，促进社会资金多元化投入

四、强化评估考核体系

（一）建立健全评估机制

积极引入第三方评估机构，围绕城市形象建设和传播的内容指向、阶段目标，制定相应的评估指标体系，结合受众调查问卷、专业传媒经验分析以及专家意见评估等多种方式开展评估。同时，提高全民参与度，围绕城市形象载体建设和相关活动开展社会评价，使评价过程同时成为城市形象、宣传展示和改进提升的过程。

（二）建立健全监督机制

聘请党代表、人大代表、政协委员、社会贤达、专家学者等组成城市形象塑造工作监督小组，负责对城市建设和传播的领导与管理机构，以及城市形象建设实施过程、各项工作、相关部门的工作绩效等开展监督。

（三）建立健全考核机制

落实省里要求，将加强国际传播能力建设尽快纳入党委（党组）意识形态工作责任制和宣传思想文化工作绩效考评。参照文明城市创建工作机制，根据

城市形象建设总体规划和年度工作目标细化考核指标，并逐步分解到相关单位工作考评中。考核结果作为文明机关创建、单位年度目标管理考核以及领导干部晋职晋级的参考依据，同时对各项措施落实到位、工作成绩突出的相关部门（单位）和个人进行奖励表彰，并在全市范围内通报表扬。

宁波市社科院（市社科联）课题组

加快推动国土空间布局优化提升　构建现代化滨海大都市空间格局的对策建议

宁波市第十四次党代会报告提出推进"六大变革"，打造"六个之都"，加快建设现代化滨海大都市。以全域国土空间综合整治为牵引的国土空间布局优化是"六大变革"的牵引性任务，对资源重组、功能重塑、空间重构、产业重整、环境重生具有重要的推动作用。课题组对宁波目前生产、生活、生态空间布局的问题进行分析，对现代化滨海大都市的国土空间要素和特征进行科学界定，建议对标国内外先进城市，加快绘制大都市"发展底图"、构筑大都市"安全屏障"、共享大都市"品质生活"、打造大都市"智慧平台"，推动国土空间布局优化提升，支撑现代化滨海大都市建设。

一、宁波国土空间布局的现状与问题

（一）生产空间：不同地类存在空间异质性和低效化问题，与高端高新高效的现代化要求存在差距

一是农用地空间配置总体呈现不足状态，且配置效率存在空间异质性特征。在农用地配置上，除了余姚（1.74）、奉化（1.55）和宁海（1.42）等地区的相对扭曲系数大于 1，其他地区均表现为不足（见表 1）。在农用地投入上，各县市存在空间不均衡特征，北仑区的土地投入弹性系数是奉化区的近 4 倍多。

二是工业用地供需规模大，但碎片化、分散化、低效化等问题严重。调查数据显示，宁波市区建设用地 92827 公顷，其中工矿仓储用地 28313 公顷（占比 30.5%）。工业用地需求也较大，2017—2021 年工业用地供应面积为 6267 公顷，同期杭州市、上海市、深圳市仅为宁波市的 69.0%、41.3% 和 15.4%（见图 1）。与此同时，宁波的工业用地在空间上呈现蔓延扩张、碎片低效等特征，工业用地效益较低，仅为深圳的 1/3。

表1　宁波各区（县、市）农用地的相对扭曲系数

区域	相对扭曲系数
江北	0.74
镇海	0.17
北仑	0.75
鄞州	0.63
奉化	1.55
余姚	1.74
慈溪	0.49
宁海	1.42
象山	0.78

注：相对扭曲系数采用柯布—道格拉斯生产函数计算得到。相对扭曲系数 >1，表示农用地的生产要素投入属于过度投入；相对扭曲系数 <1，表示农用地的生产要素投入属于配置不足；相对扭曲系数 =1，表示农用地的生产要素配置达到最优状态。

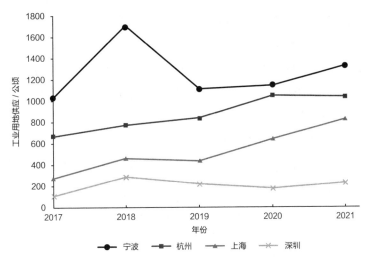

图1　2017—2021年宁波、杭州、上海、深圳的工业用地供应规模比较

三是低效工矿仓储用地是宁波各县市分布最多的低效用地。其用地为 5810 宗，面积为 8936 公顷，占总工矿仓储用地面积的 33.7%，占总低效用地面积的 61.6%。

四是港产城融合中产业园区的空间错配。一方面，中心区周边产业区的容积率高于沿海产业区的容积率，但前者的税收效益低于后者；另一方面，产业园区内部普遍空间狭小且拥挤，急需扩大容量，每平方公里 GDP 产出也有待提升。

（二）生态空间：陆海生态空间存在二元分割和规划重叠问题，海洋资源、生态环境、海港经济等优势特征难以凸显

一是由于历史遗留问题，生态红线内建设与保护的矛盾突出。从现状调查来看，生态带内建设用地为6900公顷，占生态带总面积的30.6%。其中，城乡建设用地为4500公顷，基础设施等其他建设用地为2400公顷。部分长期未得到有效解决的用地，被动保护催生了较多低效用地。从对低效用地的调查来看，在生态保护红线、生态控制区内的低效建设用地为3419公顷（占比24.0%）。其中，工矿仓储用地1965公顷（占比57.5%），农村宅基地1343公顷（占比39.3%）。

二是沿海湿地生态功能退化。宁波市湿地51734公顷，湿地面积位居全省第一，其中沿海滩涂51024公顷（占比98.6%），内陆滩涂710公顷（占比1.4%）。湿地主要分布在象山县、慈溪市和宁海县，占全市湿地的88.7%。然而，近年来部分近海和沼泽湿地被转为建设用地或耕地，加上早些年乡村生产生活污水、工业废水的排放，导致湿地水质下降、生态功能退化等问题。

三是生态空间规划重叠。市级规划统筹不够，使得海洋经济发展规划、国土空间规划、环境功能区规划、生态环境保护规划、生态环境修复专项规划等多重规划叠加，不同部门的发展规划对生态空间管理的要求存在矛盾与差异。

四是生态空间的绿碳与蓝碳发展衔接不足。宁波市绿碳发展成绩十分突出。例如，2022年1月宁波市林场、宁海县茶山林场和宁波中加低碳新技术研究院有限公司成功入选全省首批林业碳汇先行基地，总共面积为246公顷。2019年和2020年，宁波市地面公交出行幸福指数（由中国社会科学院等第三方测评）连续两年位居全国第一。同时，宁波市发布了《宁波市碳达峰碳中和科技创新行动方案》。但是，宁波作为海洋中心城市建设样板，尚未形成"海洋蓝碳"的空间优势，需要进一步探索海洋蓝碳技术、蓝碳产业、蓝碳评估、蓝碳政策等方面问题。

（三）生活空间：居住空间失序、公共空间不均衡，赋予人性关怀和文化内涵的大都市品质有待提升

一是城镇住宅和农村宅基地的空间分布分散且无序。调查发现，低效的城镇住宅平均容积率为0.75，空间分布总体上分散，部分地区呈点簇状分布，主要分布在鄞州区、奉化区。农村宅基地平均容积率为0.58，主要呈环状分布在三江口外围乡镇区域，主要分布在奉化区、海曙区等地。

二是各类基础公共设施与公共空间等资源分布不均衡，存在大量的"短板"现象和各类规划不衔接、不配套问题。近年来，宁波围绕新型智慧城市、中国软件名城、产业技术研究院等建设，加强网络基础设施、数据中心和计算平台、重大科技基础设施等布局，总体水平保持在国内前列。但是，新基建推进过程中，存在能耗指标限制、供需不匹配、市场化程度不足、优势领域不突出、公众认同度不高等问题，阻碍了基础设施建设与推进。

三是公共空间规划"留白"不足。在应对疫情、台风、地质灾害等突发问题中，要考虑与城市未来发展需求相适应的"留白"规划，增加绿地、广场、体育等户外活动公共空间，用于快速转成医院、救助站、避难所等，增强城市韧性。

四是关注弱势群体和文化底蕴的友好空间相对缺失。针对人口老龄化、生育、健康等问题，医养结合设施用地、适儿化改造、儿童人文参与设施等育儿和养老友好型社区空间需进一步规划与建设。同时，需要提升公共空间的特色文化内涵和美学品质，增强体验感和视觉感。

二、现代化滨海大都市的国土空间要素与特征

（一）生产空间具有"多维融合""多层嵌套"特征，为全球智造创新之都和国际开放枢纽之都提供硬核力量与极核功能

现代化滨海大都市的生产空间具有数字化、TOD（以公共交通为导向的发展模式）化、生态化等多维融合硬核特征。例如，韩国釜山中心城区的"生态三角洲智慧城"（Eco Delta Smart City），以创造新兴产业的生态系统和未来智慧城市的先导模式，打造应用机器人、水资源、能源等十大创新领域的顶级滨水城市。上海徐汇区的全新 POD（TOD+Park）共生体，以交通开发（TOD）和公园生活（Park）为双重引力，将城市绿轴与商务生态空间多元融合，打造现代城市特色的产城一体开发模式。

现代化滨海大都市产业空间具有世界级、国家级、城市群级、地区级等多层集聚区嵌套的极核功能。如纽约上东区的"世界金融中心"、旧金山湾区硅谷的"高科技产业区"、东京湾的"港口产业集群"、上海的"贸易中心＋金融中心"、杭州的"互联网中心"等。

宁波作为东南沿海重要港口城市和长三角南翼经济中心，以港口为极核优

势，以智能制造、生物医药、海工装备、海洋新材料、新能源汽车等为硬核力量，应优化"全球—国家—经济带—城市群—城市内部"多层嵌套型的产业价值链与产业空间结合的新发展国土空间格局，发挥宁波市海港地理腹地优势，推进涉海重大基础设施、重大功能区块、重大产业项目建设，加强科技创新和技术攻关，强化关键环节、关键领域、关键产品保障能力，从而加快向都市经济、国际大都市迭代升级。

（二）生态空间具有"多色融合""韧性治理"特征，为东方滨海时尚之都和城乡幸福共富之都提供滨海形态与优良生态

现代滨海大都市的生态空间中，陆海统筹空间逐渐由"绿色碳汇"主导向"蓝色碳汇（海洋碳汇）"主导转型，由"灰色基建"向"绿色基建"转变，应构建具有全球海洋中心城市标志性特征的滨海形态与优良生态。

现代滨海大都市的生态空间具有"绿色碳汇＋蓝色碳汇"多色融合的特征。海洋作为地球上最大的碳库，储存了地球上约93.0%（约40万吨）的二氧化碳，蓝色碳汇成为全球减缓和适应气候变化的重要战略。宁波市是全国海洋经济发展示范区，海洋资源优势得天独厚，布局了"一体二湾多岛"空间和六大功能区块。因此，宁波市可以在绿色碳汇建设的基础上，深入挖掘蓝色碳汇资源，开辟碳中和新路径，推动经济社会全面绿色低碳转型。

现代滨海大都市的生态空间具有多样性、冗余性、鲁棒性、恢复力、适应性和学习转化能力等韧性特征。传统以硬质海堤为代表的"灰色基础设施"虽然在抵御风暴潮、台风、洪涝等灾害方面起到一定的作用，但在总体建设上更偏重工程安全，对于生态友好考虑不足。应对未来气候风险的不确定性，应加强"绿色基础设施"建设，维护良好的生态海堤。如美国佛罗里达州迈阿密市与大自然保护协会（TNC，全球最大的自然保护组织之一）合作开展晨曦公园（Morningside Park）韧性海岸线项目，该项目通过增强珊瑚礁、红树林、牡蛎礁、盐沼、海岸沙丘等绿色基础设施扩大潮间带，降低了公园和比斯坎湾（Biscayne Bay）周边社区所面临的洪水风险。

在推进"碳达峰、碳中和"目标背景下，宁波市可以考虑强化以红树林为代表的"绿色基础设施"的韧性治理，既能产生防台防潮的效益，还能增加蓝色碳汇，创造额外的经济、社会和生态价值。

（三）生活空间具有"多场景融合""全龄友好型"特征，为文明典范之都和一流智慧善治之都提供文明典范与国际风范

在多场景融合方面，结合未来社区建设理念，现代滨海大都市生活空间应集人文、教育、健康、创业、建筑、交通、能源和治理等多场景多功能于一体。例如，德国汉堡港口新城打破了市中心单一的商务和购物区的生活空间格局，建设成集居住、休闲、旅游、商业和服务业于一体，具有水上特色且富有现代气息的"世界城市"，并成为汉堡地标性建筑，成为未来欧洲城市生活的典范。美国纽约高线公园对高架铁路进行回收再利用，将保护与创新相结合，建成包括野生动植物栖息地、文创艺术、商业区等多功能的"飘浮在曼哈顿空中的绿毯"，为纽约市增添了一个富有人文情怀的开放空间。

现代滨海大都市生活空间应构建富有人性关怀的全龄友好型空间。如新加坡打破了标准的隔离式、垂直式公寓高楼的隔阂，为儿童设计了因特雷斯户外游乐空间。德国慕尼黑打破了单一的与城市绿地重合的开放空间，将机场交通设施用地开发成具有儿童游乐教育功能的开放空间，将生活、居住、学习、娱乐方面的开放或半开放空间都纳入城市开放空间体系，使多种其他用地性质的空间为市民共享。

宁波历史悠久、文化厚重，集海洋文化、史前文化、海丝文化、慈孝文化、农耕文化、儒商文化、建筑文化、红色文化等文化地标于一身。因此，宁波建设现代滨海大都市，应充分考虑建设富有人性关怀和文化底蕴的高品质生活空间，提升城市的品位和形象。

三、关于宁波构建现代化滨海大都市空间格局的建议

（一）绘制大都市"发展底图"：以全域国土空间综合整治为依托的国土空间跨区域协同化治理

建设现代化滨海大都市，要以大都市圈为空间载体，以全域国土空间综合整治为依托，加强组织领导和国土资源集中统一规划管理，构建"全域—全要素—全链条"的国土空间跨区域协同化治理新格局。

一是建立全域性国土空间的高标准市场配置机制。结合正在开展的全域国土空间综合整治工作，推动"增存挂钩"的跨区域交易、城乡统一建设用地市场、跨区域产业链协同等，制定统一交易规则，建设跨区域交易准入服务系统，完善城乡基准地价、标定地价的制定与发布制度，形成与市场价格挂钩的动态调整机制。

二是建立全要素"刚弹结合"的用途管控机制。重点关注农用地、村庄、工业用地和城镇低效用地等空间要素的整治。一方面，严格把握生态保护红线、永久基本农田保护线、城镇开发边界"三条控制线"，对各类用地的面积、分布、边界等予以精确的刚性控制；另一方面，推动产业用地类型合理转换，增加混合产业用地的弹性供给，以及探索特色、地上地下、陆海、战略预留等用地的空间弹性配置机制，加强陆海联动、区域统筹、南北协同，形成若干标志性功能组团。

三是建立全链条的产业协同治理机制。宁波在发挥原油、天然气、液化品、阴极铜等战略资源集疏运优势的基础上，以自贸片区改革创新空间为载体，引导社会多元主体参与治理，加大市场参与产业园区存量更新的力度，完善不同产业园区的准入规则与低效用地退出奖惩机制，以及重点产业项目名录与项目库监管等机制，优化产业链空间供给的部门协同管理。

（二）构筑大都市"安全屏障"：以"蓝色碳汇"为核心的全生命周期空间韧性化治理

一是建立统筹生态空间"绿蓝转型"的规划传导与管控机制。区分资源保护利用类、要素空间配置类、国土安全保护类、城乡统筹规划类、计划实施管理类等，编制专项规划清单，以清单的形式强化总体规划对专项规划的横向传导与管控，明确各类生态空间的规划管控边界。

二是建立全生命周期空间治理机制。厚植宁波海洋经济发展优势，结合《宁波市碳达峰碳中和科技创新行动方案》，从探索海洋蓝碳技术、蓝碳评估体系、蓝碳交易政策、蓝碳经济创新模式、新的蓝碳产业链等一系列问题入手，构建前期规划与设计、中期实施与管理、后期维护与监控等全生命周期的生态空间治理机制，从而带动海洋生态建设工程、生态旅游等相关产业的发展。

三是建立社会生态共生网络韧性治理机制。加强以红树林为代表的"绿色基础设施"建设，健全海岸带保护评价机制，并优化滨海城市网络与绿色基础设施的连通性与空间布局，在城市人工空间与自然空间之间实现物质流和信息流无缝循环。同时，建设滨海多种类的重要野生动物栖息地，形成整体性、系统性、连通性的生态功能网络，使宁波生态空间节点能够自给自足、互联互通，形成生态安全屏障。

（三）共享大都市"品质生活"：以特色海洋文化与服务为亮点的社区空间网格化治理

以河姆渡文化、宁波商帮及会馆文化、海上丝绸之路、永丰库、镇海口海防遗址等底蕴深厚的特色海洋文化为基础，结合未来社区的人本化、人文化、数字化价值理念，打造"精细化治理＋个性化服务"的社区空间网格化治理体系。

一是完善多元参与的社区空间网格共建共享机制。鼓励社区、物业、居民、网格员、志愿者等参与多功能的场景空间规划、运营与管理，提升整个社区空间的温度值、参与性、文化性、友好度和连接度，实现生活空间场景的兼容并蓄、交融互补。

二是建立社区基础设施和公共空间"留白"机制。针对城市面临的各种挑战和城市发展的不确定因素，应规划城市发展"留白"空间，包括战略"留白"、功能"留白"、兼容"留白"、开发"留白"、指标"留白"和时序"留白"等，为宁波现代化滨海大都市预留弹性发展空间。

三是建设面向全龄友好的社区公共空间。围绕宁波特色的海洋文化主题，积极推进儿童友好型、青年友好型、老年友好型等面向全民的社区公共空间标准制定和规划设计，引导全民参与宁波市滨海大都市空间治理平台建设与监管。通过公共空间的改善来提升宁波人民的安全感、幸福感与归属感。

（四）打造大都市"智慧平台"：集"码、库、图、箱、场景"于一体的空间场景化治理

以宁波市一体化智能化公共数据平台为依托，综合运用时空大数据、人工智能、物联网、5G移动通信网、区块链、智能分析（BI）等先进技术，拓展数字技术在现代化滨海大都市中的应用场景。

一是"全息码"，即建立"全域—全要素—全链条"空间单元信息码。以宁波地理空间单位作为串联全域、全要素、全链条空间治理的唯一识别码，通过数据调用、更新，不断叠加空间变化信息，逐步成为涵盖宁波生产、生态、生活与居民活动的空间"全息码"。

二是"数据库"，即建立空间场景治理大数据库。与"全息码"关联，将自然空间数据（山水林田湖草海等）、人造空间数据（经济建设、社会管理等）、政

策空间数据（发展战略、空间规划等）整合，形成一体化、全面、权威的空间场景数据仓库。

三是"空间图"，即绘制大都市规划"一张图"。以数据库为基础，针对不同应用场景需求，开发生产、生态、生活等空间底图，并梳理形成"一图"资源目录。

四是"工具箱"，即开发空间场景评估工具箱。包括区域优势度、区域中心性、空间合规性、公共服务设施可达性等评估功能。

五是"场景系统"，即展现特色空间场景应用。如全域国土空间综合整治、产业链协同发展、生态恢复、社区生活品质提升等空间治理主题的多跨协同应用场景。

浙大城市学院　韩　璐　方步青　鲍海君

文旅体赋能提升宁波城市形象竞争力的路径研究

城市形象竞争力是衡量一座城市发展核心理念、明确城市个性定位、打造城市品牌价值、对外扩大城市营销、对内重塑城市发展体系的综合软实力。当前，宁波城市形象竞争力与城市综合实力的排名地位尚不相匹配。建议宁波通过聚力打造城市形象"新地标"、重新包装地方文化"老名片"、策划会展赛事"大活动"、打造水上运动"新都市"，推进文旅体深度融合，讲好宁波故事，提升宁波城市形象竞争力，提高"六个之都"的个性标识度、国际知名度和公众美誉度。

宁波城市形象竞争力与城市综合实力的排名地位不相匹配，缺乏具有国内国际影响力的重大地标，缺乏现象级的文化和旅游产品，城市形象品牌 IP 辨识度不高，国际交往及国际吸引力不足，在国际航线、班次以及国际大型会展、体育赛事、文化交流活动方面数量偏少。"低调、务实"是外界对宁波这座城市的普遍评价，但目前必须正视所存在的问题，将城市形象传播工作作为建设现代化滨海大都市、共同富裕示范先行市的重要组成部分。

一、聚力打造城市形象"新地标"

（一）打造翠屏山文旅融合区

一是重点保护开发河姆渡—慈城古县城—上林湖"文旅金三角"区块，筑牢宁波发展的"根"和"魂"。根据翠屏山区块空间特色资源的价值、影响力以及促进城市发展的功能布局、空间结构和特色体系等综合因素，推动余姚河姆渡、江北慈城、慈溪上林湖三大片区发展，建设宁波标志性"文旅金三角"，打造"千年古韵、通江达海"的大运河与海上丝绸之路文化遗产旅游廊道，形成慈城—河姆渡—三七市—鸣鹤—上林湖等若干标志性功能组团。

二是策划和开展一批地标节点建设。加强陆海联动、区域统筹、南北协同，联动大运河（宁波）国家文化公园、长江（宁波）国家文化公园建设，在世界文化遗产大运河（宁波慈江段）三七市镇、河姆渡镇慈江畔，或在慈城阚峰慈湖畔的北纬30度地标点，打造一处中国北纬30度的人文主题公园，与慈城古县城、河姆渡遗址、井头山遗址等人文景观交相辉映。

三是加强统筹翠屏山和东钱湖区域的整体规划。从宁波城市长远发展考虑，发挥与城市空间特色主题相契合的特色资源优势（自然山水、历史人文、现代风貌），叠加打造城市景观敏感区，整合各类资源，串珠成链、连线成面，建议东钱湖野生动物园择址搬迁至江北荪湖、慈城妙山、三七市相岙或五磊山鸣鹤一带的翠屏山区块，建设成为在国内外具有重大影响力的城市中央森林公园（野生动物园）。

（二）加快河姆渡文化遗址群申遗

一是建设国家考古遗址公园。建议余姚市和江北区政府联手，整合河姆渡遗址、田螺山遗址、井头山遗址、鲻山遗址、鲞架山遗址、八字桥遗址、傅家山遗址、慈湖遗址、小东门遗址等10多个史前遗址的资源（年代涵盖8300年前至5000年前），以河姆渡遗址、井头山遗址为大本营，尽早兴建国家考古遗址公园，将其打造成为宁波"新地标"。借鉴杭州良渚遗址成功申遗的经验，将余姚市东部与江北区西部10多个史前遗址捆绑，加快推动河姆渡文化遗址群申报世界文化遗产。

二是强化"世界稻作文化圣地"标识。建议在施岙遗址、河姆渡遗址、田螺山遗址、井头山遗址附近兴建"世界稻作文化圣地"标识牌。设立河姆渡农业奖，面向全世界的水稻、茶树等农业生产国家和地区，颁发给在农业领域做出巨大贡献的国际著名人士，打造农业领域"诺贝尔奖"。此外，还可结合余姚机器人小镇的资源，打造中国南方最大的智能科技化遗址公园。

（三）谋划建设中国东海博物馆

目前，中国（海南）南海博物馆已在海南省琼海市设立，并冠以国家级名称，展示南海人文历史和自然生态，保护南海文化遗产。当前我国还没有中国东海博物馆，而宁波建设东海博物馆既具有区位优势也具有文化优势，抢先打造这个国家级品牌，宣示中国东海的国家主权，具有国家战略意义。建议围绕宁波建设全球海洋中心城市的目标，布局谋划建设中国东海博物馆，将象山石浦中国海洋渔文化馆拓展升级为中国（宁波）东海博物馆。其功能定位是集收藏保护、展示教育、科学研究、交流传播、旅游观光于一体，目标是打造成为"一带一路"文化交流传播平台、东海文物收藏保护中心、海洋文明研究中心、海洋体验中心、国家级爱国主义教育基地、海洋科普教育基地。

此外，在现有象山石浦中国海洋渔文化馆和国家水下文化遗产保护宁波基地的基础上，增加东海水下文物、文化、民俗元素，通过元宇宙技术、光、影、声等展示手段，结合触控、虚拟现实等展示技术，展示东海自然生态、人文历史、文化遗产。馆内陈列展览可包含"探海寻踪——中国水下考古与东海水下文化遗产保护""东海人文历史陈列——中日韩东亚文化交流""东海自然生态陈列""小白礁沉船特展""象山横湾沉船特展""东海渔家风俗展"等展区。

二、重新包装地方文化"老名片"

（一）提升宁波老外滩区域形象

宁波老外滩与上海外滩、武汉江滩、广州沙面一样，都是中国近两百年历史上最具特色的中西文化交汇街区，也是宁波城区当之无愧的一张"老名片"。建议对老外滩沿甬江一带进行业态改造和重新布局，因地制宜，走特色发展之路。比如，由国有宁波文旅投资集团收购、置换沿江的几家银行大楼，植入沉浸式数字文旅体验、旅游演艺、夜经济等新业态，加速聚集人气，从而提升宁波休闲商业指数、网红指数、消费力，使旅游业的乘数效应得到充分释放。

（二）盘活传统历史文化资源

深挖慈城古县城、鄞江古镇、鸣鹤古镇、前童古镇、溪口镇、句章古城等历史文化资源，以"东福园""状元楼"等老字号为引子，打造融入老宁波记忆的民俗、乡俗文旅项目。以药行街、城隍庙、药王殿、屠呦呦故居等历史街区、建筑为重点，打造融中医服务、中药贸易、中医药文化传播于一体的中国（宁波）中医药特色街区。挖掘、传承弘扬好国家级非遗"董氏儿科"、省市级非遗"寿全斋"等资源，全区域统筹、全领域互动、全要素利用、全产业链接，使宁波成为大健康旅游休闲高地。

三、策划会展赛事"大活动"

（一）积极申办2030年世界博览会

建议宁波着眼长远，提高站位，聚焦"海洋、人类、碳中和"主题，突出"海洋和零碳城市最佳实践"，积极申办2030年世博会（保底目标为海洋专业性世博会）。这不仅是宁波主动服务国家战略、抓住后疫情时代国际战略格局变化、打造双循环枢纽城市、建设现代化滨海大都市的关键举措，也是提升宁波在新一轮国家战略布局中的地位、以重大事件推动城市发展跃迁的破题之举，更有助于推动我国东海战略，强化中日韩美加澳等亚太区域合作。世博会选址可放在象山港（宁波湾）、东钱湖或前湾新区。这不仅能满足场馆建设的空间需求和主题定位，也有助于宁波推进"滨海、揽湖"战略，推进"智、制"联动（智慧与制造），打造具有"山海韵味、宁波风情、国际风尚"的城市风貌特色。

（二）推进特色会展落户宁波

聚焦宁波的产业特色和文化特色，积极推动智能制造、创意设计、生物医药等领域具有国际知名度和行业影响力的大型展会落户宁波。积极争取举办中国—中东欧国家领导人峰会等会展活动。对标国际最高标准、最高水平，完善城市配套基础设施、服务环境，提升市民素质，呈现与国际会展、赛事举办城市相匹配的高水准服务能力，打响"宁波服务"品牌。

（三）开展系列活动推广城市形象

一是举办"天一阁"国际古籍、古建筑修复大赛，激活古籍、古建筑修复及民间收藏新兴市场，带动古籍文物保护评估、古籍保护材料检测应用、修复教育培训、古籍及古建筑修复体验参观等全产业链发展，丰富宁波文化发展的空间和"书藏古今"的城市内涵。

二是围绕王阳明、黄宗羲、朱舜水、万斯同、全祖望、章学诚等名家，举办王阳明心学国际学术论坛、黄宗羲经济思想国际学术论坛、朱舜水与日本学术论坛、东亚（天一阁）地方志国际论坛等。

三是开发"圣地宁波"研学旅游路线，组织文学、旅游、考古、地理、社会学等专家学者和青少年学生，沿余姚、奉化、宁海等四明山、浙东古运河的唐诗之路沿线节点的人文景观，融入阳明文化、越窑青瓷文化、慈孝文化、禅文化、茶文化、渔文化等主题元素，启动宁波研学旅游市场。举办东亚文化交流年活动和"一花一世界"中日韩艺术巡回展活动，邀请东亚各国专家学者和青少年学生来宁波交流。

四、打造水上运动"新都市"

（一）优化水上运动布局

依据宁波江河湖海的水资源特色，构建"一核引领、一带串联、三区联动"的宁波水上运动空间布局。重点发展以"一帆一舟二艇"（帆船、龙舟、赛艇、皮划艇）为核心的项目，形成"江湖湾海"水上运动格局。"一核"是城市水上运动核，以三江口为核心，涵盖梁祝公园—湾头的姚江流域，以及东钱湖、九龙湖、日湖、月湖、后塘河、西塘河等重点水域，联动大运河（宁波段）国家文化公园建设，开展赛艇、皮划艇、帆船、龙舟、桨板等全民参与度高、体验好、观赏性强的水上运动，营造水上运动城市气氛。"一带"是沿海水上运动休闲带。"三区"分别是杭州湾北部主题运动游乐区、象山港（宁波湾）中部休闲运动集聚区、三门湾南部滨海运动度假区。

（二）积极导入和打造国际赛事IP

宁波水域资源丰富，具备展开多种水上运动项目的天时、地利、人和条件。建议宁波充分利用自身资源优势，积极导入和打造国际赛事IP，筹办和引进国际一流体育赛事。在承办2022年杭州亚运会帆船分会场的基础上，推进世界帆船锦标赛、世界杯帆船赛等国际赛事在宁波举办。加强与世界帆船联合会、国际皮划艇联合会、中体产业集团等的合作，重点培育宁波地域特色的帆船、帆板、赛艇、龙舟、皮划艇等赛事。借鉴英国泰晤士河一年一度举行的牛津·剑桥赛艇比赛经验，尽早在姚江水域（梁祝公园—湾头）或东钱湖水上运动区域举办宁波赛艇比赛，使其成为宁波的一张独特的文化名片。

国研经济研究院东海分院　陈旭钦　胡　拓　汪　雅

宁波市社科院（市社科联）　张　英

（宁波市传媒研究基地课题成果）

关于充分发挥民间力量的作用 提升宁波城市国际传播力的建议

宁波市第十四次党代会报告要求宁波"国际传播能力显著增强，多层次对外交流体系更加健全"。民间力量是国际传播多元主体的重要组成，也是政府主体的"补充"与"缓冲"。近年来，宁波的民间力量国际传播实践取得了一些成绩，呈现企业主动参与、社会组织多方推进、个人积极介入的良好格局，但也面临着企业参与海外传播潜力挖掘不足、传播品牌聚焦不够、民间力量参与国际传播的效力不强等问题。为进一步推动民间力量在宁波城市国际传播中发挥更大优势和作用，建议做好三个方面的工作：一是推动传播主体多元化；二是创新对外传播方式；三是加强对外传播保障。

宁波市第十四次党代会报告明确提出"国际传播能力显著增强，多层次对外交流体系更加健全，'书藏古今、港通天下'的城市名片更加闪亮"的发展目标。宁波的"国际风范"要秉持国家站位，找准自身定位，用宁波故事讲好中国故事、用宁波形象提升助推中国形象提升。目前，世界各地区的民间交流日益频繁，宁波需要充分重视发挥民间力量在国际传播中的作用。

一、宁波民间力量参与国际传播的现状

本文中的民间力量主要是指国际传播中除政府以外的传播主体，主要包括企业、社会组织和个人。目前，在宁波国际传播中已涌现出了数支具有一定影响力的民间力量，初步形成了企业主动参与、社会组织多方推进、个人积极介入的良好格局。

（一）企业主动参与

民营企业是宁波城市海外传播的有生力量。得力、太平鸟、奥克斯、申

洲、中基等规模较大的制造企业及商贸企业实力雄厚，海外业务频繁，拥有丰富的对外交流经验；一些中小型商贸企业负责人拥有海外生活背景和海外政商资源，其通过商品推介、文化交流会等多种方式搭建了中外文化交流桥梁。2021年底公布的宁波首批25家国际人文交流基地，就有大丰实业、月立集团等4家民营企业。不少企业在几家影响力最大的全球性社交媒体上开设了账号，在Facebook、Twitter、Instagram、TikTok等平台上排前10名的宁波账号中，民营企业占比超过一半。

（二）社会组织多方推进

根据不完全统计，宁波承担对外交流业务的社会团体有宁波市对外文化交流协会、宁波市中东欧经贸合作与文化交流促进会、宁波市教育国际交流协会、宁波国际人才交流协会等，涉及文化、经贸、教育、人才等多个对外交流领域。如宁波市对外文化交流协会多年来主办、承办多个对外文化交流活动，扶持有潜力的国际交流项目，推动宁波对外文化交流工作；宁波市教育国际交流协会有单位会员近百家，涵盖各类学校，与境外1200余所学校建立了交流合作关系。

（三）个人积极介入

一是在甬外籍友人。宁波现有外籍专家（教师）1000人左右，在甬各类留学生3300多人。市委宣传部于2021年培养了"海外传播官"9名，他们成为传播宁波城市形象的"轻骑兵"。如加拿大籍的Steph（玉米）发布宁波方言短视频，其抖音账号@NBLOKO已有3.8万名粉丝。乌克兰籍教师康斯坦丁回国后，于2022年元旦创办中国书画公益学校，教授当地民众中国传统书画。

二是热心对外文化交流事业的个人。以"红牡丹国际家园"为例，负责人姜红升面向外籍友人、留学生传播和教授中国书画艺术，至今已经教授超过1.3万名外籍学生，覆盖近170个国家。他还接受过《中国日报》、英国广播公司（BBC）的采访。

二、宁波民间力量参与国际传播面临的问题

（一）企业参与对外传播潜力有待挖掘

一是企业的海外社交媒体参与度不足。宁波多数企业对海外社交媒体的认知不足，运营能力有限，海外发声偏弱。2021年入围浙江省民营企业百强榜的18家宁波企业中，仅有太平鸟、得力、奥克斯进入了Facebook、Twitter、

Instagram、TikTok 等平台宁波相关海外账号粉丝量前 10 名。此外，榜上有名的申洲、方太、萌恒、金鼎、爱伊美等知名企业的海外社交媒体尚处于起步阶段。

二是企业海外账号影响力有限。Twitter 上的粉丝数量前 5 名的宁波企业粉丝合计不足 5000 人。在海外社交媒体强势兴起的环境下，相对较小的粉丝规模导致宁波企业海外影响力提升上很难做出成绩。

（二）宁波国际传播品牌有待聚焦

一是对宁波城市核心品牌的聚焦不够。在 YouTube 平台"Ningbo"相关视频播放量靠前的视频中，只有"宁波水磨年糕制作方法"具有鲜明的宁波特色，其他视频内容主要是实时资讯和娱乐体育类，缺少宁波特色。海外传播内容供给中宁波城市核心品牌元素的单一化，降低了宁波城市形象的识别度。

二是品牌培育的持续关注和培养不足。拥有较好基础的传播品牌需要持续赋能以形成长期效应。例如，"'艺术振兴乡村'借助民间平台——宁波打造中外艺术家的国际家园"入选 2020 年全国"对外传播十大优秀案例"，但目前来看，该案例在主题的再提炼、内涵的再丰富、平台的再提升方面规划不足。再如，成立于 2012 年的"红牡丹国际家园"，因场地无法长期保障，先后在鄞州、海曙、镇海等多地驻点。目前，该品牌面临缺少长期稳定的团队支撑、场地配套条件协同难度大、对外传播工作经费不足等困难，发展遭遇天花板。

（三）民间力量参与国际传播的效力有待提升

一是运行保障有待加强。各部门之间、各协会之间呼应不足，未能形成联动效应；政策资源赋能不足，如国际人文交流基地、"海外传播官"等项目经费保障不足，政策激励力度不够，在扩充规模、提升能级上缺少后劲。

二是有影响力的"大 V"有待培育。利用网络渠道宣传城市形象，宁波起步并不晚，但至今未能出现国内外有影响力的"大 V"。从相关成功案例来看，商业资本介入是重要推手。宁波自媒体从业者的社交媒体运作水平尚需提升，资源导入能力尚需加强。

三、关于提升宁波城市国际传播力的建议

（一）推动国际传播民间力量主体多元化

一是挖掘涉外企业对外传播潜力。借鉴上海打造"跨国企业国际传播俱乐部"的经验，启动宁波民营企业国际传播共同体建设计划，以文化沙龙、竞赛评比、公益活动、联合宣传等形式，形成宁波企业参与国际传播的常态机制。组织企业国际传播优秀案例评选及展览活动，通过颁奖典礼、主旨演讲、案例分享、圆桌会议等形式，搭建线上线下展示平台，提升企业家形象和企业形象。升级政企合作推广宁波城市形象的载体，借鉴"冰墩墩"成功传播的经验，以生动形象、贴近普通民众的形式，丰富企业产品的发布和销售、企业海外自媒体推送等场景中的多媒体资源供给。培育宁波跨境电商企业和品牌出海服务商的城市形象传播意识，对跨境直播、短视频生产等新业态，要在政策引导、人才培训等环节提前介入，加强宁波城市形象的植入。

二是壮大"海外传播官"队伍。鼓励外籍友人特别是外籍留学生成为宁波的"故事讲述官"。通过举办文旅类、教育类、体育类等活动，邀请在甬外籍专家、来甬留学生深入宁波城乡基层，感受宁波当代发展，和宁波市民对话交友，从而乐于主动讲述宁波故事。吸引甬籍华侨成为宁波的"铁杆粉丝群"。侨联及各侨团组织可以通过线下实地考察、线上"云参观"等方式，吸引甬籍华侨重新认识宁波的建设成就和文明风貌，主动宣传故乡。凝聚一批网络"大V"、对外文化交流志愿者，使其成为宁波的"热心宣传员"。建议宁波市互联网发展联合会和宁波市新媒体联盟等社会组织设立城市形象传播专委会，丰富城市传播的内容供给，拓宽城市传播的渠道路径。

（二）创新民间力量开展国际传播的方式

一是强化运用民间话语体系。淡化官方话语和精英话语，使用民间话语，针对海外普通民众的兴趣点，鼓励民间力量发挥所长，专注于对特色内容的深耕。如宁波美食文化、宁波非遗文化等都是容易引发普通民众好感的切入点。例如，宁海"功夫奶奶"在 YouTube 上大火，引发海外粉丝浓厚兴趣。可以引导自媒体制作相似主题的优质内容，通过海内外账号联动，形成传播矩阵，取得更好的传播效果。

二是强化活动策划和话题引导。通过结合生态环境保护、传统文化体验、音乐体育交流、城乡美景展示、地方美食品尝等各类活动，抓住普通民众关心的话题，增强城市传播内容的丰富性。如宁波象山抹香鲸大救援的故事，视频播放量 18 亿次，外媒报道 100 余篇。这个话题正是由于契合了人与自然和谐相处的理念而备受关注。可以常态化设立"艺术与乡村"主题论坛，邀请世界各地的嘉宾交流"艺术融入乡村"的经验和做法。

三是提升社交媒体影响力。支持宁波新媒体联盟加大对自媒体的扶持力度，通过培训、交流、竞赛等方式，鼓励宁波自媒体提升运营水平。推动在甬青年大学生和友好城市、友好学校大学生之间开展线上线下跨文化交流活动，增加社交媒体话题性。例如"NB 轰红"短视频大赛自 2018 年启动以来，全网总播放量过亿。像这样的基础好、影响力大的文化赛事还有宁波国际微电影节。建议此类赛事增设城市主题（双语）单元，制作输送质量高的视频作品，投放海外社交媒体进行二次传播，形成叠加效应。

四是提升重要项目的传播效度。以"茶花奖"为例，该奖项是宁波市政府授予外国专家的最高荣誉之一。要进一步讲好"茶花奖"获奖外籍专家在宁波工作、生活的故事，将其打造成以个体视角讲好宁波故事的良好载体。同时，要激发和调动自媒体的创造力，使其配合主流媒体发声，在海内外社交平台上进行多样态传播。

（三）加强民间力量对外传播保障

一是建设民间力量助推国际传播的"中央处理器"，加快组建"宁波市对外传播中心"。通过打造这一关键平台，使其成为各领域、各部门、各层级城市国际传播信息、资源、人才汇聚的枢纽，将分散在文化、教育、艺术、商贸、自媒体等领域，具有国际传播潜力的民间力量集聚而用之，实现资源的优化配置。

二是激发现有平台活力。加大对宁波市对外文化交流协会、宁波市教育国际交流协会等社会团体的支持和保障力度，提升社会团体活跃度。各社会团体之间加强协作，开展相关主题的联动、联展、联播。

三是强化政策支持和资金保障。在政策支持方面，可以通过方向引导、渠道支持、法律监督，助力企业发展壮大；在资金保障方面，可以通过以奖代补、项目补贴等方式增强企业的造血功能，壮大宁波国际传播队伍。

宁波开放大学　郭　玮

宁波大学　宁海林

宁波市社科院（市社科联）　张　英

（宁波市网络与传播研究基地成果）

现代化滨海大都市视野下东钱湖区域发展目标定位的思考及近期工作建议

在宁波市第十四次党代会报告提出建设现代化国际滨海大都市和国家正在加速新型工业化和新型城市化的大背景下，优质城市空间成为宁波城市发展新的战略资源。如何把被誉为宁波"瑰宝"的东钱湖发展成为宁波"城市明珠"，是宁波城市发展的重大课题和历史使命。当前，要充分认识东钱湖的战略性空间资源，明确东钱湖作为宁波现代化城市"副中心新城"、滨海大都市"中央大花园"、生态优先的"世界级文化湖区"的目标定位。在此基础上，本文提出了当前及今后一段时期的主要任务：一是研究确定发展的空间范围和关键项目；二是做大做强特色产业集群；三是完善旅游交通、住宿等综合服务配套；四是强化发展的规划、土地要素和组织领导保障。

2001 年设立的东钱湖旅游度假区是宁波新世纪"江湖港桥"城市发展战略的创新产物，于 2015 年 10 月成功创建成为国家级旅游度假区。在新阶段，如何进一步推进东钱湖区域建设紧密融入城市发展大局，需要我们深入探索。

一、东钱湖是宁波发展新阶段的战略性空间资源

（一）东钱湖具有高质量的自然人文资源

在行政管辖 145 平方公里范围内，20 多平方公里的湖区烟波浩渺，70 多平方公里的山区重峦叠嶂，20 平方公里的新城规划区水韵江南；山、湖、林、草、田、岙、茶岭、古村、禅寺、景区等，资源多样。自唐宋以来，东钱湖区域名人辈出，水利文化、禅茶文化、家族文化尤为深厚。东钱湖是一种大气象的存在，堪比著名的英国湖区、瑞士的日内瓦和卢塞恩湖区，是宁波最美丽的大风景，可以代表宁波的城市意象和生活样式。

（二）东钱湖具有枢纽性的地理区位

历史上东钱湖曾是连接中心城区与东南沿海的水陆中转点，目前是宁波城市向东拓展"拥江揽湖滨海"城市发展轴与"翠屏山—东钱湖—象山湾"自然人文轴线的交会点。随着甬舟一体化和滨海大都市建设的推进，东钱湖区域具备成为宁波千万级流量入口和宁波城市旅游集散中心的条件与潜能。

（三）东钱湖孕育着后工业化的城市功能

随着长三角地区步入后工业时代，东钱湖以大体量、复合性和后发性的资源优势，以及紧邻中心城区的区位优势，有利于培育发展现代大都市所具有的休闲、文化、会展、品质居住和总部经济等城市功能，有利于打造后工业化时代的副中心城区和国际化湖区，增强中心城市功能。

（四）东钱湖是新发展阶段的决胜主场

东钱湖作为一个拥有数千亿级投资规模的城市空间以及千万人员流量的旅游度假区，对处于新发展阶段的宁波具有重要意义。一是重塑城市新的发展格局，塑造一个100平方公里的世界级文化湖区，带动和辐射周边300—400平方公里区域的发展；二是实现鄞州从县域经济强区、城市经济的核心区向宁波大都市核心区的跨越；三是在宁波中心城市形成东部行政金融中心、南部商务中心和钱湖休闲、文化、智创中心三大发展极核，发挥现代化滨海大都市的核心功能作用和城市地标作用。

二、明确新阶段东钱湖区域发展目标定位和核心功能

（一）在城市功能上，重点把握"副中心"的概念

发挥资源、区位等独特优势，重点是要培育对环境要求高、集聚人才的新兴产业集群和现代城市功能，承担起中心城市的部分核心功能。同时，强化中心城市的能级和集聚辐射力，提升首位度，以服务宁波大都市建设大局，使东钱湖从"旅游功能区"升级为宜游、宜居、创新、创业的"副中心新城"。

（二）在城市形态上，重点把握"大花园"的概念

深度挖掘和呈现东钱湖得天独厚的环境特质和人文气质，实施全域景观设计、种植设计和大地景观营造，努力构建一个居都市之中、品质最高，由各类公园、花园、植物园、田园、湿地、茶岭、山林、绿廊、谷岙、溪流、荒野等多样化自然系统构成的生态体系，成为大都市的"绿心"和"大花园"，实现高

水平的"三生"融合和绿色生态发展，使东钱湖从城市"后花园"升级为国际化、高品质的现代化大都市"中央大花园"。

（三）在城市发展方向上，重点把握"文化型"的概念

正确认识当代城市发展的走向，借鉴"文化都市"建设的国际经验，超前谋划和实施"文化城市"发展战略，以文化为发展核心要素，发展文化产业、文化艺术和文化创意活动，打造城市文化空间，形成独有的城市文化气质和城市精神，增强大都市的核心竞争力和软实力，使东钱湖从传统型"小乡镇"跨越式发展为世界级"文化城区"。

据此，东钱湖区域的发展定位是宁波现代化城市"副中心新城"、滨海大都市"中央大花园"、生态优先的"世界级文化湖区"。东钱湖区域要加速培育和强化新的城市核心功能，努力成为宁波现代化城市的休闲旅游中心、文化消费中心、品质生活中心、东部交通中心和新兴产业中心五大中心。

三、当前及今后一段时期的主要任务

（一）研究确定发展的空间范围和关键项目

2001年设立的东钱湖旅游度假区，规划范围230平方公里，管辖范围145平方公里，但实际管辖不到130平方公里。其中，国家级旅游度假区40平方公里、省级风景名胜区60.3平方公里。在当前，实行"区政合一"的管理体制的东钱湖旅游度假区，其规划管理的范围应作出相应的变化和优化。从现行体制实际和保护开发需求出发，建议将东钱湖区域划分为核心圈层、湖山圈层、环东钱湖圈层、大东钱湖圈层四个圈层（见表1）。划分不同发展圈层空间，明确圈层的规划定位、发展重点及协调机制，明确相关圈层开发建设的主体责任，建立关键性项目清单（见表2）。这有利于统筹重点产业项目的布局、招商，有利于交通等重大基础设施的统一规划与建设。

表1　东钱湖区域圈层划分

序号	圈层	范围	推进主体
1	核心圈层	副中心新城片区，约30平方公里，由新城核心区、东钱湖老镇区、梅湖片区、国际会议中心和云龙镇区等组成	调动市、区政府和管委会三方的积极性，引入市政府战略盘子，区政府做好协调，管委会组织实施

续表

序号	圈层	范围	推进主体
2	湖山圈层	以风景名胜区为主体的"中央大花园"区域，约100平方公里，由整个湖区、福泉山景区、韩岭景区、二灵山景区、鹰山景区、十里四香片区等构成。集中体现了东钱湖绿水青山、生态湖泊、宋韵文化、禅茶文化的资源特色，是"五养"（眼、肺、肾、脾、心）的绝佳之地	由区政府统筹支持，以管委会为推进主体
3	环东钱湖圈层	紧邻东钱湖且在半小时交通圈内的云龙、横溪、东吴等区域，约200平方公里	由区政府统筹，各相关镇街、园区合力建设
4	大东钱湖圈层	环绕东钱湖"副中心"和"中央大花园"的鄞州东南部区域，约400平方公里	

表2　关键性项目清单

序号	项目名称	建设内容
1	新城核心区城市旅游综合体	认真总结新城核心区规划与招商的经验教训，统筹新城核心区、会议小镇及云龙区块的城市功能分区，对标钱江新城、苏州金鸡湖商务区以及世界上水城典范城市，按照城市地标区、综合服务中心、总部经济集聚区、休闲商务旅游区（RBD）和城市商务区（CBD）核心功能区的定位，进一步优化招商方案，优化项目公共商业与地产比例，明确公共商业与地产建设时序，吸引有实力的大型国企参与投资运营，争取在3～5年形成超百亿元的投资规模，建成新城核心区的城市综合体组团，成为带动新一轮东钱湖发展的"引擎"和"心脏"
2	梅湖科创新城或梅湖主题乐园小镇项目	多轮规划研究指出梅湖片区的发展方向是产业新城镇，据此谋划两个方向的项目建设。一是建设现代化科技教育小镇。以广东东莞松山湖为样板，引入国内外高等院校、科研机构、大型高新技术产业总部及研发机构。建设高水平、国际化的大学城和科技城，配套建设相关的文化、体育、教育、医院、购物、社区等城市基础设施，吸引高素质人才，建成具有数万高质量人口聚集、创新活跃、教育发达的科创新城。二是建设高品质休闲娱乐小镇。以广东长隆欢乐世界为样板，精准招商引资，整合提升现有宁波野生动物园及周边水域、山地资源，建设由野生动物园、水上乐园、大马戏城、飞鸟乐园、主题酒店、主题街区等主题乐园集聚、年接待量达500万人次的休闲娱乐小镇

序号	项目名称	建设内容
3	世界级旅游度假区	根据国家文旅部颁发的建设指引，启动东钱湖世界级旅游度假区创建。以首批创成的东钱湖国家旅游度假区为基础，以南湖为核心，涵盖南湖沿岸线、韩岭景区、二灵山景区约30平方公里的区域范围，开展东钱湖世界级旅游度假区的创建工作，力争保持国内第一方阵地位。以"一心四片两门户"（南湖核心；湖心堤宋韵文化片区、上水度假住宿片区、幸福水岸运动休闲片区、国际会议小镇片区；水上乐园和陶公岛门户）的空间发展格局，重点打造国际会议、国际赛事、国际文化交流、国际休闲度假等核心产品集群。精心策划建设水上乐园和陶公岛门户区、南岸线休闲体育公园带、象坎运动主题小镇项目，推进国际帆船港湾二期建设；继续推进韩岭艺文小镇的整体营造，着重做好老街的保护性开发，推进韩岭二期项目；以旅游目的地酒店的标准，进行二灵山温泉酒店的改造提升；完善上水国际旅游综合服务中心的功能；结合国际会议中心建设，推进郭家峙区片改造。标识系统、旅游厕所、沿湖绿道系统等公共服务基础设施要有根本性的提升
4	宋韵钱湖国家5A级文化旅游景区	贯彻浙江省委提出实施"宋韵文化传世工程"和宁波市第十四次党代会打造"东钱湖宋韵文化圈"的指示精神，以福泉山景区和二灵山景区约20平方公里为边界范围，充分挖掘南宋文化、禅茶文化两大核心文化资源，发挥福泉山数千亩茶岭、林场等自然资源优势，以及望湖观海、紧邻中心城区的地理优势，构建"3+3"（石刻园、茶博园、理想村+室外茶园、禅宗茶屋、唐公庵）、"3+1"（三条索道+一条环山线）的空间布局和交通组织体系，山上山下联动发展，加强与"东亚文化之都"城市的互动交流，打造以特色文化旅游、山地高端度假为核心吸引物、有世界影响力的高品质文化旅游景区，争取3~5年创建成为国家5A级景区
5	滨海大都市中央大花园项目	按照滨海大都市中央大花园的定位，借鉴国内外国家公园、花园城市建设管理的理念和标准体系，以"大花园是普遍形态"为理念，精心规划和构筑花园、茶园、植物园、郊野、文化、体育等各类公园，以及绿廊、绿岙、花谷、林场、茶场、牧场，湖泊、湿地、溪流、山塘、荒野、步道、文化遗迹、历史村落等，组成多样性的"大花园"生态系统。精心构建和完善"中央大花园"保护利用的管理与运行机制，平衡生态保护和休憩、生态文明教育两大功能。精心组织实施"中央大花园"建设的三年行动计划，开展大地景观设计、种植设计和林相改造、退渔还湖，实施绿色生态企业、美丽村庄培育等专项行动。创新性地打造高品质、国际化、占地面积100多平方公里的都市中央大花园，成为宁波大都市的"中央绿核"，形成比肩国际著名大都市的标志性美丽风景

（二）做大做强特色产业集群

一是休闲产业。实现从观光旅游为主体向休闲度假为主体的转变，发展休闲度假、运动康养、文化娱乐、餐饮购物等城市旅游业态，打造完整的休闲度假旅游的产业链。加快建设新城休闲商务旅游区（RBD）、城市旅游综合体、会议小镇、梅湖综合性主题乐园集群及主题社区；加快建设南岸线体育公园带、特色街区、体育主题小镇等，构成休闲度假目的地体系；精心谋划十里四香乡村休闲旅游带。聚全区之力，创建以南湖为核心的世界级旅游度假区，以福泉山为主体的宋韵文化主题、山地度假主题的国家 5A 级文化旅游景区，打造高品质、国际化的核心旅游吸引物和拳头产品。

二是会议产业。充分发挥宁波国际会议中心大型场馆设施和国家级博览会的独特优势，整合提升现有酒店会议设施资源和专业队伍力量，发展商务会议、会奖旅游、专业展会、节事婚庆等会议、会奖、会展业。策划举办"一带一路"国家展、中东欧博览、东亚文化交流、产业创新发展、国际湖泊休闲、国际青少年体育、国际艺术教育等节事、赛事、论坛，以及户外运动休闲装备、汽车、船艇等专业设备展会活动。建设运营好国际会议中心、院士中心、韩岭美术馆、华茂艺术教育博物馆等重点会议博览场馆设施；推进湖景酒店、韩岭艺文展陈空间、茶文化博物馆等项目建设，在环南湖岸线谋划布局与节赛事活动、大众文体活动相关配套的户外展陈和销售空间，改造提升现有各类会议场馆和接待设施；启动重大节赛事、会议、会展的培育计划；完善促进会奖业的扶持政策措施，吸引专业人才和社会资本，打响"长三角会奖旅游新地标""中国会奖影响强区"品牌。

三是文化产业。贯彻"文化型"的发展要求，发展时尚设计、影视音乐、文化综艺、文化创意、文化旅游、艺术教育等文化业态，形成从文化教育、研发到后期的文化交流、贸易、展示等文化产业链。结合东钱湖新城建设，策划建设综合性的演艺文化中心、艺术街区、版权/艺术品交易中心、文博场馆、剧院等文化设施；结合宋韵钱湖文化旅游景区的创建，加快推进南宋石刻公园提升、大慈寺禅茶文化旅游区建设和下水理想村整体开发等重大的文化旅游项目，加强文化旅游产业的空间集聚；结合韩岭艺文小镇的整体保护利用，启动韩岭二期项目，保护修缮韩岭老街，投用韩岭美术馆，继续办好艺事季活动和打造最美 2 公里艺术湖岸，争取建设成为国家级历史文化名村和街区；结合梅湖片区的规划建设，引进与建设文化主题综合体项目，依托主题乐园集群，发展文化娱乐和城市大型演艺项目。精心策划和持续办好国际湖泊休闲节、茶文化节、双年展、艺事季、龙舟节、湖畔音乐节、国际帆船文化节等特色文化节事，适时策划推出"钱湖千古情"类型的大型演艺项目，使东钱湖成为宁波"东亚文化之都"的地标区和"文化城区"。

四是总部经济。加速从传统经济向现代经济的转型超越，大力发展环境要求高、附加值高的总部经济和新经济。重点引入科创研发、生物医药、电子商务、金融保险、人工智能、物联网等企业机构、地区总部。在新城区域，建设城市商务区（CBD）、湖滨小镇型的绿色办公区、甲级办公楼宇；在东南片区的邻湖山夵地区，规划布局"创智绿谷"，吸引生态型绿色办公总部、企业研发中心入驻；在梅湖区域，谋划建设文教、文创产业园区和科创小镇。制定完善总部经济发展的扶持政策。

（三）完善旅游交通、住宿等综合服务配套

一是加快旅游综合交通体系的建设。聚焦重点、快旅慢游、远近结合、建管并重，明显改善区内外旅游交通。重点围绕"世界级旅游度假区""国家级文化景区"创建和重大项目建设，实质性推进215省道改道，加快推进南北大道的规划建设，解决南湖片区、下水片区的交通拥堵问题；启动建设福泉山索道项目，规划建设环湖西线和老镇区的沿湖骑行、步行栈道；明确划定湖区非通航范围，发展环湖旅游巴士专线和环南湖"微公交"旅游线路，促进水上游线发展和水陆交通无缝对接；在云龙区域规划建设市级层面、联结长三角地区的旅游交通集散中心。

二是提升住宿餐饮服务水平。按照世界级度假区建设指引和高等级景区评定标准，依托沿湖开放景区和旅游小镇，重点打造旅游住宿集聚区、旅游餐饮综合体、购物综合体和特色街区。要加快推进韩岭、下水、殷湾等特色民宿集聚区建设，继续发展文化、体育、乡村型的特色主题酒店。加快纪家庄、二灵山等酒店的改造提升，努力引进地中海俱乐部、开元森泊乐园式的旅游目的地酒店。积极推进下水风情街、韩岭老街、莫枝东西街和陶公村等特色街区的保护开发。

三是改造提升旅游公共服务设施。对旅游标识系统、旅游厕所、旅游驿站、环湖绿道和环山步道等旅游公共服务设施进行根本性的改造，加大多形式、有温度的旅游公共服务的供给，全面提升公共服务质量和游客满意度。

（四）强化发展的规划、土地要素和组织领导保障

一是强化规划的引领和保障作用。抓紧研究确定和颁发实施新一轮的东钱湖地区总体规划，明确东钱湖区域发展定位、空间结构，为重大片区的保护与开发、重大项目的招商与建设提供依据。深化东钱湖新城的城市设计，开展梅湖片区的规划研究。围绕"中央大花园"建设，借鉴国际先进理念和经验，开展专项的全域景观规划设计及种植设计。完成东钱湖国土空间规划的编制工作，为"十四五"期间的发展提供空间，尤其是提供土地要素的保障。

二是建立健全组织领导机制。坚持目标导向，建立指挥部工作机制，整合资源要素，落实行动计划，提供支持保障。建议由区、管委会主要领导牵头，区级有关部门和管委会职能部门、相关乡镇负责人组成的"副中心城市"开发建设、"两区"（国家级旅游度假区、世界级旅游度假区）创建等组织机制，高水平设计、高标准建设、高品质管理，打造宁波大都市靓丽风景、浙江大花园建设样板。

浙江工商职业技术学院　苏　心

大力推动四明山区域生物多样性保护　加快打造人与自然和谐共生现代化样板

党的二十大报告指出："尊重自然、顺应自然、保护自然，是全面建设社会主义现代化国家的内在要求。必须牢固树立和践行绿水青山就是金山银山的理念，站在人与自然和谐共生的高度谋划发展。"大力推动四明山区域生物多样性保护，既是全面贯彻落实习近平生态文明思想的积极行动，也是高质量建设"美丽宁波"和打造文明典范之都的必然要求。要加快谋划构建生物多样性保护工作体系、培育生物多样性友好产业体系、搭建生物多样性多跨场景，助力宁波市建设现代化滨海大都市、打造人与自然和谐共生现代化样板。

四明山区域森林面积 138.8 万亩（1 亩 ≈ 667 平方米），占宁波市森林面积的 20% 以上，区域内植被和生物多样性丰富，森林覆盖率 72.1%，是宁波最重要的绿色生态屏障和自然资源。加快推进四明山区域生态发展，推动四明山区域生物多样性保护，是深入学习党的二十大报告提出的"提升生态系统多样性、稳定性、持续性""加快实施重要生态系统保护和修复重大工程""实施生物多样性保护重大工程"要求的重要举措，是贯彻落实省委美丽浙江和市委关于美丽宁波决策部署的实际行动，有利于构筑宁波市生态屏障，加强生态资源保护，促进山区人口、产业向适宜区域集聚，优化生产力布局，推进四明山区域经济社会统筹发展，提高人民群众生活水平，打造人与自然和谐共生的现代化样板。

一、四明山区域生物多样性保护的基本情况

近年来，位于四明山东麓的海曙区龙观乡在推进生物多样性保护、探索生物多样性标准化建设、组织生物多样性系列活动等方面取得了显著成绩，被授予全国首个"生物多样性友好乡镇"。2021 年 10 月，龙观乡作为全省唯一受邀

的乡镇参加了《生物多样性公约》缔约方大会第十五次会议（CBD COP15）平行论坛。2022年2月，龙观乡以"建设生物多样性友好乡镇 构筑人类生物和谐共生共同体"为承诺主题，提出"四明秘境，多彩龙观"自主承诺，被收录在CBD COP15官方数据库。龙观乡是全球入选的42个单位之一。2022年6月，龙观乡"生物多样性友好乡镇"现场体验活动案例入选2022年"'美丽中国，我是行动者'提升公民生态文明意识行动计划"，被推选为"十佳公众参与案例"。浙江省首批生物多样性友好体验馆、浙江省首家生物多样性司法保护基地、中国人民大学环境学院宁波生物多样性保护教学科研实践基地等项目，相继落地龙观乡。

四明山区域涉及余姚、奉化、海曙"两区一市"共13个乡镇（街道），总面积1333.4平方公里。该区域地貌形态多样，生态资源丰富，物种多样性优势明显，是宁波市最重要的生态涵养区，森林覆盖率达到77.5%。以龙观乡为例，已查明国家级重点保护野生植物有23种，其中包括国家一级重点保护植物中华水韭、南方红豆杉，国家二级重点保护植物水蕨、金钱松、浙江楠、花榈木等。已查明四明山蝴蝶5科102种，蜻蜓1目9科43种，其中宽尾凤蝶为中国特有种。国家一级保护动物东方白鹳、白颈长尾雉等多类珍稀动物在此区域被发现，包括2021年才正式发表的两栖新物种"道济角蟾"。2015年以来，宁波市委、市政府成立了四明山区域生态发展工作领导小组，市财政安排了专项资金，四明山区域的生态保护和治理成效明显。此外，四明山区域积极创建美丽乡村，已经累计创建美丽乡村合格村105个、示范村17个，省级森林村13个，全国首批绿色村庄13个，为建设"美丽宁波"提供了有力支持。

二、四明山区域生物多样性保护面临的挑战

按照宁波市委奋力推进"两个先行"，加快建设现代化滨海大都市的部署要求，打造"人与自然和谐共生"的现代化是题中应有之义。四明山区域在发挥生态资源优势，探索生物多样性资源禀赋转化为经济社会价值、产业转型升级及城乡共同富裕等方面有较大的发展提升空间，生态发展存在不少困难和挑战。

（一）缺乏系统的工作谋划，生态发展要素保障有待加强

生物多样性保护是一项长期性工作，涉及生物调查、监测、评价、预警和开发利用等多个环节。目前，政府层面尚未明确主管部门，相关工作无法协同推进，生物多样性保护的本底调查工作也尚未在四明山区域全面开展，与之相关的规划研究、产业体系构建和相关政策制度保障没有明确的政策支撑，各类要素的保障还未形成合力。

（二）缺乏有力的产业支撑，生态服务价值应用场景有待探索

区域内尚未形成以生物多样性保护为主体功能的产业生态和企业经营活动。仅在以龙观乡为代表的个别乡镇中开展了"生物多样性＋"的零星尝试和探索，在通过生态保护获取经济收益并形成可持续开发利用的路径方面尚未形成可复制可推广的成熟经验。更重要的是，生态补偿机制的有效路径尚未建立，生态资源产权交易（生态银行）等生态价值转化的技术路径还未真正破题，生态服务价值的应用场景有待继续探索。

（三）缺乏专业的研究机构和人才，生态文明素养有待提升

生物多样性保护是一项专业性较强的工作，目前缺少针对四明山区域生物多样性保护的研究机构和专业人才。本地高校和科研机构对生物多样性研究关注度不高，专业的志愿者团队本地化水平较低。同时，四明山区域人口老龄化严重，60周岁以上人群占比在30%左右；多数村民的生态文明素养较低，对生物多样性保护的认知水平较低，参与生物多样性可持续开发利用的意愿较低。

三、关于大力推动四明山区域生物多样性保护的建议

（一）谋划构建生物多样性保护工作体系，打造生态友好典范

一是构建生物多样性保护的标准体系。在生物多样性本底调查的基础上，完成生物多样性相关名录，建设四明山区域野生动植物资源数据库，制定生物多样性监测框架和生物多样性指数，健全生物多样性保护制度和奖惩机制，推进体验基地建设规范化、生态旅游运营体系化、生物保护工作常态化，打造生物多样性保护工作全民参与、生态成果全民共享的良好局面，建成可复制、可借鉴、可推广的生物多样性友好典范的标准体系。

二是建立生物多样性保护的管理体系。市级层面可成立生物多样性保护组织领导机构，定期研究全市生物多样性保护工作，集成生态环保部门、自然资源部门、能源管理部门、发改部门和财政部门等政策，研究出台全市生物多样性保护办法。区级层面可以生态环保部门为班底，组建生物多样性保护工作专班，专门负责推动生物多样性保护工作。同时依托"大综合执法一体化"改革，将生物多样性保护的监测、执法纳入其中，实现具体场景管理。

三是建立生物多样性保护的财政体系。建议市级层面优化四明山专项资金安排结构，明确引导资金结构向生物多样性保护相关的基础设施、专项行动等倾斜。区级层面可重构生物多样性保护乡镇财政体制，建立与生物多样性保护友好乡镇相匹配的财政新制度，建立生物多样性保护专项基金和财政预算年度保障机制，全方位支持"绿水青山就是金山银山"转化。

四是建立生物多样性保护的人才体系。市级层面可以引入"外脑"，加强与相关智库合作，开展生物多样性保护的体系、政策、路径等的全方位研究。依托"3315"计划，支持引进生物多样性保护的人才团队。在引入优秀团队的同时，积极培养本土自然教育导师和志愿者团队，加大对乡贤资源的统筹引导，注重引导当地青年参与相关工作，形成生物多样性保护人才和团队集聚宁波的良好局面。

五是构建生物多样性保护的法律体系。鼓励政府体系的公职法务人员申请成为生物多样性保护领域的公职律师，夯实生物多样性保护的基层监管基础。鼓励检察机关就生物多样性保护给予适度关注，将其纳入公益诉讼和检察提示范围，并与其他司法机关形成良性互动，为生物多样性保护打造良好的司法氛围，并适时推动人大常委会立法。

（二）谋划培育生物多样性友好产业体系，打造"共同富裕"范本

一是打造生物多样性全产业链。探索"生物多样性＋旅游研学""生物多样性＋文创经济""生物多样性＋零碳光伏"等多产业融合模式，打造集科普研学、周边产品开发、课程开发于一体的全过程生物多样性友好体验全产业链条，力争使四明山区域90%以上的村集体的年经营性收入超过50万元，以生物多样带动乡村振兴，不断缩小四明山区域城乡收入倍差，助力共同富裕示范区建设。

二是探索金融助力生物多样性保护的发展路径。将生物多样性系统融入社会经济运行系统，建立生物多样性信息数据库和生态监管机制，借助金融力量在市级层面构建生物多样性保护信托基金，支持从事生物多样性保护的相关产业发展。将中国绿色产业基金会等绿色引导基金导入四明山区域生物多样性保护全过程，促使生物多样性保护工作由单一项目转变为全领域、综合性、可持续发展的项目。积极构建城市碳汇交易新路径，将生态优先政策有效引入生物多样性保护工作中，逐步实现生态补偿和交易。

（三）谋划搭建生物多样性友好城市多跨场景，促进"美丽宁波"建设

一是建立全域生态叙事系统。导入生态环境文化知识系统，以生物多样性、地域特色和生态保护为叙事定位，构建覆盖建筑、交通、环保设施、文旅路线、研学基地等的全域生态叙事系统，打造生物多样性活态博物馆，让居民和游客在日常生活中学习生态环境知识，提升生态文明素养，倡导生态友好型生活方式。

二是搭建全域绿色体验系统。建议引入生态环境部宣教中心"国家自然学校能力建设项目"、国际环境教育基金会（FEE）森林学校、"绿钥匙"等项目，以四明山区域自然公园为基础，打造特色鲜明的生物多样性体验营地，开发具有本土特色的研学课程，成为中小学生生态研学的首选基地和生态环境类高校学生社会实践的优选基地。推动"生物+"跨界融合，以"生物+数字""生物+艺术"为突破口，全方位展示生物多样性保护研究成果，搭建起在国内有一定影响力的自然知识产品输出平台。

三是举办具有辨识度的标志性活动。以"生物多样性友好城市"为主题，邀请联合国环境规划署、世界银行、世界自然基金会等国际组织，在国际生物多样性日（每年的5月22日）举办具有国际影响力的高峰论坛。同时，根据不同主题（如四季、节庆、物种、人群等）设计可持续开展的系列活动，充分体现绿色、环保、低碳等理念，注重多渠道传播，扩大活动的影响力。

四是营造全社会推动生物多样性保护的氛围。在政府全力推动生物多样性保护工作的同时，以党建为引领，发动社会各界力量共同推进生物多样性保护工作。充分发挥基层党组织的优势，协调群团及社会组织力量，鼓励企业界、教育界等社会各层面致力于生物多样性保护工作，推动"美丽宁波"和全国文明典范之都建设。

中共宁波市委党校　陈建娜

二

产业升级与创新发展

培育高水平创新主体　建设全域高水平创新型城市

——基于 2017—2020 年研发加计扣除政策的数据分析

宁波市第十四次党代会报告提出"打造全球智造创新之都""把创新摆在现代化建设全局最核心位置，全域建设高水平创新型城市"。从实践看，研发加计扣除的优惠政策能有效促进企业加大研发投入。为此，宁波市金穗税收大数据社科研究基地分析了 2017—2020 年相关数据，客观呈现了各行各类企业的创新情况，分析了宁波和杭州的差距，并建议攻坚克难推动传统产业的转型升级、持续培育创新动能强的创新主体，持续引导企业用好用足研发加计扣除政策、定期组织开展企业研发加计扣除分析、持续营造提升创新生态环境。

研发费用加计扣除，是企业为开发新技术、新产品、新工艺发生的研究开发费用，可以在计算应纳税所得额时，在实际发生支出数额的基础上，再加成一定比例，作为计算应纳税所得额时的扣除数额进行加计扣除。课题组依据 2017—2020 年宁波市企业所得税年报，分析了企业研发费用加计扣除情况，并按行业、分企业对研发投入进行了测算。数据显示，宁波市企业研发投入强度与增速双提升，但是也存在部分传统行业和小微企业研发投入较为乏力等问题。

一、宁波市企业研发投入呈现的五个特征

（一）企业研发投入力度持续增强

2017—2020 年企业所得税年报数据显示，2020 年全市企业研发费用合计

402.2 亿元, 同比增长 18.5%, 较 2017 年增长 90.7%, 年均增长 24.0%。从研发活跃度看, 2020 年全市 7450 家企业开展了研发活动, 较 2017 年增长 85.4%, 占全大市企业总数的 2.2%, 较 2017 年提高 0.3 个百分点。从研发持续性看, 连续四年开展研发活动的企业达 3290 家, 占比达 44.2%。从研发强度看, 2020 年研发费用占销售收入的比例为 2.9%, 较 2017 年提高 0.4 个百分点。这间接表明企业设备更新和技术改造稳步推进, 经济发展内生动力不断增强。

（二）有研发投入的企业中制造业占八成

数据显示, 2020 年宁波市 5596 户制造业企业开展研发活动, 研发费用投入 335.7 亿元, 户数和金额分别占总数的 75.1%、83.4%。其中, 电气机械、汽车制造、通用设备等装备制造业分别投入研发费用 64.9 亿、55.9 亿、39.0 亿元, 合计占制造业研发费用总额的一半。2020 年宁波市 3065 户高新技术企业研发费用投入 276.5 亿元, 以四成的户数占比占据了研发费用总额的七成; 户均投入研发费用 902.2 万元, 达全市平均的 1.7 倍。这反映了制造业创新驱动的成效在不断显现, 大力发展高新技术企业是加快实施创新驱动的关键。此外, 信息技术、科研技术服务等现代服务业研发费用分列第二、第三位, 分别达 29.4 亿、20.6 亿元, 特别是科研技术服务业研发费用增速实现领跑, 虽然量不大, 但年均增速高达 55.0%。

（三）民营企业成为研发投入主力军

数据显示, 2020 年全市 6599 户民营企业投入研发费用 306.0 亿元, 分别占总户数和金额的 88.6%、76.0%, 且分别较 2017 年提高 2.9 个、6.9 个百分点。从单项冠军企业和专精特新"小巨人"企业看, 2020 年宁波市 51 户单项冠军企业全部开展了研发活动, 研发费用投入 36.2 亿元, 户均研发费用高达 7097.7 万元, 研发费用占比高达 9.0%; 180 户"小巨人"企业户均投入研发费用高达 1257.6 万元。这表明培育发展单项冠军、专精特新"小巨人"企业是提升企业创新能力的有效路径, 这些企业步入了"研发—优惠—再研发"的良性循环。

（四）企业自主研发占据主导地位

数据显示, 2020 年企业自主研发投入达 370.9 亿元, 年均增长 25.2%, 占年度研发费用的 92.2%, 其中投入的人工费用达 182.2 亿元, 年均增长达 26.0%, 材料、燃料、动力等直接消耗达 152.7 亿元, 占比 41.2%; 但是从总量看, 主研发投入仅较 2017 年提高 2.6%, 年均增速 0.8%。这反映出企业自主研发投入总体稳定。但是为破解人才制约，企业敢于投入。此外，企业通过经营租赁方式租入的用于研发活动的仪器、设备租赁费达 1.1 亿元，年均增长 55.1%。这说明企业更愿意以轻资产方式开展研发。值得注意的是，2020 年企业委托研发投入 39.5 亿元，仅为自主研发的 9.6%，同比增速达 67.6%，虽然总量不大，但是增速较高。

（五）企业大幅受惠于加计扣除政策

在研发加计扣除比例提高、受惠企业覆盖面持续扩大的政策支持下，自 2017 年以来，企业受惠程度持续"升级"。数据显示，2020 年全市企业享受研发加计扣除 285.2 亿元，同比增长 16.4%，较 2017 年增长近两倍；年均增长 43.2%，增速高出企业研发费用增速 19.2 个百分点；户均享受研发加计扣除 382.8 万元，较 2017 年增长 47.4%。此外，企业财务数据显示，连续 4 年开展研发活动的企业，其营业收入利润率达 11.0%，高出首次开展研发活动企业 3.6 个百分点。这充分表明，研发加计扣除政策有效激发了市场主体创新活力，强化了企业的技术优势，提高了企业的经营效益。

二、宁波市企业研发投入上存在的四个问题

（一）部分传统行业技术革新步伐缓慢

数据显示，产值巨大的石油、煤炭及其他燃料加工业仅投入研发费用 0.7 亿元，研发强度仅有 0.07%；企业数量众多的纺织服装、服饰业，只有 26 家企业开展研发活动，研发强度仅为 0.59%；造纸和纸制品业、有色金属冶炼和压延加工业、化学原料和化学制品制造业研发强度分别为 0.88%、1.20%、1.36%，均显著低于平均水平。这表明部分传统制造业仍处于价值链的中下游，企业创新动力不足。

（二）小微企业开展研发比例明显偏低

数据显示，大、中型企业研发费用分别占总额的 49.8%、41.5%。2020 年大型企业户均研发投入最大，达 3737.1 万元，是全类型企业平均规模的 7 倍；中型企业开展研发活动的比例最高，达 17.1%，占研发企业总户数的 53.1%；同时，仅有 2.8% 的小型企业、0.3% 的微型企业开展研发活动。这表明小微企业受制于规模等，研发意愿较低，研发投入有限。

（三）人才仍是制约企业研发创新的关键因素

企业家身处市场一线，对市场反应最直接、对环境变化最敏感。从企业自主研发投入看，投入的人工费用达182.2亿元，年均增速达26.0%。这间接说明了企业家渴望人才、愿意投入。从对企业的补充调研来看，企业普遍反映人才是企业创新的关键，宁波市引人环境有明显提升，城市对硕士及以下学历人才具有吸引力，但博士等高端人才及行业紧缺急需人才仍较难引进，且人才流动较为频繁。

（四）对标杭州研发投入仍存在显著差距

数据显示，2020年杭州市研发费用投入为1357.6亿元，宁波仅为杭州的29.6%（位居全省第二）。具体来看，与杭州的差距集中在信息技术和科研技术服务业，杭州信息技术业研发费用高达700.8亿元，占研发费用总额的51.6%，宁波仅为杭州的2.9%；杭州科研技术服务业研发费用达130.4亿元，宁波仅为杭州的22.6%。可以预计，随着研发投入差距的拉大，行业的规模、质量差距也将进一步拉大。

三、工作建议

（一）攻坚克难推动传统产业的转型升级

聚焦并设法破解石油、煤炭、纺织等部分传统产业研发投入低的问题，且不能长期放任自流，否则会侵蚀宁波市相关行业的长期竞争力；研究推动企业以数字化提升为方向，开展关键核心技术攻关，以技术装备更新、工艺流程再造、节能减排提标等领域为切入点，加大技术改造投入；支持企业实施关键核心设备进口替代、产业链协同创新、产业链强链补链等项目，促进产品迭代、企业增效、产业升级。

（二）持续培育扶持创新动能强的创新主体

引导和推动中大型规上企业继续加强研发投入；持续推动培育更多"小升规"企业；持续培育发展单项冠军、专精特新"小巨人"企业、科技型中小企业以及高新技术企业；聚集信息技术和科研技术服务业等相对短板行业，研究并整合现有政策开展专项扶持；围绕创新动能强的主体，开展金融、人才、公共服务平台等政策上的精准支持，推动组建创新联合体，加速科技成果转化应用，主动发现并加快培育具有"瞪羚""独角兽"潜质的企业。

（三）持续引导企业用好用足研发加计扣除政策

从趋势看，研发加计扣除政策红利仍在不断加码，预计政策效能会在中长期持续显现，企业受惠金额将会保持 25% 以上的大幅度增加。根据宁波市"十四五"的相关规划，近几年仍是宁波市新技术企业、科技型中小企业快速培育发展期，建议在培育阶段多措并举引导企业用足研发加计扣除的税惠政策，助力企业形成加大投入、政策享受、效益提升的良性循环。

（四）定期组织开展企业研发加计扣除分析

企业研发加计扣除的税惠分析，具有可分析、可比较、可运用等特点，通过持续性分析，能动态了解宁波市各行各类企业研发投入情况。企业研发加计扣除分析可作为相关财政资金使用绩效、政策主动调适与精准投放的依据。比如，可作为建立中小企业研发投入白名单的依据，结合信息化技术，可对关注类企业的研发水平、盈利水平和专利水平等进行动态评估与调整，为加强金融支持该类企业发展提供依据。

（五）持续营造提升创新生态环境

以"减"为主基调，不折不扣地落实新的组合式税费支持政策，提升普惠性的相关政策水平，引导中小微企业提升研发投入水平，持续推进大众创业万众创新。着力构建与高研发投入相匹配的知识产权保护机制，围绕宁波市重点研发投入的产业和支持发展的战略性新兴产业，加强专利布局的指导与导航。在高技术、高研发投入企业成长的各个环节，加强知识产权保护的指导与辅导，不断提升为企业提供知识产权侵权诉讼、行政处罚、行政裁决等服务的水平。

国家税务总局宁波市税务局课题组

宁波市社科院（市社科联）　吴伟强（修改）

（宁波市金穗税收大数据研究基地课题成果）

宁波抢抓 RCEP 重要机遇　进一步优化开放型经济格局的对策建议

《区域全面经济伙伴关系协定》（RCEP）构建起了全球最大规模自贸区。这也是首个涵盖中日韩的自贸协定。从经济角度看，RCEP 是一个拥有 25 亿人口的区域大市场，经济与贸易增长潜力巨大。从国家战略角度看，RCEP 的繁荣发展有利于我国对冲美国"亚太再平衡"，进一步扩大对外开放，践行多边主义，推动全球经济治理体系变革，加快构建双循环新发展格局。宁波抢抓 RCEP 机遇，不仅要算"经济账"，还要从服务国家战略的角度算"大账"，主动融入亚太经济"一体化"，加大改革创新，优化开放格局，为开放型经济注入活力，为城市发展增添动力。

一、RCEP 协定规则的主要内容及特点

（一）RCEP 是现有各国"10+1"自贸协定的集体升级

RCEP 是现有各国"10+1"自贸协定的集体升级，特别是在以下几个方面高于以往承诺的"10+1"自贸协定：一是在货物贸易方面，实施 60% 以上的进出口货物零关税和 3 年后 90% 以上的零关税措施。二是在服务贸易方面，日韩等 7 个成员国采用负面清单方式承诺，我国等 8 个成员国将在协定生效后 6 年内由正面清单转为负面清单。三是在跨境服务贸易方面，各国在 WTO 承诺约 100 个部门的基础上，新增了研发、管理咨询、空运等 22 个部门，提高了金融、法律、建筑、海运等 37 个部门的承诺水平。在自然人移动方面适用范围得到扩展。四是在投资方面，采用负面清单方式对制造业、农业、林业、渔业、采矿业 5 个非服务业领域投资做出较高开放承诺。五是在知识产权方面，与《与贸易有关的知识产权协定》（TRIPS）相比，RCEP 延长了著作权保护期，扩大了专利保护、商标申请等范围。此外，还纳入了电子商务、竞争政策、政府采购等内容。

（二）RCEP 采用了原产地累积规则

原产地累积规则更为开放，产品中 40% 的价值成分来自 RCEP 区域即享受免税（《美墨加三国协议》要求 50%～60%），适用成员国的中间产品累计增值标准，实质上是降低零关税门槛。此外，RCEP 丰富了原产地证书类型，新增经核准的出口商自主声明，有助于贸易主体提升信用水平。

（三）RCEP 首次实现了涵盖中日韩三方的自贸协定

RCEP 将东亚 3 个主要经济体中日韩涵盖在内，直接影响是与日本之间的关税变化以及韩国产品关税降低的范围扩大；尤其是中国对日本，25% 的日本产品关税立即降为零，86% 的产品最终降为零，远高于未建立自贸关系时 8% 的比例。

二、RCEP 协定对宁波的主要预期影响

（一）RCEP 协定有利于宁波外向型经济韧性增强

从货物贸易看，2021 年，宁波市与 RCEP 其他成员国进出口额达 3123.4 亿元，占同期全市进出口额的 26.2%（"十三五"时期年均进出口总额增速达 12.9%，具体进出口产品情况见表 1），已超过欧盟和美国。从服务贸易看，2021 年 1—10 月，宁波市与 RCEP 成员国进出口总额约占总量的 16.8%，全市前十大国际服务贸易伙伴中 RCEP 成员国占 4 个。从对外投资看，2021 年 1—11 月，宁波市对 RCEP 成员国的投资额为 76.6 亿美元，占全市对外投资总量的 27.63%。美国政府持续推动并鼓动其"盟友"出台打压中国的经贸政策，不断挑起贸易摩擦，是宁波市外贸稳增长的重大风险。2022 年 1 月 1 日，RCEP 协定正式生效，将有利于宁波市进一步拓展 RCEP 区域大市场，抵御欧美市场风险，推动并强化多元市场结构，增强外向型经济韧性。

表 1　2021 年前三季度宁波市对 RCEP 成员进出口商品情况

类型	商品类别	进出口额 / 亿元	同比增长 /%
前五大出口商品	机电产品	491.47	12.30
	劳动密集型产品	244.53	−2.79
	高新技术产品	79.9	14.99
	服装及衣着附件	77.88	5.25
	纺织纱线、织物及其制品	76.34	−11.53

类型	商品类别	进出口额 / 亿元	同比增长 /%
前五大进口商品	金属矿及矿砂	235.04	72.85
	机电产品	196.01	9.94
	高新技术产品	155.29	14.79
	基本有机化学品	149	36.43
	初级形状的塑料	112.95	—9.28

（二）RCEP 协定有利于宁波外向型产业优化提升

一是与日韩之间的经贸往来机遇。RCEP 协定包含的原产地累积规则和中日韩自贸协定。日本有望成为宁波市进出口的重要增长点（见表2、表3），尤其是在日本中高端工业中间品（主要集中在机械、电气设备、化工品、纺织服装等产品）的进口和轻工制品（主要集中在纺织、塑料、机电类产品）出口方面；韩国机电、汽车零部件等产品进口前景广阔。

二是跨境电商进出口将迎来新一轮发展机遇。预计 RCEP 在电子商务领域相关条款的逐步落实将推动区域内货物贸易便利化及新型跨境物流发展，从而有利于发挥宁波市跨境电商的先发优势和外贸竞争优势。

三是将持续带来贸易扩大效应。RCEP 的减免关税措施能促进宁波市制造业和服务业中的优势产品出口，以及东盟市场农副产品等优势产品的进口，并将加速技术、服务、资本等要素流动。

表2 RCEP 项下我国降税承诺情况　　　　　　　　　　　单位：%

降税模式		日本	韩国	东盟	澳大利亚	新西兰
协定生效立即降为零		25	38.6	67.9	65.8	66.1
过渡期降为零	10 年降为零	46.5	41	12.7	14.2	13.9
	15 年降为零	11.5	3.1	3	0	0
	20 年降为零	3	3.2	6.9	10	10
最终零关税比例		86	86	90.5	90	90
部分降税		0.4	1	5.4	5.5	5.6
例外产品		13.6	13	4.1	4.5	4.4

表3 RCEP项下其他缔约方对我国降税承诺情况 单位：%

降税模式	日本	韩国	东盟		澳大利亚	新西兰
			马来西亚、越南、新加坡、泰国、印度尼西亚、菲律宾、文莱	老挝、柬埔寨、缅甸		
协定生效立即降为零	57	50.4	74.9	29.9	75.3	65.4
最终零关税比例	88	86	90.5	86.3	98.2	91.8
部分降税	0	1.1	5.5	0	1.1	8.2
例外产品	12	12.9	4	13.7	0.7	0

（三）RCEP协定有利于宁波产业链供应链整合发展

以宁波市石化、汽车两大产业为例：从石化产业看，RCEP实现中日韩自贸协定，将扩大来自日韩高端炼化产品、精细化工产品等高技术含量的石化产品的进口和对日韩基础化学品如塑料等的出口；同时，也将面临东盟国家在初级加工品如成品油等方面的激烈竞争。从汽车产业看，关税减免将有利于宁波汽车零部件如安全系统、底盘系统、内外饰等产品的出口，扩大对变速器、发动机等高附加值核心零部件的进口。这必将引发石化和汽车产业链供应链的分工调整。RCEP 15个成员国中有7个是CPTPP成员，14个国家（除中国）与美国、9个国家与欧盟签署投资贸易协定。这些因素也将深刻影响两大产业的区域产能布局。此外，对东盟发展水平较低的国家的投资也会完善产业链供应链。事实上，受成本、市场和技术驱动，宁波市纺织服装、汽车零部件等产业已在部分RCEP成员国内布局多年。

（四）RCEP协定有利于宁波港航服务业提质扩量

一是增加与日韩港口往来。宁波舟山港处于中日韩区位中心，中日韩贸易扩大将影响宁波与日韩、东南亚、澳新之间的航线，从长远看则会影响到亚太—北美航线和亚太—欧地航线的发展。

二是促进新型跨境物流发展。RCEP简化了海关通关手续，采取预裁定、抵达前处理、信息技术运用等促进海关程序的高效管理手段，对快运货物、易腐货物等争取实现货物抵达后6小时内放行，将极大地促进新型跨境物流发展。

三是扩大港口转运需求。RCEP落地能推动各方减少不必要的技术性贸易壁垒，鼓励加强标准、技术法规等方面的信息交流与合作，缩短物流时间，推动形成区域一体化市场，从而扩大港口转运需求。

三、关于宁波进一步优化开放型经济格局的建议

（一）大力发展国际贸易新业态新模式，拓展开放领域

一是要建设离岸与在岸联动的国际贸易中心。借助 RCEP 落地契机，重点探索建设新型贸易创新发展实践区，加快集聚新型国际贸易总部机构，深化国际贸易"单一窗口"建设，进一步提升外贸能级与质量，促进内外贸一体化发展。

二是巩固提升跨境电商的领先地位。以 RCEP 数字贸易相关承诺落地为契机开展先行先试，支持跨境电商海外仓建设布局，引进培育跨境进口电商"独角兽"企业，探索建立数据流通和交易体系，进而参与以数字基础设施互通和安全为保证的国际规则制定与标准规范建设。

三是探索推进实施跨境服务贸易负面清单管理。争取获批国家服务贸易创新发展试点，不断提升投资贸易管理国际化水平。

（二）加快自贸试验区制度先行，提高开放水平

以自贸试验区为先行区加快 RCEP 落地实施。发挥自贸试验区的政策优势、制度创新优势，积极争取相关试点，开展更高标准的贸易投资规则改革、更高水平的贸易自由化、便利化等方面的开放压力测试。比如，在集聚投资主体方面，探索实行以过程监管为重点的投资便利制度，建立以电子证照为主的设立便利、以公告承诺和优化程序为主的注销便利、以尽职履责为主的破产便利等政策制度；在集聚新兴国际贸易主体方面，率先对接甚至高于 RCEP 的要求，实行"一线"高标准自由化、"二线"通关快速便捷的贸易便利制度，实行"既准入又准营"的自由化、便利化政策（其他可借鉴、可推动的贸易自由化、便利化措施见表 4）。

表 4　有关城市正在探索的重点投资贸易自由化、便利化措施

序号	措施	具体内容
1	提升跨境贸易便利化水平	推动逐步实现口岸数据对接，以及相关贸易凭证的联网核查
		完善"单一窗口"跨境电商服务功能；向跨境电商企业共享本市重点企业设立的公共海外仓信息
		深化进口货物"船边直提"和出口货物"抵港直装"试点
		推进实施跨境服务贸易负面清单管理，争取国家服务贸易创新发展试点
		将海运进出口全流程便利化改革向空运、铁路运输等拓展；推进多式联运的信息对接共享，提升便利化水平
		开展科研设备、耗材跨境自由流动试点，简化研发用途设备和样本样品进出口手续
		争取跨境电商零售进口部分药品及医疗器械业务试点
		争取增设首次进口药品和生物制品口岸
2	深化投资建设领域审批制改革	工程建设项目在"一站式办理综合竣工验收"基础上，整合综合竣工验收、不动产登记以及水电、燃气、通信等市政配套接入流程，实现与投产前设备进场调试无缝衔接
3	优化外资项目和境外投资管理服务	全面实行准入前国民待遇加负面清单的外资准入制度；放开会计审计、建筑设计、评级服务等领域外资准入限制
4	优化外资企业和国际人才管理服务	探索制定外籍"高精尖缺"人才认定标准。探索建立国际职业资格证书认可清单制度，率先搭建境外职业资格证书查验平台，减免相关公证认证材料，查验结果可直接作为办理工作许可、工作居住证、人才引进等业务的依据
		加强涉外商事法律服务，建设涉外商事"一站式"多元解纷中心，为国际商事纠纷提供多元、高效、便捷的解纷渠道

（三）推动产业链供应链优化布局，提升开放能级

一是引导推动产业链供应链优化布局。基于韧性、安全、区域融合，支持企业加快 RCEP 成员国内产业链布局。比如，支持与日韩高端石化产业链供应链的合作，支持开拓东盟石化产业市场，支持汽车产业在 RCEP 成员国内供应链整合，支持专精特新"小巨人"企业及制造业单项冠军企业加快开拓 RCEP 市场，推动关联产能产业在东盟国家布局。

二是大力引进发展战略性新兴产业。要立足开放、区域、市场等优势，制订 RCEP 重点成员国招商引资计划，大力吸引日、韩等国的半导体、医药等优势产业在宁波落地。大力发展生命健康、人工智能、高端装备、新材料、数字

经济等新兴产业和"四新"经济，加快产业结构优化升级。

三是进一步推动产业标准的制定与接轨。支持在跨境电商、优势细分产业等领域参与标准制定，进一步推进机电、高端装备等产品质量、技术标准与国际标准接轨，增强产品在 RCEP 区域大市场的竞争力。

（四）借势推进港航服务业升级，提升开放功能

一是推动口岸的数据共享和功能对接。通过对接 RCEP 关注的电子商务和数字贸易等，进一步推进跨部门、跨系统、跨区域的数据共享和功能对接，加快建设世界领先的口岸全程运营服务平台。

二是大力吸引 RCEP 成员国的港航服务企业。发挥宁波舟山港的"硬核"优势、长三角的大市场优势，探索培育拓展保税研发、保税维修、国际中转集拼业务等新业态，吸引航运产业链企业、机构集聚，带动船舶检验、航运保险等港航物贸产业链发展。

三是趁势推动多式联运中心、国际集拼中心、"一站式"冷链分拨中心等一批重点项目落地建设。不断完善港口集疏运体系，提升国际供应链经济发展水平。

（五）加快金融创新赋能跨境贸易投资，强化开放支撑

一是推进跨境贸易投资高水平开放试点。尽快将试点与 RCEP 先行创新工作结合起来，拓宽企业在 RCEP 区域内投融资渠道，为"走出去"企业提供跨境融资便利，加快开展跨国公司本外币一体化资金池业务探索。提升跨境投融资便利化水平，加快外商投资企业境内再投资免于登记，扩大资本项目收入资金使用范围，适度提高非金融企业境外放款规模上限。

二是推动国际新型能源贸易中心的金融创新政策措施落地。借助 RCEP 落地对能源商品贸易的利好，尤其是在基础油的进口量会有明显增长的预期下，加快推动创新油气产业特色金融服务，推动能源贸易以人民币计价和结算。

三是推动开展本外币合一银行账户体系试点。提升本外币银行账户业务便利性，节约企业财务成本和管理成本，提高企业跨境贸易结算效率。

（六）搭建"RCEP+"综合服务平台，优化开放环境

一是建立"RCEP+"服务中心。搭建全方位手机掌上信息查询平台，为企业掌握运用 RCEP 等国际经贸规则提供咨询服务。

二是谋划建设 RCEP 国际产业合作园。以产业链供应链的区域融合为导向，以重点行业、重点企业为依托，谋划建设 RCEP 国际经贸合作区、互设境外产业园区等，创造条件规划建设中日合作、中韩合作产业园，助推优质产业项目布局。

三是大力推进数字化改革落地。加强信息技术应用，加强事中事后监管、智慧监管、动态监管等，加强重大风险识别和系统性风险防范，建立联防联控机制。

四是打造亚太地区知识产权替代性争端解决优选城市。充分发挥宁波知识产权法庭的作用，推动成立宁波知识产权法院，加强与 RCEP 成员国开展知识产权司法交流合作，进一步推动知识产权运营关键节点城市建设。

宁波市社科院（市社科联）　谢瑜宇　吴伟强

主动适应和引领双循环新发展格局 推进宁波舟山港实施"三沿"发展战略强化硬核力量

　　宁波市第十四次党代会报告指出，"港口是宁波最大的资源，开放是宁波最大的优势。要主动服务和融入新发展格局，打造国内国际双循环枢纽城市"。宁波要落实好习近平总书记指示要求，服务"国之大者"，抓牢国家战略调整机遇。建议宁波舟山港实施"沿国家铁路主干网布局集装箱节点港、沿长江港口布局干散货节点港、沿海港口寻求差别化合作机会"的"三沿"战略，破除陆向腹地狭小的现实制约，巩固提升港口在双循环中的重要节点作用。

　　宁波舟山港一直以外向型发展为主，海向腹地广阔，与 100 多个国家和地区的 600 多个港口建有贸易通道，拥有航线 246 条，连续 13 年位居全球货物吞吐量第 1 位。但陆向腹地狭窄，北仑港区开行的 10 个去向 12 条集装箱海铁联运班列线省内占了 11 条，公路和铁路集装箱货源的 95% 和 67% 在浙江省内；进港集装箱空箱率高达 59.28%，运力浪费明显（见表 1）。为此，要围绕双循环新发展格局，谋划实施"三沿"战略，对内拓展宁波舟山港的内陆腹地，西北对外通过六大经济走廊带、东北通过日韩、东南对外通过东南亚连接全球市场，形成陆向与海向腹地的高效联动。

表1　2020 年相关港口空箱与集疏运数据比较　　　　　　单位：%

数据指标	上海港	宁波舟山港	深圳港	青岛港	厦门港
空箱率	25.98	37.71	33.94	40.65	27.37
进港空箱率	39.82	59.28	60.32	55.36	36.73
出港空箱率	12.51	16.74	8.82	26.53	18.12
集装箱海铁联运占比	0.62	3.4（2021 年 3.8%）	0.68	7.52	0.45
水水国际中转占比	12.76	15.34	27.89	19.00	

续表

数据指标	上海港	宁波舟山港	深圳港	青岛港	厦门港
集装箱公路集疏运占比	52.45	42.00			
集装箱铁路集疏运占比	0.85	2.00			
集装箱水路集疏运占比	46.70	56.00			

注：集装箱集疏运体系中，宁波舟山港为宁波港域数据。

一、沿国家铁路主干网布局集装箱节点港，强化国际枢纽港功能

（一）面临问题

宁波市海铁联运发展偏慢，集装箱中长距离货源少。按国际标准，300公里以上一般都需要铁路运输。由于缺乏铁路干线布局，沿国家铁路主干线的内陆货源无法通过海铁联运运达宁波舟山港，致使港口海铁联运占比仅为3.8%，与青岛港（7.6%）差距较大，与发达国家20%～40%的比例相差更远。

（二）布局方案

聚焦国家铁路主干网布局铁路集装箱节点港，是拓展宁波舟山港陆向腹地的关键。从商务部《全国流动节点城市布局规划（2015—2020年）》确定的103个铁路流通节点城市（37个国家级节点城市、66个区域级节点城市）中，按照节点城市进出口贸易量、长江水道区位、客户诉求和国家"一带一路"倡议四大维度，最终筛选出28个节点城市。经综合评估，又可分为以下三类。

一是战略型节点城市。将腹地货量大和水运距离长的郑州、重庆、成都、株洲、西安、昆明、阜阳、南阳、赣州，以及"一带一路"沿线的兰州和乌鲁木齐，共11个城市作为宁波舟山港的战略型节点城市，主动布局，积极开发客户资源和适箱货种。

二是差异型节点城市。将长江中下游的宜昌、宜宾、荆州、长沙、武汉、西宁、银川、贵阳、达州、娄底、六盘水、衡阳和绵阳，作为与上海错位竞争的差异型节点城市。研究客户需求，开发时效性要求高、价格敏感度低、货值较高的沿江客户。

三是机会型节点城市。对于较偏远地区节点城市，如鄂尔多斯、榆林、天水、酒泉等，腹地货量较小，但不排除有大客户需求，建议保持紧密联系。将上述城市作为机会型节点城市，根据客户需求定制物流方案。

（三）合作模式

着眼中欧班列，通过政政合作打通宁波舟山港与铁路节点港的班列连接，

互为喂给，互相强化枢纽地位。以"成都—宁波"班列为例，争取省级层面支持，发展政政合作，开通成都到宁波的铁路班列，分别设立集装箱提还箱点，实现重进重出。将沿海地区的适铁货种集聚到成都，通过"蓉欧"铁路在较短时间内送达欧洲；将西部地区的制造产品运送至宁波，再通过海运出口至日本、韩国、美国等，畅通双循环。

二、沿长江港口布局干散货节点港，共建国际航运中心枢纽

（一）面临的问题

上港集团不断拓展长江沿江腹地，形成了集装箱揽货的先发优势。上港集团已投资了武汉、南京、芜湖、九江、岳阳、宜宾等 7 家港务公司，对集装箱码头的掌控力度较大。宁波舟山港承担了长江经济带 90% 以上的原油接卸量、40% 以上的铁矿石接卸量，但长江经济带的集装箱货源上已处于"后手"，当前集装箱基本经上海港进出。

（二）布局方案

在"长三角一体化"和共建国际航运中心的国家战略下，应强化与上海港的错位发展。在长江沿江港口，可考虑干散货、液态货港口投资。对于干散货港口，上海港尚未投资的港口有张家港、南通、无锡、泰州、马鞍山、铜陵、镇江、宜昌、常州、安庆、池州、黄石、常熟、荆州、扬州、泸州等 16 个港口。根据上述 16 个港口的干散货吞吐量、集疏运能力，将重庆、武汉、张家港、南通、太仓、无锡、芜湖、泰州、九江、江阴、马鞍山等 11 个港口作为投资布局对象。

（三）合作模式

建议通过相互参股和持股、联合运营等合作形式，提升宁波舟山港对长江沿江干散货、液态货进出口货源的揽货能力，发展水水运输、互开喂给，增强在干散货、液态货运输方面的枢纽地位，进而与上海港错位发展，共建国际航运中心。

三、沿海港口寻求差别化合作机会，优化国际贸易航线布局

（一）面临的问题

宁波舟山港与沿海港口战略合作少，进出口空箱率居高不下。我国沿海港口分属于不同的省（市）管辖，沿海港口战略合作仍较少，加之信息孤岛效应等导致沿海捎带业务无法有效开展，各港口空箱率居高不下。宁波舟山港进出

口空箱率达 37.73%（上海为 25.98%）。其中，进港集装箱空箱率高达 59.28%（上海港为 39.82%），运力浪费明显。

（二）布局方案与合作模式

辽宁港口集团、河北港口集团、江苏港口集团、福建省交通运输集团和浙江海港集团是省级层面整合设立的海港集团。有些非枢纽港尚未联合成立海港集团，主要有环渤海地区的日照、烟台、丹东、威海、东营、莱州、葫芦岛、滨州，华南地区的湛江、东莞、珠海、惠州、海口、汕头、杨浦、中山、揭阳、茂名、阳江、八所、潮州、汕尾，共 22 个港口。针对以上情况，建议采取不同的布局方案和合作模式。

一是推动省内港口一体化建设。将温州港、台州港打造成区域性大宗散货中转港、产业配套港；将嘉兴港、嘉兴内河港、杭州港、绍兴港等内河港口打造成海河联运重点发展区；对于温州港、嘉兴港的集装箱运输，进一步发展"外贸内支线""内贸中转线"和"近洋直航线"，形成干支线互为补充的网络布局；将义乌国际陆港打造成宁波舟山港向内陆腹地扩展的战略支点，延伸海港功能，并借助义甬舟大通道及义新欧班列的建设，做大做强海铁联运；将湖州、金华等地内河港口打造成具有较强喂给功能的内河出海口。

二是推动与其他省级海港集团的战略合作。对于已成立省级海港集团的港口，港口投资可能性较低，但可考虑建立战略伙伴关系，互相开拓喂给网络，强化各自区域的枢纽港地位。在辽宁港口集团、河北港口集团、江苏港口集团和福建省交通运输集团下的港口中，营口、唐山、秦皇岛、黄骅、连云港、盐城和泉州属于宁波现有远洋航线，可进一步拓展合作关系，大连、锦州、盘锦、福州、厦门和莆田可探索港口延伸机会。

三是谋划投资其他非枢纽港／支线港。对于未成立省级海港集团的非枢纽港／支线港，可重点关注投资机会，将其作为潜在投资标的。在上述 22 个非枢纽港／支线港中，只有东莞属于宁波远洋航线，日照、烟台、丹东等支线港货物吞吐量均高于东莞，可作为重点谋划投资标的。

浙大宁波理工学院　李雪艳

宁波市社科院（市社科联）　吴伟强

（宁波市一流强港与新型贸易研究基地课题成果）

践行双循环新发展要求　打造进口贸易创新示范区升级版的建议

宁波市 2020 年底设立的示范区，是贸易促进与创新的高地，是连接国内国际两个市场、两种资源的承载区，对于应对全球产业链供应链重塑具有积极作用。建议宁波市抓住园区整合再出发等契机，争取支持打造进口贸易创新示范区（以下简称"示范区"）的升级版，巩固宁波进出口贸易龙头地位，为全球开放枢纽之都建设做贡献。

在我国扩大进口的长期政策背景下，2011—2012 年由商务部分两批认定了上海外高桥保税区、天津东疆保税区和苏州工业园区、宁波保税区 4 个"首版"示范区。为畅通双循环新发展格局，2020 年 11 月，由商务部、国家发展改革委、财政部等 9 部门共同新设上海市虹桥商务区、大连金普新区、昆山市、义乌市、合肥经济技术开发区、厦门湖里区、青岛西海岸新区、广州南沙区、四川省天府新区、西安国际港务区等 10 个"新版"示范区。课题组通过"首版"和"新版"的比较，以及对进口贸易的分析，提出应积极打造进口贸易创新示范区升级版。

一、"新版"进口贸易促进创新示范区的主要特点与建设内容

（一）主要特点

一是与"首版"相比，"新版"示范区创新重点在"一线放开、二线管住、区内自由"的原则下，从创新监管与服务，开展进口集聚示范，转向更明确的贸易促进（促进口、促产业、促消费）、贸易创新（政策创新、服务创新、模式创新）两大功能定位。

二是与"首版"相比，"新版"示范区规划面积更大，常住人口更多，示范区从功能区扩大到了行政区。所含特殊监管区和功能园区种类更丰富，涉及国家

级新区、经开区、综保区、自贸试验区或片区等，以及对外（国家或地区）经济的特定功能园区，且部分示范区内存在多种园区类型。

（二）建设内容

一是"新版"示范区注重目标品类产品的贸易促进。各示范区纷纷立足于区位特点、要素禀赋、贸易结构、产业基础与规划等，依托区内的特殊监管区，对进口品类中的细分品类进行重点谋划并制定贸易促进措施，以提升该品类在全国或区域市场中的交易、集散等功能，甚至规划打造该品类的全产业链，比如合肥、青岛在打造完整生鲜进口产业链。从举措看，重点是争取上级部门在政策上支持进口目标品类产品，比如，义乌、厦门、合肥等在争取赋予有关产品进口关税配额；厦门在持续争取国家对进口航材税率的进一步调降，探索对进口关税和进口环节增值税的调整；青岛围绕北方船供油中心建设，在探索油品混兑调和、锚地供油、跨地区直供等模式创新；义乌、青岛争取药品跨境电商进口业务试点等。

二是"新版"示范区注重各类园区功能叠加与创新。从实践看，各示范区紧扣国家政策导向，围绕已有功能园区、特殊监管区、跨境电商试点城市，以及国家赋予的相关试点区、试验区等政策，以产业规划为导向、政策相互叠加为重点，推动贸易创新。从举措看，义乌、广州、厦门、青岛、合肥等推动叠加综合保税区、自贸试验区等政策，开展"保税＋业态"的业务拓展与贸易模式创新；上海、成都在叠加跨境电商等政策开展数字贸易模式创新；上海、西安、义乌、厦门等还在易货贸易或离岸贸易等方面做探索创新。

三是借"新版"示范区"东风"大力创优营商环境。各示范区在贸易促进和创新中，以企业需求为工作导向，持续在创优营商环境上下功夫，提升监管效能，优化服务水平，提升营商环境竞争力，吸引高端要素资源集聚。从举措看，重点是争取上级支持税率调降、业务范围拓宽、各类资质报批。比如，合肥等推动建立特定产品绿色通道和抽样后即放行制度；青岛在推动实施中日韩检验检测互认等通关便利化措施；义乌、合肥等根据企业和贸易形式的需求，不断完善创新金融产品与服务；合肥建立进口企业"白名单"制度；义乌、合肥等探索推动进口全链条溯源机制；上海为企业拟进口商品提供归类预裁定和质量安全风险预评估；上海、合肥、厦门等探索推动进口产品知识产权保护工作。

专栏1　示范区各类园区功能叠加与创新案例

- **"保税＋业态"的广州"南沙模式"：**广州南沙区从自贸区政策入手，发展飞机保税融资租赁，不断扩大贸易规模和范围，形成了从整机租赁扩展到飞机、航材交易与处置等的"南沙模式"；在探索过程中呈现政策叠加与贸易创新螺旋上升走势。
- **上海虹桥商务区建设数字贸易港：**商务区依托虹桥国际开放枢纽的功能定位，开展数字贸易试点，探索扩大开放措施，2020年5月上海虹桥商务区全球数字贸易港开港，遴选了上海阿里中心智慧产业园、长三角电子商务中心、虹桥跨境贸易数字经济中心等九大园区作为首批承载平台；当前通过叠加示范区政策，正加快在货物贸易、服务贸易、技术贸易、文化贸易等领域，构建集数字品牌展示、数字产品交易、数字贸易配套服务等多种功能于一体的全球数字贸易平台。

二、宁波在进口贸易促进与创新方面存在的不足

（一）进口贸易比重较低

改革开放后，宁波市顺应国家战略，形成了外向型经济结构和以出口为主的外贸结构。此时进口贸易比重偏低是相对合理的，但是贸易进出口的不平衡性始终存在。2021年宁波市实现外贸进出口总额1.19万亿元，其中进口4301.8亿元，占进出口总额36.1%。从导向看，2020年我国提出加快构建新发展格局，外贸结构应随之调适。

专栏2　宁波市进口贸易在各类城市对比中的排名情况

- **宁波与外贸强市的比较：**2021年宁波市进出口贸易额居全国城市第六位（在上海、深圳、北京、苏州、东莞之后），进口贸易额居全国城市第九位（见附表1）；机电产品进口额居全国城市第七位（在上海、深圳、苏州、东莞、天津、广州之后），进口总额仅为苏州的1/10、东莞的1/7（见附表2）。
- **宁波与计划单列市及上海的比较：**从2020—2021年数据看，宁波市进口贸易占进出口总额的比重最低，仅为36.1%，而上海高达61.3%（见附表3）。

（二）进口贸易对产业链支撑较弱

宁波市进口贸易拥有一些优势领域，包括铁矿砂、铜材、铝材、合成橡胶等部分大宗商品进口，化妆品、进口乘用车以及肉类（装箱进口商品中冷链类已是重要品类）等消费品，以及跨境电商进口等。但从创新驱动的角度看，这些品类对宁波市高新技术相关的产业链支撑作用有限。从数据统计来看，2021年宁波市机电产品进口近650亿元，占进口总值的15%，比重下降1.1%，绝对值也偏低，仅为苏州的1/10、东莞的1/7，机电和高新技术产品进口规模与宁波

市工业强市的地位有所不符。这在一定程度反映出宁波市相关产业链本土化比例较高，进口需求偏少。

（三）贸易新业态新模式发展较慢

在转口（离岸）贸易方面，宁波市受外汇监管趋严、跨境金融发展不足等影响，发展较慢，制度环境仍待完善。在数字贸易方面，支持贸易发展的主体不足、创新能力不强，5G、人工智能、区块链等新技术应用场景仍不多，且数据互通也仍待加强。在进口贸易模式创新上，宁波市以各类政策叠加推动贸易模式创新尚未形成特色优势，各类"保税 + 业态"的业务拓展与模式创新大多处于起步阶段。此外，跨境电商进口呈现发展瓶颈，2021 年的进口增幅仅为 0.86%（见附表 4）。对比而言，一批"新版"示范区正利用创新示范机遇，争取政策空间，推动各类试点，以增添新业态新模式的发展推力。

（四）现有示范区建设已面临发展瓶颈

2012 年宁波保税区已被商务部授牌，成为示范区；经过 10 年的发展，现已经较好地完成了历史使命。但对比"新版"示范区，其在规划面积、常住人口、功能园区和特殊监管区数量，以及国家试点政策叠加等方面都有明显差距。从趋势看，当下政策叠加创新和以试点推动政策支持，是城市实现创新发展的关键因素。而且宁波保税区在政策创新上已较难实现大的突破，其面积和人口也难以作为城市进口贸易促进与创新、以进口牵引产业链提升的主要承载区。

三、关于宁波打造进口贸易创新示范区升级版的建议

（一）争取上级支持，实现首批示范区政策升级

从实践看，"新版"示范区不是政策"高地"，是鼓励支持贸易促进和贸易创新的国家级平台，是各地主动融入和服务双循环新发展格局的重要载体，对于应对全球产业链供应链重塑具有积极作用。

建议打造进口贸易创新示范区升级版。《国务院办公厅关于推动外贸保稳提质的意见》（国办发〔2022〕18 号）已经明确提出"培育新一批进口贸易促进创新示范区，扩大优质产品进口"，宁波市应紧紧抓住发展机遇，结合园区整合完毕的契机，争取省政府支持，向国家争取支持开展原有示范区的创新提升工作，实现原有示范区的政策扩维、覆盖面积扩维，建议升级版的示范区范围覆盖至北仑全境、前湾新区和甬江科创大走廊，允许宁波在该区域范围内开展贸易促

进与贸易创新相关政策的复制与创新。

（二）推动"双轮"驱动，提升产业链韧性

在新发展格局和疫情防控常态化等背景下，提升宁波进口重要口岸城市的地位，推动上海港、宁波舟山港"双轮"驱动，对于提升我国产业链韧性至关重要。建议立足"双轮"驱动和产业链韧性，有针对性地扩大进口。

一是积极承接"进博会"的溢出效应。要依托浙江自贸区宁波片区建设、上海浙江合作发展区建设等契机，围绕宁波市锚定发展的大宗商品、航运物流、金融、战略性新兴产业等，精准招引"进博会"大宗商品贸易相关企业、航运物流、金融等上下游供应链服务企业等入驻，探索适当降低大宗商品配套服务业的准入门槛，不断推动航运、金融等服务业的业务创新，加快与国际惯例接轨。

二是推动会展经济高质量发展。要依托宁波国际会展中心、宁波国际博览中心建设项目等，创新谋划国际性会展。建议在办好中国—中东欧国家博览会、"高交会"、"文博会"、"海博会"等展会基础上，筹办与宁波产业密切相关的国际高端设备、特种设备进出口展会，筹办文化科技类、服务贸易类展会，如中国（宁波）"海丝之路"文化旅游博览会、跨境进出口电商博览会等，提升城市国际展会功能。

三是要立足自身打造特定进口产品（商品）市场。重点是完善提升该类特定产品的集散、交易、分拨等功能。如，大力发展油气及化工品进口贸易，构建国际能源集疏运枢纽、供应链创新中心等。

（三）扩大进口贸易，提升进口比重

2019年，宁波市提出了"225"外贸双万亿行动。当前应进一步梳理实施成效，针对全球正经历产业链、供应链的加速重构调整，以及宁波市内完成园区整合调整等新的背景，保持政策延续，推动政策更新，不断优化提升进口相关的营商环境。

一是围绕特殊功能区及相关国家试点的政策叠加扩大进口。拓展大宗商品进口及衍生的相关业务；扩大技术、关键设备及核心零部件的进口；拓展与创新"保税进口＋业务"模式；拓展跨境电商业务范围、创新销售模式；深入研究数字贸易、易货贸易、离岸贸易等政策，推进相关工作。

二是锚定重点国家和地区积极实施进口促进。要依托中国—中东欧国家经贸合作示范区、RCEP协定生效（中日两国之间首次建立双边自贸关系），以及

海外宁波帮等，进一步锚定重点国家和地区，持续推动目标产业、进口贸易总部、品牌代理商等方面的招商引资、贸易促进等工作。

三是持续优化提升进口相关的营商环境。根据国家试点导向和企业需求，积极争取国家支持，扩大进口业务范围许可，争取进口配额；围绕重点产业，在技术、关键设备和核心零部件进口方面落实国家政策，强化政策引导；围绕发展"大优强"贸易商，推动建立完善"白名单"等制度，提供优质通关服务；推动交通、物流（智慧物流）、港口等基础设施的改造提升，以构建冷链相关完整产业链为目标，做强梅山冷链物流项目；强化金融对贸易的支持作用，鼓励试点与创新；探索推进进口贸易相关的知识产权保护。

宁波市区域经济研究基地课题组　宁波大学中东欧经贸合作研究院

吴伟强　陈钧浩　张海波　杨丽华　杨丹萍

附　录

附表 1　2020—2021 年全国城市进口贸易额（前 9 位）　　单位：亿元

项目	上海	北京	深圳	苏州	东莞	天津	厦门	广州	宁波
2021 年进口贸易额	24900	24300	16200	10500	5700	4700	4600	4500	4300
2020 年进口贸易额	21100	18600	13500	9400	5000	4300	3300	4100	3400
增加值	3800	5700	2700	1100	700	400	1300	400	900

附表 2　2020—2021 年外贸强市机电产品进口额（前 9 位）　　单位：亿元

项目	上海	深圳	苏州	东莞	天津	广州	宁波	青岛	大连
2021 年机电产品进口	11200	12900	7000	4600	2500	1690	650	620	430
2020 年机电产品进口	10500	11200	6300	4000	2300	1740	550	450	370
增加值	700	1700	700	600	200	50	100	170	60

附表 3　2020—2021 年上海及计划单列市进口贸易比重　　单位：%

项目	上海	深圳	宁波	大连	厦门	青岛
2021 年进口贸易额占进出口总额的比重	61.3	45.6	36.1	54.5	51.5	42.1
2020 年进口贸易额占进出口总额的比重	60.6	44.3	34.5	58.5	48.3	39.5
增长比重（2021 年比重－2020 年比重）	0.7	1.3	1.6	—4	3.2	2.6

附表4　2020—2021年宁波市跨境进口商品货值　　　　单位：亿元

项目	宁波保税区	杭州湾新区 （慈溪出口加工区）	栎社保税物流中心
2021年跨境进口商品货值	210	42.3	2.2
2020年跨境进口商品货值	208.2	41.4	1.3
增加值	1.8	0.9	0.9

加快发展离岸贸易提高国际循环质量水平　全力打造国际开放枢纽之都

党的二十大报告提出，要推进高水平对外开放，提升国际循环质量和水平，加快建设贸易强国，推动建设开放型世界经济。宁波市第十四次党代会报告提出，宁波要打造国际开放枢纽之都。《区域全面经济伙伴关系协定》（RCEP）进一步推动宁波与东亚地区的价值链合作，作为供应链管控枢纽的国内总部对新型离岸国际贸易的业务需求越来越迫切。宁波市应充分发挥浙江自贸试验区宁波片区高水平对外开放优势，把离岸贸易作为重要突破口和发力点，通过提升跨境结算便利化水平、提高离岸贸易政策的系统性、提升国际贸易航运枢纽地位、提高税收财政政策的优惠灵活度等持续推进宁波深层次开放，增强发展新动能。

党的二十大报告提出要推进高水平对外开放，在全球新冠疫情冲击、"逆全球化"持续升温、区域化态势日益明显的背景下，RCEP 协定正在进一步推动东亚地区强化内部价值链合作，作为供应链管控枢纽的国内总部对新型离岸国际贸易的业务需求越来越迫切。同时，新冠疫情导致国内液化天然气需求下降、特朗普任总统时签署了一项购买美国液化天然气的长期贸易协议、欧洲对天然气的急切渴求等因素正推动中化国际等公司通过转手或转口等方式将天然气销售到欧洲等地。宁波拥有优越的港口条件和先进的码头储运设施，油气贸易基础良好，应该乘势而上，创造有利于离岸贸易的制度环境，推动能源企业在宁波设立区域总部开展国际离岸贸易。

一、加快发展离岸贸易是全力打造国际开放枢纽之都的重要举措

（一）加快离岸贸易发展是宁波市产业价值链重构和企业"走出去"的现实需要

随着东亚价值链分工的深化，宁波市本土企业"走出去"日益增多。一方

面，"两头在外"纯离岸贸易有望快速增长。国内总部作为供应链管控枢纽趋于承担境外子公司的全球采购、资金结算、订单管理等离岸贸易功能。另一方面，"一头在内，一头在外"的准离岸贸易需求不断增多。宁波市是国内主要的大宗商品进口口岸。大部分离岸贸易业务是采用以进口为主的准离岸贸易模式。当前，国际大宗商品价格波动剧烈，宁波市企业顺应市场变化选择进口或转口。

（二）加快离岸贸易发展是宁波自贸片区建设的重要突破点和发力点

宁波自贸片区目标定位之一是打造具有国际影响力的油气资源配置中心，支持做大做强能源离岸贸易，赋予宁波开展新型离岸贸易政策供给优势。宁波前瞻对标打造新型自由贸易区，把新型离岸国际贸易作为重要突破口，抢占自由贸易港竞争的先机。宁波加快离岸贸易发展，有利于建立强大的全球资金结算体系、采购调拨体系和金融服务体系；有利于构建与国际高水平规则相衔接的制度体系，对宁波自贸片区的法治保障、外汇管理、风险控制等将起到重要促进作用；有利于带动高端服务业发展，带动国际物流仓储等一系列相关服务、机构和人才的集聚发展。

（三）加快离岸贸易发展是宁波市建设国际贸易中心城市的争先之举

宁波连续四年位列外贸竞争力百强城市第 8 名，但对标上海仍有很大的追赶空间。"两头在外"的新型离岸国际贸易可以拓展进出口业务的空间，深度融入全球贸易体系。这是国际贸易专业化发展的高级形态，也是宁波市外贸转型升级的重要方向。发展新型离岸国际贸易有利于提高宁波市外贸企业的竞争力，提升服务业多元化、市场化、国际化、规模化和专业化程度，在全球范围内配置资源，实现宁波市从贸易大市向全球贸易营运和控制中心转型升级，从而提升城市的国际化程度和枢纽门户功能。

二、宁波发展离岸贸易的优势及瓶颈

（一）发展优势

一是离岸贸易起步早。宁波市的离岸贸易是基于国内对原材料的进口需求发展起来的。2002 年，远大物产公司率先开展转口贸易（离岸贸易的一种），宁波市成为内地最早开展离岸贸易的城市。同时，宁波也是较早发文探索开展离岸贸易的三个地区之一（其他两个是上海浦东和深圳）。2010 年宁波市政府发文提出探索离岸贸易运作试点，发展至今，宁波已经积累了宝贵的经验。

二是离岸贸易增长快。离岸贸易的统计口径经历了演变和发展。商务部和国家外汇管理局将转手买卖和再出口贸易统一为离岸贸易。转手买卖指居民从非居民处购买，再将货物转售另一非居民，而货物不进入境内的贸易行为。再出口贸易指从生产国生产的货物进入第三方国家的一线关境后，未发生加工增值再运往消费国。统计上重复计算收付汇与海关数据有较大出入。2020 年，中国人民银行和国家外汇管理局提出新型离岸贸易的统计口径，明确我国居民与非居民之间发生的，货物不实际进出我国一线关境或者不纳入我国海关统计的货物贸易，包括但不限于离岸转手买卖、全球采购、委托境外加工、境外承包工程第三国购买货物等。2020 年宁波市新型离岸国际贸易涉外收支总额 74.07 亿美元，其中大宗商品（有色金属、矿产、石油化工）贸易商的离岸转手买卖占比较高，约占宁波新型离岸贸易的 80%。2021 年实施区域经常项目便利收付试点，宁波市新型离岸国际贸易规模跃升至 132.29 亿美元。

三是发展潜力大。2020 年，宁波市新型离岸国际贸易涉外收支总额占全市货物贸易涉外收支总额的 5.4%，而新加坡离岸贸易、荷兰离岸贸易占进出口比重长期稳定在 20% 左右，宁波作为贸易口岸城市，离岸贸易仍有很大发展空间。上海制定的《"十四五"时期提升上海国际贸易中心能级规划》显示，2020 年上海离岸贸易额为 3055 亿元，预计 2025 年达到 5000 亿元左右。宁波市的港口、区位、产业等优势突出，预计 2025 年宁波市离岸贸易总额达到 365 亿美元。

（二）发展瓶颈

一是离岸贸易真实性审核困难，影响业务开展。一方面，银行缺乏核实贸易背景真实性的有效手段。虽然中国人民银行、国家外汇管理局联合发布《关于支持新型离岸国际贸易发展有关问题的通知》，鼓励银行优化自主审核，为真实、合规的新型离岸国际贸易提供跨境资金结算便利，但是商业银行仍缺乏充分信息和有效手段核实货物流转的真实情况。另一方面，全球数字贸易交付模式使得海关的真实性审核要求难以落实。跨境电商数字平台向全球供应链综合管理型企业发展，离岸贸易叠加数字元素使得高科技价值的度量以及以用户体验为特征的数字经济价值评估更为困难。

二是集拼业务发展不足。国际采购、国际中转、国际分拨、供应链管理等高端业态发展较为缓慢，总体附加值不高。2018 年宁波港口集装箱国际中转量仅约占港口集装箱吞吐量的 12%，与新加坡、釜山等港口 50% ~ 90% 的水平差距较大。国内支段航运体系尚不成熟，存在船期延迟、箱型不齐全、航运费用较高等问题，影响国内出口货源至宁波港集拼。同时，境外的集拼货源和国内待出口拼箱货源往往由不同的货代企业掌握，存在信息不对称、资源配置效率不高等问题。

三是现行税制安排制约了离岸贸易业务开展。在企业所得税方面，新加坡平均税率只有17%，获得GTP（环球贸易商计划）资格的企业开展离岸贸易可享受10%甚至低至5%的所得税。而宁波仍按25%征收企业所得税，使得宁波发展离岸贸易在税收方面缺乏竞争力。在印花税环节，离岸贸易作为中间商贸易涉及多项合同关系，需要缴纳多次印花税，税负成本较高。同时，大宗商品交易数字化转型后交易频次增加，仍以一般商贸购销计税，给企业带来较大负担。

三、关于宁波加快离岸贸易发展的建议

（一）提升跨境结算便利化水平

一是探索建立数据信息合作共享平台，为金融机构提供高度集成化的辅助核查服务。整合贸易合作国的海关报关信息、主要国际港口的装卸信息、国际航空货运数据、船公司的集装箱信息等，归集形成完整的、真实的境外物流链条，直连银行单证系统，加速形成跨境结算审核整体方案。

二是探索构建企业离岸业务常态化模型，提升企业结算便利化程度。构建"离岸贸易＋离岸制造"的供应链，完善离岸科研和离岸金融等服务。推动赋予银行适当的自主裁量权，建立动态名单制，为企业建档立卡，把尽职审核的重点放在客户尽调和业务合理性评估上，了解企业业务模式和贸易背景、盈利逻辑等，实现实质性管理。

三是强化信用监管，加强事中事后核查。实行交叉验证，评估企业跨境收支规模、账期及币种错配情况以及经营收益的适当性等。

（二）提高离岸贸易政策的系统性

一是实施全球运营商培育计划。持续优化平台功能应用，围绕离岸贸易产业链条，为市场主体提供优质配套服务和创新政策支持，加快集聚一批贸易型总部和民营企业总部，支持贸易总部企业积极开拓海外市场，打造立足全国、面向亚太的供应链、产业链集群。支持本土优质跨国企业在自贸试验区建立贸

易、结算和运营中心。

二是提升数字贸易主体能级。推动建立全国统一的跨境电商消费额度查询系统，实现消费前电商企业可查询，为电商企业提供基础信息服务。推动跨境电商监管模式创新，将"9810"模式下符合零售条件、通过海外仓销售给境外消费者的业务纳入"跨境电商零售出口"，使其享受"无票免征"和企业所得税核定征收政策。

（三）提升国际贸易航运枢纽地位

一是探索建立信息化平台发展国际转口贸易。为企业开展国际中转集拼业务提供信息公开、数据共享、节点可查、资源配置等一体化服务支持。

二是促进各类跨国公司子公司的货物汇集到贸易型总部，与国际转口货物一起参与集中调拨、配送、强化国内转口贸易业务。积极鼓励外省市企业货物经宁波口岸进出口，并在宁波中转，重新拼箱后前往目的地。发展国际中转集拼和国际分拨配送，为跨境电商、维修保养、多式联运等提供增值服务。提升国际船舶物资供应服务功能，打造保税燃料油加注中心。

三是探索实行多式联运"一单制"，推动海运、空运、铁路运输信息共享，强化多式联运集疏运体系。

（四）提高税收财政政策的优惠灵活度

一是支持自贸试验区对符合条件的总部型企业、离岸贸易企业按 15% 的优惠税率征收企业所得税。

二是制定吸引从事总部经济、离岸贸易高级人才的个人所得税优惠政策，如对其个人所得税实际税负超过 15% 的部分财政予以补贴。

三是积极争取降低或减免与离岸贸易相关的印花税。

四是制定支持具有真实贸易背景的离岸贸易异地出口退税政策、跨境电商海外仓出口退税细则，明确具体操作尺度，提高出口退税便利化程度。

宁波城市职业技术学院　李　龙

宁波市社科院（市社科联）　谢瑜宇

积极扩大有效投资　加快提升城市能级

　　积极扩大有效投资，有利于刺激需求、应对经济下行压力，有利于优化供给结构、推动高质量发展。受国内外复杂严峻经济形势和中长期结构调整等因素叠加影响，近年来宁波市投资出现一些动力不足的情况，积极扩大有效投资十分迫切。本文重点关注宁波投资规模增长缓慢、投资结构不够合理和要素保障支撑不足等三个主要问题，提出要聚焦重点领域、强化要素支撑、推进项目实施、促进社会投资和加强人口引导，不断扩大投资规模、优化投资结构、提升投资效能，为高质量发展建设现代化滨海大都市增添动能。

　　"十三五"以来，宁波市以供给侧结构性改革为主线，积极探索推进投融资领域的体制机制改革，全力推进一批调结构、补短板、惠民生的重大投资项目建设。2022年，面对需求收缩、供给冲击、预期转弱三重压力，中央把积极扩大有效投资作为推动经济稳定增长的重要举措。当前，宁波市经济发展面临三重压力和结构调整等诸多因素叠加影响，积极扩大有效投资稳定增长的任务迫切而重要。

一、宁波积极扩大有效投资需要关注的问题

　　投资既是经济稳定增长的重要支撑，也是推动经济高质量发展的重要抓手。"十三五"期间，宁波市五年累计完成投资26690亿元，位列青岛市、杭州市和深圳市之后；2021年实现GDP规模14595亿元，位列深圳市和杭州市之后，略高于青岛市（见表1）。

表1　"十三五"期间相关城市主要经济指标对比

城市	2021年GDP规模/亿元	2020年GDP规模/亿元	GDP年均实际增速/%	GDP年均名义增速/%	五年累计投资规模/亿元
深圳	30665	27670	7.02	9.59	30787
杭州	18109	16106	6.96	9.88	33166
宁波	14595	12409	6.39	9.14	26690
青岛	14136	12401	6.59	5.92	44358
大连	7826	7030	5.47	—1.88	7829
厦门	7034	6384	7.36	12.99	13131

（一）投资规模增长缓慢

"十三五"期间，宁波市年均投资增速6.13%，位列深圳市、青岛市、厦门市和杭州市之后（见表2）。投资规模增长缓慢的原因主要包括：一是项目谋划规划、前期储备规模不足，存在线性工程前期工作把关不严、解决方案准备不足等问题，影响投资较快持续增长。二是宁波市纳入国家重大建设项目库的项目较少，争取中央预算内投资、基础设施补短板、专项债券政策支持不足。三是宁波市重大项目协调例会机制仍需进一步健全，议定事项需强化跟踪落实，投资项目推进合力仍需强化。

表2　"十三五"期间相关城市固定资产投资对比

城市	五年累计投资规模/亿元	年均投资增速/%
深圳	30787	18.86
青岛	44358	10.58
厦门	13131	10.50
杭州	33166	7.07
宁波	26690	6.13
大连	7829	—20.36

（二）投资结构不够合理

一是第二产业投资占比有所下降。受中美贸易摩擦等外部因素以及自身中长期结构调整诸多因素叠加影响，"十三五"期间宁波市五年累计完成第二产业投资7318亿元，位列青岛市之后；第二产业占全市投资比重为27.42%，位列青岛市和大连市之后，也低于宁波市"十二五"期间约30%的水平；第二产业年均投资增速为1.83%，位列深圳市、厦门市和青岛市之后。虽然2021年宁波市工业投资增速有所回升，达到 20.4%，但仍落后于深圳市 27.1% 和青岛市 25.4% 的增速，企业投资意愿偏弱，要素供给支撑不足，投资增长后劲疲软（见表 3）。

表 3　"十三五"期间相关城市第二产业投资对比

城市	五年累计投资规模 / 亿元	占全市投资比重 /%	年均投资增速 /%
深圳	4787	15.55	13.39
厦门	2385	18.16	9.69
青岛	18826	42.44	5.53
宁波	7318	27.42	1.83
杭州	4168	12.57	−1.69
大连	2778	35.48	−21.04

二是第三产业投资增速低迷。"十三五"期间，宁波市五年累计完成第三产业投资 19285 亿元，位列杭州市、深圳市和青岛市之后；第三产业占全市投资比重为 72.25%，位列杭州市、深圳市和厦门市之后；第三产业年均投资增速仅为 7.60%，位列深圳市、青岛市、厦门市和杭州市之后。尤其是 2021 年宁波市基础设施投资增速为 −9.9%，出现了负增长的局面，而同期杭州市的增速为 8.2%（见表 4）。

表 4　"十三五"期间相关城市第三产业投资对比

城市	五年累计投资规模 / 亿元	占全市投资比重 /%	年均投资增速 /%
深圳	25969	84.35	20.43
青岛	25631	57.78	14.38
厦门	10742	81.81	10.59
杭州	28664	86.43	8.11
宁波	19285	72.25	7.60
大连	4966	63.43	−19.41

（三）要素保障支撑不足

一是土地要素保障压力严峻。北仑等地区剩余要素空间较少，造成本土企业、已落地多年的半本土企业转型升级缺少空间，导致投资项目因缺少土地支持而流失。目前宁波市大规模连片可用土地主要在杭州湾新区、三门湾两地。二是实际利用外资规模偏小。"十三五"期间宁波市五年累计实际利用外资仅为 177 亿美元，明显落后于深圳市、青岛市和杭州市（见表 5）。

表5 "十三五"期间相关城市实际利用外资对比 单位：亿美元

城市	2016 年	2017 年	2018 年	2019 年	2020 年	合计
深圳	67	74	82	78	87	388
青岛	70	77	87	58	63	355
杭州	72	66	68	61	72	339
宁波	45	40	43	24	25	177
厦门	22	24	16	20	26	108
大连	30	32	27	9	7	105

三是投资率总体保持下降。受防范债务风险、投融资渠道收窄等因素影响，"十三五"期间宁波市投资率总体保持下降态势，由 2015 年的 56.25% 变为 2020 年的 47.70%（见表 6）。同期的深圳市和青岛市则保持上升态势。这很大程度上与深圳市雄厚的经济实力以及青岛市投融资模式创新有关。

表6 2015 年以来相关城市投资率对比 单位：%

城市	2015 年	2016 年	2017 年	2018 年	2019 年	2020 年	变化情况
青岛	70.49	74.46	70.46	69.92	86.91	84.92	14.43
深圳	18.84	20.92	22.94	25.63	27.39	28.84	10.00
厦门	54.72	57.07	54.73	54.72	47.67	48.71	−6.01
杭州	55.27	52.87	46.65	48.04	47.11	48.02	−7.25
宁波	56.25	58.09	50.87	48.30	46.81	47.70	−8.55
大连	58.97	21.09	22.44	23.73	20.84	20.78	−38.19

四是人口导入尚有潜力可挖。人口数量是城市经济发展和投资增长的基本支撑。2020 年底，宁波市常住人口达到 940.0 万人，"十三五"期间年均增速 3.72%，落后于深圳市、厦门市和杭州市（见表 7）。

表7 2015 年以来相关城市常住人口对比 单位：万人

城市	常住人口 / 万人						年均增速 /%
	2015 年	2016 年	2017 年	2018 年	2019 年	2020 年	
深圳	1137.9	1190.8	1252.8	1302.7	1343.9	1756.0	9.07
厦门	386.0	392.0	401.0	411.0	429.0	516.4	5.99
杭州	902.0	919.0	947.0	980.0	1036.0	1194.0	5.77
宁波	783.0	788.0	801.0	820.0	854.0	940.0	3.72
青岛	909.7	920.4	929.1	939.5	949.5	1007.2	2.06
大连	698.7	698.8	698.8	700.0	700.2	745.1	1.29

二、关于宁波积极扩大有效投资的建议

通过以上比较研究，"十四五"期间，宁波要实现高质量发展并在同类城市中实现争先进位，必须全力以赴抓项目，持之以恒扩投资，要对标最高最好最优最强，全域争先、全速争先、全员争先，不断扩大投资规模、优化投资结构、提升投资效能，久久为功，厚积薄发，为高质量发展夯实基础，为建设现代化滨海大都市增添动能。

（一）聚焦重点领域

一是适度超前推进基础设施建设。着眼于为宁波城市能级提升提供有力支撑，超前谋划重大基础设施布局，推进以城市轨道交通、宁波西枢纽、通苏嘉甬高速铁路等重大交通基础设施项目建设，加快推进超算中心、5G 基站等新型基础设施项目建设，推进全市域水系畅通工程和生态环保等重大基础设施建设，加快城市燃气管道等老化更新改造和排水防涝设施建设，用高质量的基础设施支撑高质量的经济发展。

二是强化优势力促产业领域投资。抓住长三角一体化发展的战略机遇，积极创造条件争取引导龙头企业、大型央企、跨国公司到宁波落户；积极争取国家支持，建强甬江实验室等高能级创新策源平台；建设一批高水平高能级的企业创新服务平台，补长企业技术创新短板，带动企业产业投资；大力引进培育科技创业企业，完善细化"一事一议"制度，做好重点产业、企业、项目的培育扶持；鼓励支持传统优势产业数字化改造投资，加快数字技术与产业发展融合。

三是补齐社会民生领域投资短板。发挥国内外宁波帮的作用，扩大文化、教育和医疗卫生领域的投资，建设与城市经济地位相匹配的高质量公共服务体系。推进城镇老旧小区改造，扩大乡村有机更新投资；坚持城乡一体发展，努力改善农村的公共服务设施。

（二）强化要素支撑

一是做强产业平台能级。在全市范围内进行土地要素平衡，全面提升前湾新区、宁波经济技术开发区、宁波高新区的战略支撑能力，一体推进区（县、市）开发园区系统性重构，开展新一轮制造业"腾笼换鸟、凤凰涅槃"攻坚行动，为产业发展提供高质量新空间。

二是扩大资金来源。用足用好地方政府专项债券，加快专项债券项目建设

进度，尽快形成实物工作量；加强与央企战略合作，吸引一批央企来甬投资或落户，加快促成一批高水平央企合作项目落地；继续搭建完善银企融资对接平台，完善投贷联动、融资担保等模式，推动制造业中长期贷款保持较快增长；整合提升区（县、市）融资平台融资能力，积极探索新型投融资模式，重点推进基础设施和重点区块"XOD+PPP"投融资模式（"XOD"指以城市、社会、生态三大类基础设施为导向的城市空间开发模式；"PPP"指政府与社会资本合作模式）、城市轨道交通设施 PPP 投融资模式和未来社区项目 PPP 投融资模式等探索试点。

三是加强部门间工作衔接。健全涉投资项目部门间工作协同机制，做好重大项目用地保障，加快优质产业项目落地速度，审慎用好南湾、前湾两地的大规模成片土地，对符合条件的重大项目有序实施能耗单列。

（三）推进项目实施

一是优化全市招商机制。优化全市统筹的大招商机制，发挥功能平台招大引强主力军作用，引进集聚一批链主企业（华为、腾讯、英伟达等）、头部企业和优质外资企业，为高质量发展注入强大动能。

二是扎实做好项目前期工作。积极谋划产业引领型、基础设施支撑型和民生保障提升型的重大项目，建立大项目储备库。加快履行项目各项审批手续。同时，依法依规履行项目建设程序，防止"未批先建""边建边批"。

三是推动审批环节提速。继续深化落实企业"最多跑一次"改革方案，完善项目跟踪代办机制，完善重点区域"标准地＋承诺制"，探索建立政府投资全过程咨询机制和代建制。

四是加快项目开工建设。做好征地拆迁、市政配套等开工前准备工作，推动尽早开工，协调保障用工和原材料供应，推动项目建设顺利实施，尽快形成实物工作量。

（四）促进社会投资

一是深化构建亲清政商关系。全面清除市场隐形壁垒，深入推进资源要素市场化改革，健全统一公平的市场竞争秩序，打造口碑一流的营商环境。

二是保持政策体系稳定性。坚持"两个毫不动摇"，促进"两个健康"，完善支持民营经济高质量发展的政策体系，提高政策稳定性和可预期性，促进社会投资。

三是完善社会资本合作参与机制。落实和完善社会资本投融资合作对接机制，促进社会资本重点项目落地实施；积极推动盘活国有存量资产，形成存量资产和新增投资的良性循环。

四是营造创业创新社会氛围。大力弘扬新时代企业家精神，依法平等保护民营企业产权和企业家权益，营造尊重、关心、支持企业家的浓厚氛围。

（五）加强人口引导

一是实施更加积极的人口集聚战略。以降低门槛引人、以发展机遇引人、以宽广胸怀引人，集聚更大规模的人口；全面落实国家生育鼓励政策，鼓励符合国策的家庭踊跃多生孩子，增加城市人口总量。

二是全面落实人才发展战略。设立行业领军人才和特殊技能人才绿色服务通道，完善科技成果转化收益、人才安居和人才子女教育等政策，吸引国内国际人才来宁波创业生活。

三是盘活存量人力资源。统筹利用高等院校、培训机构等各类教育培训资源，不断完善以高等院校、企业和各类培训机构为载体的全职业生涯周期的职业培训体系。

浙江万里学院　励效杰　邱　飞　程　璇　马鸣一

推动宁波市与中东欧国家产业链供应链融合的建议

宁波大学中东欧经贸合作研究院与区域经济研究基地的联合课题组调研发现，要达成进口目标，简单依靠进口商品内销不仅进口商品范围较窄，且合作层次较低；要深化合作实现进口规模的有效扩大，必须从实现宁波市与中东欧国家产业链供应链的融合发展入手，可考虑谋划相关园区，加快专业市场建设，进一步提升贸易便利化水平，以数字赋能提升营销能力。

宁波是中国—中东欧国家经贸合作示范区和"一带一路"的重要节点城市，是与中东欧国家开展经贸合作的排头兵。从实践看，在宁波与中东欧国家的经贸往来中，存在如下具有代表性的问题：相互依存度有限；直接投资较少；产业链的协作与合作较为缺乏；贸易往来集中于汽车及配件、大宗原材料、农产品和日用消费品。从双边的角度看，要想更好地发挥合作机制所带来的经济效益，必须以产业链供应链融合为导向，发展平衡贸易，推动多层次合作，不断加强合作共赢的稳定性和可持续性。

一、宁波市与中东欧国家经贸合作存在的问题

（一）双边的产业链不够匹配，存在断链脱钩风险

产业链不匹配主要体现在，双边在全球制造业产业链中都处在中段的生产制造环节，且产业合作链条短，缺乏产业链两端研发设计与销售网络的合作。中东欧国家，特别是与宁波市经贸往来较密切的波兰、匈牙利和捷克等国，其产业高度融入德国、法国和英国等国家跨国公司的全球产业链，以欧盟标准向西欧出口中间产品和一些制成品。这些产品往往因标准的差异不符合中国消费者的偏好而难以出口中国，而且这些国家从我国进口的产品一般为零部件，范围较为狭窄。

（二）双边的供应链不够畅通，缺乏完备的供应链体系

供应链不畅通的根源在于，宁波市与中东欧国家缺乏长期战略协作关系，供给的稳定性不足。宁波市与中东欧国家双边合作依托的是中国—中东欧经济合作机制，但中东欧国家间差异很大。这些国家均不同程度地参与了多个不同层次的地区经济、政治、安全和能源合作机制。受地缘政治等因素影响，部分合作机制对我国与中东欧国家投资合作构成一定的潜在风险。从现实看，宁波市从中东欧进口的商品中，汽车及配件、大宗原材料及农产品位居前三名，但受俄乌冲突及芯片短缺等影响，供给稳定性在下降；中东欧官方关注的农产品，因从事中东欧专门贸易的主体偏少偏弱，我国市场对其认知度较低，难以实现持续性的进口增长。

（三）双边合作平台的能级和贸易便利化程度有待提升

宁波市与中东欧国家的合作平台不断丰富，知名度不断提升。如中国—中东欧国家博览会已成功举办两届，宁波核心区和滨江区、瓯海区、新昌县、义乌市、浦江县、青田县等 6 个省内联动区协同发力，中国—中东欧国家经贸合作示范区建设逐步在全省域推进。但课题组在调研中发现，贸易阻碍仍然不少，如在物流方面，中东欧国家的物流基础设施和服务能力不足，导致海运和班列的回程集货难度大、成本高；在贸易便利化方面，如农食产品进口本身在途时间约 2 个月，加之关检、防疫等通关环节，使得商品的销售时间较短，进口商在采购上存在顾虑。

二、关于推进宁波市与中东欧国家产业链供应链融合的建议

（一）谋划在中东欧国家建设产业园区，打造全链式产业集群

针对产业链不匹配问题，可选择具有较大潜力的中东欧国家建设产业园区，以产业链补短、融合为导向，吸引产业链前后的配套企业入驻，在园区内形成产业链协同平台和产业集群；探索以民营企业打前线、国有企业随后跟进的混合所有制海外投资模式，减少双方投资合作的潜在障碍，积极应对"欧盟投资筛选框架"对我国国有企业在欧盟投资活动的审查；支持服务型企业与制造企业共同入驻境外园区，集聚产品研发设计、生产营销、前置仓及物流等一站式服务，从源头推动中东欧商品对接中国市场，培育更多专供中国市场的中东欧厂商。

（二）支持在中东欧国家建立专业市场，打造中东欧商品采购网络

针对中东欧商品进口规模的效应缺失问题，建议积极推动宁波市与波兰的中国—中东欧国家农产品批发市场尽早落地，并复制推广到匈牙利、捷克等重点国家，打造重点农产品和消费品等品类，支持海外集散中心或海外仓等基础设施建设。可参照由中宁化牵头的中东欧采购联盟模式，支持各区（县、市）的各类企业联合组建专业采购联盟，提升进口商品的议价能力，也可以联盟企业的优质信誉为担保获得金融扶持和通关便利，还可以共享库存资源和营销渠道等信息，加强进口产品的溯源与质量管控。

（三）畅通与中东欧国家的双循环，全面提升贸易便利化

针对与中东欧国家贸易不畅、成本上升的问题，一方面，争取上级支持，建设各类绿色通道。比如，当前支持开通宁波至中东欧的航班、商务包机，支持浙江省海港集团加密与中东欧国家港口的航班。在特殊时期，允许政策性亏损以维系双边经贸稳定。另一方面，争取上级支持，扩大中东欧商品准入。可发挥已建成的中国—中东欧国家海关信息中心"中东欧商品进口通关一件事"的作用，梳理已准入商品品类，支持双方企业利用信息中心平台数据，帮助广大中东欧厂商建立符合中国标准的数据体系，便利地获取有关资质。

（四）构建多元化的国内营销渠道，提升数字营销能力

针对中东欧国家产品在中国知名度不高的问题，建议构建多元化的内销体系。积极拓展线下营销渠道，既要积极进驻大型超市、商业综合体等，也要布点社区商业，形成遍地开花的布局；既要以市场需求为主导，也要发挥政府采购的渗透作用。要培育数字营销的能力，探索推动以中东欧整体品牌进驻天猫国际、京东全球购等国内著名的购物平台，推进跨境电子商务进口平台的发展，通过"小红书"和"抖音"等开展中东欧商品的线上直播。多渠道加大对中东欧国家的宣传，做深目前的中东欧文化节、中东欧产品展示交易中心、贸易博览会等线下活动。借助旅居中东欧的华侨、留学生以及在中国生活和工作的中东欧人民，宣传中东欧的风土人情和文化，使国内消费者加深对中东欧国家及其商品的认识。

宁波大学　杨丽华

宁波市社科院（市社科联）　吴伟强（整理）

（宁波市区域经济研究基地课题成果）

超前谋划未来产业　加快培育发展新动能

　　浙江省第十五次党代会提出着力推动全面转入创新驱动发展模式，推进数字化改革引领系统性变革，服务和融入新发展格局，塑造引领未来的新增长极。宁波市第十四次党代会报告提出打造全球智造创新之都，前瞻布局未来产业发展。未来产业是基于前沿重大科技创新而形成的前瞻性产业，有望成为引领未来经济发展的主导产业。课题组在深刻认识未来产业战略意义、把握未来产业特征趋势、分析比较宁波市产业的优势与特色的基础上提出宁波未来产业重点发展方向：类脑智能、前沿生物技术、碳中和、元宇宙、前沿新材料、空天信息产业、深海信息产业、区块链等，通过强化创新引领、加快主体培育、谋划空间布局、推动基础设施布局、搭建应用场景、调整能源结构、强化金融和人才保障等为未来产业发展提供支撑。

一、国内外未来产业发展布局与宁波市的发展基础

（一）未来产业已成为全球竞争的新焦点

　　近几年，美国、日本、德国等发达国家高度重视战略、科技、产业、政策"四位一体"和"软硬"融合发展，加强了对人工智能（或称类脑智能）、大数据、量子信息（或称量子技术）、虚拟现实、区块链、航空航天、生命医药（或称生物技术）等关键前沿领域的未来产业布局，且布局步伐越来越快。

（二）我国政府及国内先进城市未来产业发展布局

　　国家"十四五"规划重点布局的前沿科技和产业变革领域在类脑智能、量子信息、基因技术、未来网络、深海空天开发、氢能与储能等。目前，我国在5G通信技术、激光制造技术、高铁技术、基因测序、量子通信等领域处于世界领先地位。当前，一、二线先进城市根据国家发展导向，结合城市发展愿景，纷纷选择多个产业或产业细分赛道进行布局。

专栏 1　全球主要发达国家及经济体未来产业布局总体方向

• **美国**：2019 年发布《美国将主导未来产业》，布局人工智能、先进制造、量子信息科学和 5G 四项核心技术；2021 年出台《2021 美国创新和竞争法案》，布局人工智能与机器学习、高性能计算、量子计算和信息系统、机器人、灾害预防、先进通信、生物技术、先进能源技术、网络安全和材料科学等领域。

• **德国**：2019 年发布《国家工业战略 2030》，布局钢铁铜铝、化工、机械、汽车、光学、医疗器械、绿色科技、国防、航空航天和 3D 打印等十个工业领域。

• **欧盟**：2019 年发布《加强面向未来欧盟产业战略价值链报告》，布局自动驾驶汽车、氢技术及其系统、智能健康、工业互联网、低碳产业和网络安全六大战略性产业。

• **日本**：2020 年发布《产业技术远景 2020》，布局数字技术、生物技术、材料技术、能源与环境技术等领域；同年出台了《科学技术创新综合战略 2020》，布局 AI 技术、生物技术、量子技术、材料四大领域。

• **韩国**：2019 年发布《政府中长期研发投入战略（2019—2023 年）》，布局人工智能、大数据、信息安全、食品、计算机、生物医疗等领域；同年发布《未来汽车产业发展战略》和《未来放射线产业培育战略》，重点布局未来汽车、放射线产业。

专栏 2　国内部分先进城市未来产业布局方向

• **北京**：依据《北京市"十四五"时期高精尖产业发展规划》，布局生物技术与生命科学、碳减排与碳中和、前沿新材料、量子信息、光电子、新型存储器、脑科学与脑机接口等高精尖产业。

• **上海**：依据《上海市战略性新兴产业和先导产业发展"十四五"规划》，布局光子芯片与器件、基因与细胞技术、类脑智能、新型海洋经济、氢能与储能、第六代移动通信等未来产业。

• **深圳**：依据《深圳市人民政府关于发展壮大战略性新兴产业集群和培育发展未来产业的意见》，布局合成生物、区块链、细胞与基因、空天技术、脑科学与类脑智能、深地深海、可见光通信与光计算、量子信息等产业。

• **广州**：依据《广州市战略性新兴产业发展"十四五"规划》，布局量子科技、区块链、太赫兹、天然气水合物、纳米科技等一批面向未来的前沿产业。

• **杭州**：依据《杭州市人民政府关于加快推动杭州未来产业发展的指导意见》，布局人工智能、虚拟现实、区块链、量子技术、增材制造、商用航空航天、生物技术和生命科学等未来产业。

• **武汉**：依据《武汉市国民经济和社会发展第十四个五年规划和 2035 年远景目标纲要》，布局电磁能、量子科技、超级计算、脑科学和类脑科学、深地深海深空等产业。

• **合肥**：依据《合肥市"十四五"科技创新发展规划》，布局量子科技、类脑智能、精准医疗、大基因产业、城市绿色生态技术等产业。

（三）宁波市发展未来产业的现实基础

宁波市制造业基础雄厚，2021 年工业增加值全国城市排名第七，但产业结构仍偏向传统。更进一步地从长三角 7 个万亿 GDP 城市（上海、南京、苏州、无锡、杭州、宁波、合肥）未来产业的比较来看，宁波市战略性新兴产业相关的龙头企业偏少，科创板相关产业的上市企业数可以佐证（见表1）；并且投资于战略性新兴产业的基金数量仍偏少，宁波政府引导基金投资于战略性新兴产业的项目数也可以佐证（见表2）；再如，宁波市有3个产业在7个城市2025年规划产业总规模中占比超20%，其中新能源汽车产业占38%，新材料产业规模占25%（预计产值约5000亿元），高端装备制造占31%（预计产值约6500亿元，上海预计为7000亿元），但是其余产业占比均为个位数，诸如生物医药、人工智能产业的占比仅为1%。

表1　宁波及标杆城市战略性新兴产业的上市公司分布　　　　　　单位：家

城市	半导体	生物	新一代信息技术	高效节能	高端装备制造	新材料	新能源	数字创意	共计	战略性新兴产业上市公司总数
宁波	2	0	1	0	2	1	0	0	6	85
北京	10	15	24	1	11	4	1	1	67	440
上海	26	19	27	1	4	8	2	2	89	402
深圳	21	4	22	0	6	2	0	0	55	384
杭州	4	3	9	1	7	2	1	0	27	200
南京	0	5	1	1	1	0	0	0	8	112
武汉	1	2	4	1	0	0	0	0	8	72
青岛	1	2	0	0	0	1	1	0	5	51
合肥	1	1	2	2	6	2	0	0	14	68

注：数据来源于Wind数据库，统计时间截至2022年7月13日。

表2　宁波政府引导基金投资战略性新兴产业的项目分布　　　　　　单位：个

行业	宁波	武汉	杭州	青岛	合肥	上海	北京
新一代信息技术产业	144	384	1479	125	204	2960	4939
新材料产业	48	23	82	20	14	174	143
高端装备制造产业	48	43	87	22	28	212	288
生物产业	33	148	332	52	50	903	697
数字创意产业	18	52	261	22	20	640	1206
节能环保产业	13	43	80	6	36	110	185
新能源产业	8	13	36	10	17	57	84
新能源汽车	5	5	38	3	10	73	99
相关服务业	17	27	176	8	11	476	623
总计	334	738	2571	268	390	5605	8264

注：数据来源于PEDATA MAX清科研究，统计时间为2016年1月1日—2022年7月13日。

（四）综合判断

一是未来产业赛道日趋明确。从国内外的布局规划和实际举措来看，人工智能、量子信息、生命医药、虚拟现实、深海空天开发等已成为日趋明确的赛道，元宇宙、区块链、碳减排和碳中和等产业赛道也在加速发展，具备较好成长潜力。

二是未来产业赛道争夺愈加白热化。未来产业的先进入者具有显著的"先行者优势"，知识产权将构筑起产业的核心壁垒。比如，在全固态电池领域，日韩企业占据绝对优势，发明专利拥有量排在前十位的均为日韩企业。为此，先进城市都在加快谋划未来产业，争夺相关要素资源，争取抢先布局以获取先发优势。

三是宁波市应力争进入未来产业布局第一梯队。没有未来产业的城市，不可能赢得未来。在布局上应扬长避短，做好"三个把握"：把握好现有产业基础，重点扶持新能源汽车、前沿新材料、高端装备等产业；把握好产业带动，推动人工智能融入汽车、高端装备等产业；把握好市场与场景应用，以应用场景打开未来产业的发展空间，以应用市场内生驱动技术突破。

二、宁波市未来产业发展布局的重点方向

鉴于未来产业的不确定性、技术路线的多样性，宁波市在未来产业布局上应重点关注两个赛道，即重点赛道（国家明确导向、技术路线较为明确的产业）和特色赛道（宁波基础扎实、有希望获得突破的产业）。走主流的技术路线，容错的空间较大。

（一）布局重点赛道

一是人工智能。该行业包括机器学习、计算机视觉、生物识别、图形图像处理、人机交互等细分领域。要布局建设数据中心，为企业发展人工智能相关产业提供基础性支撑。此外，可考虑布局人工智能关键器件、系统集成和智能终端，拓展人工智能应用场景，打造覆盖"应用场景—核心算法—智能器件—智能软件及系统—智能产品—智能企业—智能产业"的智能产业链条。

二是前沿生物技术。主要开展前沿生物技术创新。从市场化前景和技术路线可行性角度看，可考虑发展高通量基因测序技术，推动微流控、高灵敏等生物检测技术研发，推动合成生物学技术创新，发展基因诊疗、干细胞治疗、免疫细胞治疗等新技术，鼓励发展生物计算、脱氧核糖核酸（DNA）存储等新技术。

三是碳中和。宁波市是工业强市，也是能耗大市，在发展碳中和产业上有客观需求。碳中和产业较为广泛，既包括供需两侧的产业，也包括诸如碳捕捉、碳计量等配套产业。宁波市可考虑推动发展高效节能产业。先进环保产业、资源循环利用产业、氢能与储能产业，尤其是在氢能与储能领域，可加快发展氢燃料电池电堆中的关键材料和部件，以及制储氢装置技术和产品。

四是元宇宙。元宇宙与虚拟现实技术密切相关，被视为下一代互联网的终极形态，发展空间巨大。宁波市可考虑推动元宇宙的基础设施建设，通信技术要能够保障元宇宙所需的低延时；支持发展元宇宙体验的硬件，如 VR/AR、脑机接入等所需硬件的开发等；密切关注市场发展趋势，分类分步骤推出一批元宇宙的应用场景，制定相应的支持政策。

（二）布局特色赛道

一是前沿新材料。新材料是宁波市重点发展的战略性新兴产业。应着力突破石墨烯和碳纳米管电极、导电油墨和薄膜、柔性压力、气体、应变传感等关键技术，重点布局柔性电子材料、柔性印刷电子、柔性生物传感及能源电子、柔性显示、柔性电池等领域，推动技术成果产业化。

二是空天信息产业。以卫星通信、卫星遥感、卫星导航为代表的太空领域是军用和民用发展的重点领域。宁波在航天领域拥有一定的产业基础；在卫星运营应用方面，拥有天链测控宁波站、北极星辰导航科技、迪泰科技等。可考虑布局发展通航飞机制造、空天关键零部件、量子精密测量设备、卫星芯片和卫星应用终端制造等，开展商业航天发射服务、卫星通信导航遥感服务、卫星物联网服务，积极建设车联网、船联网、卫星物联网等优势应用场景。

三是深海信息产业。重点是推动实现海工装备产业智能化和高端化。可考虑推动发展海底探测、深海传感器、无人和载人深潜、海底通信定位等深海关键技术和设备；积极发展卫星、无人机、智能船、海洋遥感与导航等海上态势感知技术和关键技术；推动水声组网通信、水声感知、电磁感知等核心技术取得突破。

四是区块链。区块链技术在金融、物流等领域具备广阔应用前景。宁波市在区块链发展上已形成一定的集聚，2022 年出台了《宁波市区块链产业先导区建设实施方案》。为此，要将区块链作为数字经济发展的新基础设施予以重点建设，推动区块链技术与应用场景有机结合并形成典型示范。

专栏3　未来产业重点行业的市场增长潜力预测

- **脑科学、人工智能**：国际数据公司（IDC）预测全球的人工智能市场规模将于2025年增至2218.7亿美元，五年复合增长率（CAGR）约为26.2%；中国的人工智能市场规模将以24.4%的CAGR增长，2025年有望超过184.3亿美元，约占全球总规模的8.3%，位列单体国家第二。
- **前沿生物技术**：未来生物经济的产业规模将达40万亿元，将在人类健康、绿色农业、生物能源、生物安全等方面形成下一个经济增长点。根据麦肯锡的数据，到2025年，合成生物学与生物制造的经济影响将达到1000亿美元。
- **元宇宙**：据普华永道预测，元宇宙的产业规模在2030年将达到15000亿美元。
- **氢能**：据中国氢能联盟预测，到2050年中国氢能年需求量有望达到6000万吨；2050年中国氢能生态系统潜在市场规模有望达到12万亿元。
- **深海空天信息产业**：未来十年，空天信息产业规模将达到2920亿美元。据前瞻产业研究院预测，2030年深海装备投资将超过1000亿元，深海装备投资比重有望突破70%。
- **柔性电子产业**：据中研普华研究报告，中国柔性电子行业2019—2025年的年复合增长率预计为144.71%，到2025年，全球柔性电子行业的市场规模将达到3049.40亿美元。

三、为宁波市未来产业发展提供重要支撑

（一）强化创新引领与技术支撑

依托宁波国家自主创新示范区、甬江科创大走廊、前湾新区和南湾新区等重大创新平台建设，跟踪未来产业发展的重点赛道和特色赛道的主流技术路线与市场方向，支持多学科联合攻关、跨学科融合创新，推动前沿性、颠覆性和引领性技术创新取得突破，增强前沿性技术创新供给。可邀请科学家、战略专家、智库学者、企业家、非政府组织人士等共同组建未来产业研究院，密切跟踪、科学研判前沿科技，创新推动政产学研在未来产业发展、技术路线推进以及本地产业化上的联动。

（二）加快涉及未来产业的主体培育

对于本市具有基础优势的领域，以招引和培育"旗舰型"企业为重点，积极打造具有国际竞争力的企业生态群落；对于技术有一定成熟度但本市尚未形成基础的领域，以培育"新物种"企业为重点，大力扶持初创型中小企业创新集聚发展；对于前沿技术尚未投入产业化应用的领域，以培育"国家队"企业为重点，积极推动科研院所和领军企业加强战略布局，探索创新国企投资推动未来产业发展的考核办法，引导国有企业在新一代信息技术、人工智能、新材料等前沿

领域超前布局，先行开展产业化试点示范。

（三）前瞻谋划未来产业布局空间

要结合宁波市全域国土空间综合整治工作，谋划未来产业布局空间。同时，结合宁波市重大科技产业生产力布局和国家集群建设，遵循"技术创新策源—重大技术成果产业化—赋能产业融合应用"路径，发挥甬江科创大走廊打造长三角重要科创策源地牵引辐射作用，构建"一廊引领、两湾集聚、多元特色支撑"的发展格局。目前，宁波市保障产业用地新增100平方公里，前湾土地供应比较充足，可提前规划大块的未来产业园，为未来产业提供土地保障。

（四）推动未来产业相关基础设施布局

推动"端—边—云—网—智"新型数字基础设施建设；加快推进5G网络建设，促进千兆光纤宽带网络升级；加快建设绿色基础设施，加快推进新能源终端、公专用充电桩、加氢站、网约车充电站、综合供能服务站等新能源终端设施布局；加快建设数据中心，建立健全数据资源确权、采集、流通、交易、应用开放等制度、规则和标准，加快探索政企数据对接融合，不断提升数据等资源要素开放水平。

（五）围绕市场搭建典型未来产业应用场景

发挥数字化改革引领作用，完善应用范围广、带动能力强的未来技术应用场景。首先，推进5G在智能港航、智能驾驶、智慧城市等重点领域的应用示范。其次，引导龙头企业建设无人驾驶试验场，为智能网联企业提供模拟试验环境，助力智能网联车产业化应用。再次，开展人工智能和大数据应用场景示范，谋划建设宁波人工智能试验区。如：以宁波4家未来工厂为试点，开发未来技术生产制造应用场景，搭建标准化试验验证平台；以宁波49个未来社区为试点，促进未来产业在民生领域应用迭代。

（六）以能源结构调整为牵引，推动产业升级

贯彻新发展理念，推动绿色低碳发展，加快能源结构调整，做好能耗双控工作。充分利用宁波作为国内先进制造业基地的优势，在不断优化存量用能的基础上，系统谋划、统筹推进，加快调整产业结构、能源结构，深挖节能潜力，促进能源高效利用，为未来产业优质项目腾出能耗空间。

（七）不断强化金融和人才等要素支撑

建设若干功能性风险投资基金和未来产业引导基金，支持未来产业初创项目和重大项目并延长支持周期；对拥有国际领先的核心技术或自主知识产权的元宇宙、人工智能等相关人才团队的成果转化项目，优先给予政府股权投资支持；丰富并创新知识产权质押融资、科技保险等金融产品和服务。研究出台未来产业相关人才引进计划，吸纳领军人才和紧缺人才；深入实施"智团创业"计划，推进科技人员、海外留学归国者、民营企业家以及"创二代"、大学生创业者创业；支持在甬高校、职校围绕宁波市新兴产业发展重点领域开设相关专业或课程。

宁波市社科院（市社科联） 谢瑜宇 吴伟强

宁波财经学院 王嘉箐 张亚丽

[宁波市（246）产业创新研究基地课题成果]

加快培育专精特新"小巨人"企业的对策建议

党的二十大明确指出，要加快实施创新驱动发展战略，坚决打赢关键核心技术攻坚战。宁波市第十四次党代会报告提出了"打造全球智造创新之都"的奋斗目标，并将"建设先进智造新高地"作为加快打造现代化滨海大都市的十大任务之一。作为宁波智造的"硬核力量"，专精特新"小巨人"企业是关键核心技术攻关和创新引领的行业翘楚，也是强链补链固链的生力军，但其长期发展依然面临高层次人才缺乏、产学研合作不畅和市场不确定性增加等方面的难题。为此，建议从优化人才发展环境、推动核心技术攻关、强化精准优质服务和筑牢知识产权保护等四个方面加强对"小巨人"企业的培育。

截至 2022 年 8 月，宁波国家级专精特新"小巨人"企业达 283 家，总量居全国第四位。从产业分布看，60% 的"小巨人"企业属于工业基础领域，80% 属于战略性新兴产业及相关服务业，集中分布在关键基础零部件、电子元器件、集成电路、工业软件、基础材料、智能制造装备等领域。"小巨人"企业仅占宁波市规上企业数量的 2.83%，但为宁波贡献了 5.25% 的地区生产总值和约 6% 的税收。

一、宁波培育专精特新"小巨人"企业面临的瓶颈

（一）高层次人才缺乏制约"小巨人"企业高质量发展

一是创新型领军拔尖人才不足。与"小巨人"企业密切相关的智能制造、科技研发人才缺口较大，宁波市创新型领军拔尖人才引进多依靠政府资助，在人才引进平台建设方面，仍有较大提升空间。本土培育的高端技术人才可持续发展缺乏后劲。调研发现，"小巨人"企业博士后流动站出站人员留在本企业继续从事研发工作的比例只有 12%，其他出站人员主要进入高校和政府机关。

二是技能人才占比较低。随着宁波市战略性新兴产业布局和传统产业升级改造，企业对中高技能人才需求占比从 2019 年的 21.7% 攀升至 2021 年的 43.9%。目前，宁波市低技能人才供过于求，中高端技能人才供给严重不足。2021 年，万人以上规模企业中，中高技能工人平均占比 65.7%；百人规模为主的"小巨人"企业中，中高技能工人平均占比只有 39.4%。

三是企业引才成本增加。相对于制造业企业，90 后、00 后偏好互联网企业。2021 年城市人才活跃度数据显示，上海排名第一，其次是武汉、重庆、苏州、西安、成都等城市，宁波居第 16 位。2021 年，宁波应届硕士平均薪资为 22.09 万元，博士为 35.97 万元，同比增幅分别为 6.29% 和 8.72%。从住房补助来看，宁波本科毕业生住房补贴为 2%，领取人数占比仅为 56.2%，而武汉本科毕业生住房补贴为 20%。因此，宁波市制造业人才和产业发展的生态环境有待进一步提升。

（二）产学研合作不畅阻碍创新活力进一步激发

一是企业缺乏参与成果转化的动力。宁波"小巨人"企业研发费用占比为 4%～5%，部分企业还有逐年下降的趋势。调研发现，几乎所有的"小巨人"企业都不看好产学研项目。主要原因是，多数"小巨人"企业会在原有核心技术的基础上向与核心技术相关的领域拓展，但高校缺乏相应的跨学科人才，企业和高校之间没有形成科研成果转化的长效机制。

二是科研成果转化机制不健全。一方面，高校成果评价以科研项目、论文和奖项为考核内容，使得科研人员中缺乏懂技术和管理的复合型人才。另一方面，科研成果需要调整生产过程或进行二次开发才能进行产业化。目前多数企业只愿意购买可以直接投产的新技术，不愿意尝试需要二次开发、见效周期长、风险大的高新技术成果，所以研发周期长的项目难以开展。

（三）市场环境不确定性增加使企业承压前行

一是未来发展方向不确定。"小巨人"企业在现有技术基础上进行多领域研发投资必然会遇到各种困境，未来发展的定位和规划是一个重大课题。比如，宁波 GQY 视讯是一家以可视化信息显示管理为主要产品的企业。2014 年起，公司主营业务利润下滑，开始进军智能机器人产业，并不断加码智能机器人业务布局，却未能取得预期成效，最终不得不将企业控制权转让给开封金控投资集团。

二是企业生产成本上涨。以宁波微科光电为例，作为红外线光幕的领军企业，其面临的成本和市场问题比较典型。在成本方面，首先，出口订舱难，每个集装箱的费用由原来的 2000 元猛增到 17000 元；其次，生产电梯光幕所需要的原材料（如芯片、电子元件、钢板等）成本年均上涨 20%，人工成本年均增加 10%。在市场方面，首先，市场价格竞争激烈；其次，随着国内房地产发展进入相对稳定阶段，市场对电梯和电梯光幕的需求骤减，企业要保持增长，需要转向后市场和开拓新市场。

三是国际环境不确定性增加。一方面，全球经济复苏充满不确定性；另一方面，以美国为首的发达国家对我国高技术产品施以严格的出口管制措施和技术封锁。2021 年，美国多次将我国企业列入"实体清单"，因产能紧张和扩产受限，半导体材料价格持续上涨。8 英寸晶圆代工报价上涨 40%，半导体产品原材料综合成本上涨 20%，"小巨人"企业应对欧美"技术壁垒"所增加的成本占应对技术性贸易措施新增成本的 78.96%。

二、关于宁波加快培育专精特新"小巨人"企业的建议

（一）优化人才发展环境，加强高端人才储备

一是制定针对"小巨人"企业紧缺人才的引才计划。以党的二十大提出的"完善人才战略布局，加快建设世界重要人才中心和创新高地"为目标，结合"小巨人"企业人才需求，及时发布《宁波市"小巨人"企业急需紧缺专业技术人才目录》（市人才办），并制定与之相适应的《"小巨人"企业引进培育急需紧缺专业技术人才奖励补贴办法》（市人社局）。试行高层次创新型人才职称"直通车"制度，为高层次人才和紧缺急需人才职称评价建立绿色通道。

二是在 8718 平台建立"小巨人"企业服务专区。线上集聚政策、融资、创业空间等各类服务资源，实现政策的主动匹配、创新人才的供需对接和服务的"一站式"获取；支持行业协会建立各行业"小巨人"企业人才数据库，及时发布人才数量和需求等报告。

三是加快培养企业中高层管理人员队伍。由市经信局牵头，联合市商务局、市发展和改革委等部门，以企业点单、政府买单的形式分批对企业中高层管理人员开展培训。依托国内外一流大学，组织举办高端精准培训班，每年遴选 50 名高管到高校或高端智库机构进行系统培训。

（二）推动核心技术攻关，厚植创新优势

一是强化全链条培育。积极挖掘一批行业地位突出、技术领先、发展潜力大、符合产业导向的"小巨人"企业，集中创新、资金、人才等多种要素资源，强化"关键核心技术—材料—零件—部件—整机—系统集成"和"关键核心技术—产品—企业—产业链—产业集群"的全产业链培育。

二是组织实施一批工程化应用验证项目。由市科技局牵头，结合企业意愿制定推荐目录，向大型骨干企业定向推荐不少于40家"小巨人"企业、不少于60项技术产品。面向在甬院校征集一批技术成果转移目录，面向"小巨人"企业征集一批技术研发需求目录，并做好相互之间的匹配和对接，促进产学研协同创新。

三是有序推进"小巨人"企业上市筛选工作。由市经信局牵头，联合市工商管理局、市科技局等部门，加强上市储备企业专业辅导，引导支持企业股改、挂牌、上市。组织银行、担保、证券、基金等各类金融机构对"小巨人"企业开展"一企一策"服务。

（三）强化精准优质服务，多维度赋能企业

一是提供星级管家服务。由市财政局、市经信局、市委人才办、市发展和改革委等部门联合设立"小巨人"企业服务专项基金。建立定期调度、通报工作、绩效考评、星级评定等机制，定期召开专题调度会议，及时帮助企业谋发展、解难题。

二是多渠道支持"小巨人"企业的跨境合作。整合商务、贸促、发改、港口、智库、行业协会等多方资源，共建更高水平的企业"走出去"信息平台和协同服务机制，为企业搜集及时准确的国内外市场信息，帮助"小巨人"企业进行市场布局和方向调整，支持企业参加国际国内大型综合性、专业性、行业性展会。

三是在发展数字经济中带动"小巨人"企业发展。加快推动电子材料、电子信息机电产品、电子元器件、光伏电池、电光源等数字经济特色行业发展，主动与上海、杭州等数字经济资源富集地区开展合作，引导"小巨人"企业进入物联网、云计算、大数据、数字安防、智能可穿戴设备等领域。

（四）筑牢知识产权保护体系，为科技创新保驾护航

一是建立知识产权跨部门跨地区联合执法机制。建议各区（县、市）市场

监管局建立定期沟通交流制度,就知识产权案件信息、专利侵权案件的证明标准、知识产权案件侵权判定标准、专利行政诉讼等问题开展深入探讨,完善诉调对接、信息共享机制。

二是完善知识产权配套政策。市财政局、市商务局、市经信局、市场监管局等部门联合,进一步加大对发明创造的激励。对通过知识产权交易获得技术升级并成功申报省级、国家级"小巨人"企业、规下升级规上、规上主营业务收入提升 30% 或利润率达到 15% 以上的"小巨人"企业,给予不超过交易金额 20% 的资金补助,同一企业同一年度最高补助不超过 200 万元。

三是加强行业协会与知识产权平台建设。建立健全行业知识产权保护协会,联合发挥组织、协调、维权的作用。加快构建知识产权运营公共服务体系,打造知识产权保护与交易平台,为宁波"小巨人"企业知识产权开放转化、质押融资、分析评议等提供优质资源。

浙江万里学院　杨立娜　孟祥霞　陶海飞　刘美玲　吴瑞勤
（宁波市甬商研究基地课题成果）

加快打造锂离子电池产业园　助力宁波市全球智造创新之都建设的对策建议

　　锂离子电池产业是新能源汽车和电子信息、新型家用电器等产业发展的关键环节，与新能源汽车、储能、消费电子、家用电器等产业融合发展，将成为全球能源科技和产业发展的重要方向。它也是"双碳"背景下推动宁波市产业转型升级、加快"全球创新智造之都"建设的重要载体。课题组通过调研走访、座谈交流，分析宁波市发展锂电池产业的优势条件和存在问题，在借鉴其他地区做法的基础上，提出加强锂离子电池产业园发展顶层设计、加强项目招引促进产业集聚发展、加快形成锂电池全产业链条、全力培育引进行业龙头企业等具有针对性的政策建议。

一、宁波市锂离子电池产业的发展基础

（一）产业发展需求前景广阔

　　锂离子电池应用广泛，产业发展前景光明，是宁波市诸多产业补链延链的关键环节。

　　一是新能源汽车领域。2021年全国新能源汽车销量352万辆，同比增长160%，锂离子电池使用量324 GWh，约占全球市场的59.4%。新能源汽车是宁波市重点布局的产业，目前已形成产业集群优势，如宁波经济技术开发区等引进了极氪汽车总部，预计"十四五"期间宁波新能源汽车年产量将达到30万辆以上。

　　二是智能家电领域。智能家电是宁波的传统优势产业，余姚、慈溪、鄞州、奉化等地制造的吸尘器、割草机、理发器、刮胡刀、美容仪等电器在国内外市场上份额靠前，涌现出了富佳股份、德昌电机、大叶园林等诸多上市公司，但宁波智能家电领域目前采用的锂离子电池多数采购自外地。

三是新能源储能领域。在"双碳"背景下，宁波市大力推广太阳能、风能等可再生能源，涌现出了东方日升、锦浪科技、德业科技等著名企业。按照"十四五"规划，宁波到 2025 年太阳能装机容量要达到 570 万千瓦，公共机构新建建筑屋顶光伏覆盖率力争达到 50%，不少企业也纷纷利用厂房屋顶安装太阳能。根据浙江省规定，太阳能等新能源要按照容量的 10% 强制配建储能设施，其中锂离子电池是首选。

（二）产业发展配套较为齐全

锂离子电池产业链核心为电池本体，即动力锂电池，上游为基础材料和重要套件，下游为充、换电设备和电源管控系统。除了核心的电池本体，宁波市锂离子电池上下游配套产业齐全，在细分领域还涌现出不少龙头企业。

一是上游材料领域。宁波市目前最大的两家原材料企业分别是杉杉股份和容百新能源两家上市企业。其中，杉杉股份的三元负极材料主要用于新能源汽车，人造石墨负极材料产量居全球第一，同时正在研发各种提高电池性能的新材料。容百新能源的三元正极材料主要用于锂电池的制造，在正极材料高镍和超高镍方面占全球市场份额的 50% 左右，是宁德时代、SK 等国内外主流锂电池厂商的核心供应商。

二是在专业装备领域。锂电池装备属于我国重点发展的高端装备范畴，技术含量较高。宁波市已经有企业涉足其中，如宁波海芙的新能源技术团队主要来自国际著名电池设备制造商加拿大海霸（Hibar System）。宁波海芙是国内领先的碱性电池设备生产商，目前已掌握与特斯拉电池技术同路线的 4680 电池设备生产技术，具有成熟的技术方案提供能力。

三是其他配套企业。如敏实集团、旭升股份、震裕科技等企业的电池盒产品发展迅猛，已经获得宁德时代、特斯拉、大众、宝马、戴姆勒、本田等全球主流整车厂订单；均胜电子凭借电池管理系统（BMS）已累计从大众获得 100 亿元以上的订单。

二、宁波市锂离子电池产业发展面临的问题

（一）专业性龙头企业缺乏

宁波市电池生产企业技术雄厚，有专业生产和回收类规上工业企业 50 家左右，但主要集中在传统的碱性电池和消费电子用锂离子电池领域，如维科电池、

中银电池、野马电池等。浙江佳贝思等少部分企业涉足储能领域，但规模还比较小，年产值普遍在 3 亿元以下。目前，宁波市还没有新能源汽车用锂离子电池生产企业，更不用说像宁德时代、亿维锂能等有行业影响力的龙头企业。

（二）产业发展统筹规划有待加强

宁波市锂离子电池产业发展缺少专门的谋划，宁波市"十四五"规划中也仅是将其作为新能源汽车、储能等产业的细分环节简单提及，对该行业的项目招引、企业培育、技术攻关等重视不足。目前，宁波市锂离子电池产业上下游企业主要分布在鄞州（杉杉股份）、余姚（容百科技、浙江佳贝思）、江北（宁波海芙）、宁波经济技术开发区（维科电池）等区域，各细分领域企业比较分散，缺乏引导，各自为战，不能充分发挥产业链齐全的优势。其他城市比较重视产业链集聚发展，如福建宁德、湖北武汉、安徽合肥等均设计了专业的锂离子电池产业园区，浙江绍兴则引进了比亚迪专业生产锂离子电池。

（三）产业项目招引不足

近年，宁波市在锂离子电池生产企业招引方面收获不多，甚至因为缺乏专业的整合型动力电池生产企业以及资源要素的制约，上游的原材料企业和下游的电池壳等企业不得不把投资项目放在外市甚至外省。如杉杉股份、容百科技、震裕科技、维科电池等上市企业纷纷把募投项目放在外地，而且杉杉股份的市外工业生产规模甚至已经超过宁波本地。

三、同类城市的先进经验

（一）福建宁德锂电子电池产业园

一是政策扶持力度大。制定出台《宁德市促进锂电新能源产业链发展七条措施》，聚焦工业用地优惠、设备投资补助、项目达产达效、用电成本降低、创新品牌建设、企业招才引智、财政资金扶持等关键方面，促进锂电新能源产业集聚发展、做大做强。

二是组织领导有力。成立锂电新能源产业发展指挥部，建立快速反应机制，做到园区企业发展问题第一时间发现、第一时间处理、第一时间上报。对于重大问题，由市委、市政府召开专题会议研究解决，由市主要领导亲自协调，实现精准调度、优先保障。

三是产业链平台成熟完备。以宁德时代新能源科技股份有限公司和宁德新能源科技有限公司为龙头，累计引进建设卓高、杉杉、厦钨、青美、邦普等80多个产业链项目，覆盖正极、负极、隔膜、电解液等关键材料和电池构件、机械设备、包材等配套项目，企业入驻率、竞争力均居全国前列。

四是龙头企业核心技术研发能力强。宁德时代新能源科技股份有限公司设立博士后科研工作站及新能源研究院，全面开展新能源材料科学等领域的研发与攻关，并与美国斯坦福大学、美国阿贡国家实验室、中国科学院、清华大学、北京大学等院校建立全方位的产学研合作关系。2021年，宁德时代新型锂电池开发及应用创新团队荣获"全国专业技术人才先进集体"表彰，发明专利数量居全国前列。

（二）江苏常州中关村科技产业园新能源产业基地

一是重大项目集聚发展。该园区集聚璞泰来、普莱德、科达利、紫宸等国内知名动力电池产业链项目40多个，项目总投资超过600亿元，成为国内最完善的动力电池产业基地。

二是高端产业平台众多。该园区拥有国家级科技企业孵化器、高压智能变压器国家地方联合工程研究中心、国家级院士工作站和博士后工作站等国家级研创平台10家，拥有省级部门认定的各类研发机构65家，还与中国科学院物理所合作共建中国科学院物理所长三角物理研究中心和天目湖先进储能技术研究院，与东南大学共建"东南大学溧阳研究院"，以平台集聚高层次领军人才。

三是创新创业体系日渐完善。陆续出台《关于促进企业创新发展的若干政策》等系列政策，建有高新技术创业中心等国家级省级众创空间、孵化器、加速器6家，拥有"龙城英才"创业项目80余个，集聚院士10人，省"双创"人才、"双创"博士等省级领军人才近60人，各类专业人才1.59万人，创业创新孵化链条不断延伸。

四是营商环境持续优化。该园区着力营造法治化、国际化、便利化的一流营商环境，积极推进绿色生态园区建设，布局新能源公交体系、电动汽车充电桩、自行车步道等低碳节能公共设施，全面推进交通、文化、教育、医疗、体育、绿地六大类配套设施建设。在"放管服"改革方面，简化项目申报、降低企业成本、提高审批效率，全面推行"不见面审批（服务）"模式，实施"多证合一"改革。

（三）江西宜春国家锂电新能源高新技术产业化基地

一是平台优势独特。该基地内企业孵化、科技创新、电子商务、物流服务、通关查验等平台齐全，从企业培育到产品流通环节全部打通，拥有全产业链创建的省级以上科研平台 11 个，省级 CMA 和国家 CNAS 检测资质的锂电产业研究院 1 个。重点打造碳酸锂、锂电池材料、动力及储能锂电池和新能源四大生产基地，吸引和培育一批骨干龙头企业。目前，主营业务收入超 5 亿元的企业有 30 家。其中，超过 10 亿元的企业 15 家，超过 50 亿元的企业 2 家，锂电新能源产业在不断做大做强。

二是产业优势强劲。宜春作为世界最大锂云母矿区的资源优势，形成了从锂云母到碳酸锂、电池材料，再到锂离子电池及新能源汽车的全产业链，吸引了江特电机、升华科技、江西星分子、艾德纳米等企业先后投资布局。紫宸科技、南氏锂电、远东福斯特、正拓等企业相继扩产扩建，发展后劲不断增强。

三是政策环境良好。宜春市委、市政府将锂电产业确立为首位产业，制定出台《江西省宜春市锂电新能源产业发展规划（2018—2020 年）》《宜春市人民政府关于加快推进锂电新能源产业发展的实施意见》《宜春市人民政府关于加快宜春市锂电新能源产业发展的若干政策》《宜春市锂电新能源产业发展扶持政策兑现操作细则》等系列政策文件，形成推进有力、保障到位的全方位政策体系，推动市级层面的项目和资金优先向锂电企业倾斜。

四、关于宁波市加快打造锂离子电池产业园的建议

（一）加强锂离子电池产业园发展顶层设计

明确将锂离子电池产业发展作为补齐新能源汽车、储能、智能家电、消费电子等重点发展行业产业链的关键，并从资源要素节约、集约利用角度出发，谋划建设专业产业园。建议在前湾新区等区域布局设立锂离子电池产业园，以浙江省绿色智能汽车及零部件技术创新中心落户前湾新区为契机，充分发挥区位、空间、产业等优势，吸引国内外锂电子产业链上下游企业、研究机构等落户宁波，就近引进上海、杭州等地优质产业项目，紧盯国内优质企业，补齐产业关键环节。

一是强化组织领导。由市发展和改革委牵头，经信、科技等部门配合，组建锂电池产业园区工作推进领导小组，研究设立宁波市锂电池重点产业园，统

筹规划、项目、土地和招商资源，整体谋划锂电池产业高质量发展，协调推进全市锂电池产业集群培育"一盘棋"。

二是加大政策支持。整合优化现有各项政策扶持体制机制，研究制定锂电池产业园发展扶持政策，对产业园区在技术改造、关键技术攻关、创新载体建设、公共服务平台建设、企业梯队培育、质量品牌培育及园区运营管理等方面予以支持，对园区企业在财政补贴、税收返还、厂房租金减免等方面给予优惠，支持锂电池产业发展，在土地指标、能耗指标、环境容量指标上向锂电池产业园区的项目倾斜。

三是加强金融保障。探索建立锂电池产业发展基金，鼓励和引导银行业金融机构开发专门针对锂电池产业的金融产品。

四是支持人才引进。指导园区针对锂电池产业人才开展集中招聘，将锂电池产业经营管理、研发等专业技术人才列入地方人才引进计划。

（二）加强项目招引，促进产业集聚发展

一是加大项目引导。支持引进的优质锂电池、电池材料及电池设备等项目优先落户产业园区，市内优质项目向产业园区转移，使锂电池产业的重大项目向产业园区集聚，提高锂电池产业核心竞争力。

二是发挥资源优势。充分发挥宁波市在新材料、汽车制造业产业基础等方面的优势，提升服务水平，增加招商吸引力，大力引进技术、工艺成熟和有带动效应的锂电池大型企业，带动其他企业的引进以及本地企业的发展。

三是完善配套服务。完善园区锂电池材料检测中心和锂电池自检中心建设，并探索建立锂电池第三方检测中心；在园区内加强公共服务中心、技术交易中心、职业培训中心建设，以及厂房、交通设施、职工宿舍等基础设施建设。

（三）加快形成锂电池全产业链条

一是加强支持，壮大锂离子电池行业。预计随着锂电池行业整体技术水平需求提升，锂电池技术将快速发展。针对目前宁波市锂电行业格局分散、集中度低的情况，建议加大财政支持、税收优惠力度，进一步提升行业集中度，鼓励德朗能、锋锂、维科、京威、青宇、科力安、佳贝思、威睿、利维能、双一力、海芙、久鼎等宁波本地企业通过收购、兼并、控股等方式，开展横向、纵向、混合产业并购整合，积极向上或向下延伸产业链条。

二是技术突破，推进正极材料行业进一步发展。严格控制正极材料行业准入门槛，提升行业整体发展水平，严把产品质量关，以质量提升品牌形象；针对国内外市场需求重点进行锰酸锂、磷酸铁锂等技术创新和三元材料开发。

三是产业创新，稳定负极材料行业发展。加强石墨烯、碳硅复合材料等技术研发，加强与下游市场衔接，稳定宁波市负极材料行业的市场地位。

（四）全力培育引进行业龙头企业

一是大力培育产业链龙头企业。培育一批主业突出、技术领先、品牌影响力大、产业链引领能力强的产业链龙头企业，通过龙头企业带动园区配套产业发展，引入一批具有较强技术创新能力的整合正极、负极、隔膜、电解液等锂电池四大关键材料的技术企业，培育一批掌握锂电池设备制造、电池生产、电池回收等核心技术的科技型中小企业和高新技术企业。

二是提高龙头企业技术创新能力。鼓励龙头企业建立专门研发机构，加强对科技型中型锂电企业的支持，将其培育为科技型龙头企业，以科技计划和专项的方式鼓励龙头企业采用先进设备和工艺、引进先进技术，支持龙头企业在锂电池原材料、电池设备、电池回收、核心技术、示范应用等环节开展攻关。

三是推动龙头企业采用标准化生产方式。优先在杉杉、维科等企业采用标准化生产方式并鼓励其开展标准化生产示范建设；支持龙头企业参与锂电池产品质量管理和产品相关标准制定。

宁波城市职业技术学院　　沈金辉

以"两个先行"为引领 进一步做强农村集体经济促进共同富裕的对策建议

乡村振兴是共同富裕的显著标志,两者之间相辅相成、相融共促;促进农民农村共同富裕,做强农村集体经济又是关键。宁波要奋力走在"两个先行"最前列,必须高质量推动乡村振兴,实现强村富民。近几年,宁波市全面实施"4566"乡村产业振兴行动和"13511"新时代美丽乡村建设工程,农村面貌不断改善,农民收入稳步增长。但从以"两个先行"为奋斗目标、以全面推进共同富裕的角度看,农村集体经济仍存在发展上的不平衡、不协调。为此,建议对标"两个先行",提升强村富民政策的系统性,进一步盘活内部资源,引入外部财政和社会资本,加快探索,不断壮大农村集体经济,形成共同富裕的生动实践。

一、宁波市做强村级集体经济的实践

(一)宁波市做强村级集体经济的现实基础

从共同富裕的角度看,宁波市在缩小城乡差距、地区差距、收入差距上具有扎实基础。宁波市是城乡居民收入最高、收入差距最小的城市之一,12次获评中国最具幸福感城市,实现文明城市"七连冠"。2021年,宁波市农村居民人均可支配收入达到42946元,增长9.7%,城乡居民收入倍差缩小至1.72,比全省低0.22。

从村级集体经济看,宁波市不断探索抱团发展、公司化运作等新模式,已形成较为完善的村级集体经济增收模式。截至2021年底,全市2162个行政村集体经济总收入为69.98亿元,经营性收入为34.67亿元,同比分别增长10.80%和10.86%,全市所有行政村实现总收入30万元以上、经营性收入15万元以上全覆盖。

（二）宁波市做强村级集体经济的具体实践

人有特点，村有村情。推进强村富民，需要因地制宜，充分依托乡村的要素资源禀赋，千方百计盘活资源、引入资源，发展好乡村产业，才能让村民的钱包真正"鼓起来"。从宁波市实践看，可以大致概括为两种模式。

一是盘活资源做强做优集体经济。农民掌握的主要资源是土地和房产。有效盘活这类资源，是实现强村富民的重点。从实践看，有"以地生钱"，即用好土地增值这张"牌"，让农民与集体经济组织更多分享土地增值带来的收益；有"以房生钱"，即以乡村旅游发展为契机，引入有实力的市场主体盘活村庄闲置房产，引导村民发展民宿产业；有"以权生钱"，即在确权的基础上，整理出"产权明晰"的集体资产和宅基地使用权等，以此招引市场主体经营，农民和村集体凭出让的产权享受发展收益。

专栏1　宁波市"盘活资源，做强做优集体经济"的典型案例

- "以地生钱"，盘活山海资源。宁海县一市镇锦绣村拥有 1250 亩（1 亩 ≈ 667 平方米）内塘养殖塘，400 亩白枇杷林。2000 年前后，村内积极响应镇党委"调整产业结构，发展山海经济"的号召，通过虚拟确权、返租倒包的方式将村内土地整体流转。经过多年的经营与改造，2021 年底流转费用已经达到了每亩 4500 元左右，成为周边地区亩租最高的"黄金海塘"，集体经济收入达 370 万元。
- "以权生钱"，创新交易方式。象山县鹤浦镇小百丈村 2018 年前全村人均年收入仅 1 万元左右，2018 年"三权分置"实施后第一个文旅项目落户该村，安可公司租赁村民闲置农房 15 间，约 1500 平方米，租用橘园近 6300 平方米。宅基地的使用权成为村民致富的动力源。2020 年村集体经济收入达到 192.91 万元。
- "以房生钱"，发展适宜产业。奉化栖霞坑村以民宿产业为抓手，2015 年利用村中废弃小学作为首个乡村民宿招商引资地块，发展高端民宿产业，2019 年成功招引福建宸州集团，2020 年启动旅游综合体项目建设。村集体经济规模在原有基础上翻了 4 倍，一些村民也陆续返乡重修老宅，共享民宿产业发展的红利。

二是引入资源，做强做优集体经济。在乡村内生动力有所欠缺的情况下，就需要引入资源去激活和引领发展。引入的资源，既包括资金、人才等要素，也包括引进运营管理机构、引进龙头企业等。从实践看，有"以钱生钱"，就是通过定制面向集体经济和农民的金融产品，为他们提供资金支持；有"以人生钱"，就是引导和吸引人才回流乡村，并提供平台支持他们创新创业；有"以业生钱"，就是以当地比较优势为基础，通过引进龙头企业或者通过高效的制度安排，整合当地资源，发展乡村产业。

专栏 2　宁波市"引入资源，做强做优集体经济"的典型案例

- **"以钱生钱"，扩大金融支持。** 北仑区 2020 年通过创设"5+N"基础授信的普惠金融信贷模式和新型农业经营主体差异化贷款利率模式，以及对"股权质押＋信用"信贷模式的扩面增量，实现了普惠金融全区所有行政村覆盖率 100% 和农户覆盖率 100%。2020 年全年共发放农户小额普惠贷款 1.25 万户，签约金额 3.18 亿元，贷款金额 1.84 亿元。
- **"以人生钱"，吸引人才创业。** 慈溪市于 2019 年启动实施"两进两回"创新示范工程，通过构建"政策支持＋平台支撑＋服务保障"三大体系，大力引导科技、资金进乡村，青年、乡贤回乡村，建成坎墩大学生农创园、国家现代农业园区沧海慈湖农创客基地两大平台及"一镇一业"特色平台，认定培育高素质农户 1659 个，吸引返乡大学生农创客 40 余人。
- **"以业生钱"，导入运营管理。** 江北区洪塘街道鞍山村将强村联盟进行实体化运营，调研排摸可用资源，收储、整合近万平方米低效闲置物业，打包并进行统筹管理运营，搭建起一个涵盖文化、手作、创意、民宿等业态的乡村产业园。村总资产增至 5900 万元，人均收入提升至 5 万元。

二、宁波市对标"两个先行"做强做优村级集体经济存在的不足

（一）集体经济的发展增速相对落后

2021 年，宁波市村级集体经济组织总收入 93.23 亿元，比 2018 年增长 19.43%，不但低于全省增幅 24.1 个百分点，排名居末位，而且是全省唯一一个增幅不到 20% 的城市。2021 年，宁波市村级集体经济经营性收入 53.12 亿元，比 2018 年增长 18.60%，增幅同样在全省垫底，不但低于全省 30.64% 的增长速度，而且比排名倒数第二的金华低 10 个百分点。从其他相关指标的省内排名来看（见表 1），尤其是对标"两个先行"的发展要求，宁波市在集体经济培育和发展上仍有提升空间，农村基础设施建设仍需加大投入、大力推进。

（二）集体经济发展仍不平衡

从行政村收入总量看，南三县村级集体经济总收入和经营性收入分别为 16.60 亿元和 7.36 亿元，仅占全市村级集体经济收入总额和经营性收入总额的 23.8% 和 21.0%；村均收入最低的宁海县总收入和经营性收入与最高的海曙区相比，分别相差 6.17 倍和 7.6 倍。从统计数据看，宁波市村集体经济发展不平衡问题仍然存在，尤其是一些地处山区、海岛的村庄，由于区位、交通、资源等多种因素制约，村级集体经济薄弱，增长乏力。

（三）农村发展的整体谋划与规划执行仍需加强

从实践看，由于系统性和长期性的整体谋划不足，因地制宜落地生效偏少，

农村发展更多依赖自身资源，导致村级集体经济"散松小"，困难多，资源少；不少乡村存在"等、靠、要"思想，内生动能不足。从发展束缚看，一方面，村集体产业发展用地受限较多，体现在农业企业设施用地、农业开放综合体建设用地、农副产品加工厂房及乡村旅游接待设施用地等方面，并且用地审批程序和等待时间较长；另一方面，农村集体经济组织的管理人员对农村长远建设发展的把握不够，难以作出科学决策，也容易出现规划不到位的情况。

表1　2021年宁波市村级集体经济相关指标排名情况

序号	指标名称	宁波居省内名次	备注
1	村级集体经济总收入	第三位	不及杭州市和温州市
2	村级集体经济经营性收入	第四位	不及杭州市、温州市和湖州市
3	村级集体经济村均收入	第三位	不及杭州市和嘉兴市
4	村级集体经济总收入增幅	末位	全省唯一一个增幅不到20%的城市
5	村级集体经济经营性收入增幅	末位	比排名倒数第二的金华低10个百分点
6	村级集体经济生产性投入	第二位	2017—2021年共投入35.66亿元
7	村均生产性投入	第四位	村均生产性投入为26.62万元，是全省平均数的1.4倍，不到嘉兴的30%、杭州的50%，只有湖州的67%
8	公益性基础设施投入	第六位	村均公益性基础设施投入为77.87万元，只有衢州的22%、嘉兴的50%、湖州的60%、杭州的66%

三、关于宁波市进一步做强农村集体经济促进共同富裕的建议

（一）加强对新时代壮大农村集体经济重要性的认识

发展好农村集体经济是保障农民获取经济利益的重要路径，是提升农村生产水平的有效手段，有利于巩固党的领导、推动基层组织的完善和促进共同富裕。在新发展阶段，村集体经济承担着资产管理人、资产收益人、服务供给者和收益分配人等多重角色，具有一定的社会企业属性。为此，要对标"两个先行"的要求和共同富裕的方向，按照责权利相匹配的原则，进一步探索发展新型农村集体经济，不断加大城市反哺农村的力度。

（二）进一步推动村级资产确权赋权活权

按照可项目化与可持续运营的导向，进一步厘清村集体资源资产家底，整理出"产权清晰"的村集体资产，在确权的基础上赋权活权，推进农村闲置宅基

地、承包土地、集体经营性建设用地等资源资产盘活利用，深化农村集体产权交易，通过公开交易的方式，促进村级集体所有权权能价值转化，提升资产及资源的价值空间。要以简化流程、优化服务为目标，探索交易方式，完善确权登记、信息发布、交易办理、抵押融资等一系列工作体系，完善网上竞价系统。探索"财政资金变资产资本、资产资本变集体收入"的增收路径，支持村集体以财政资金、资产资源等入股。

（三）加大对相对薄弱村集体经济发展的扶持力度

目前，全市仍有 624 个行政村经营性收入在 30 万元以下，占总村数的 28.8%，建议瞄准经营性收入 30 万元以下的相对薄弱村，发挥财政资金的杠杆作用，突出产业项目推动，安排储备一批村级集体经济发展项目，降低或者取消辅助项目村级配套资金，实现保值增值。采取项目整合、财政资金统筹、贷款融资、招商引资等方式，分级建立村级集体经济发展基金和专项资金，协调工商、税务、自然资源等部门和金融机构，加大对村级集体经济发展项目的支持。

（四）引导和增强村庄自主发展活力

大力推进村庄经营，深入挖掘村级资源资产资金潜力，以自主开发、合资合作、投资入股、招商引资等形式，发展绿色经济、融合经济、物业服务经济等集体产业项目，实现村集体经营、租赁、分红等多渠道增收。支持村集体参与农业"标准地"建设，开展整村成片流转承包地服务。加快推广村庄经营、飞地抱团、强村公司等做法，建立完善集体经济项目库。支持村集体组合开发闲置农房和山林河塘等低效资源。支持有条件的村引进第三方团队，以委托、合作等方式，推进村庄市场化经营。

（五）加大对土地和人才等要素的保障力度

结合国土空间规划编制和"三区三线"划定，统筹布局农业农村发展用地；推进落实村级集体经济发展项目用地不少于当年新增建设用地计划指标的 3%，不低于被征收土地面积 5% 村级留用地政策，支持在保障农民利益和可持续性分红的前提下，推动土地流转经营。推进城乡建设用地增减挂钩，置换出的指标优先安排于农村各类经营项目，制定增减挂钩结余指标交易管理办法，土地增值收益返回村集体。持续支持人才回流和发展乡村，不断优化提升乡村引入和留人环境，支持大学生返乡创业。建设农村集体经济人才培训基地，加大农村集体经济人才培养力度。鼓励引导外出务工人员返乡创业，树立"服务家乡、发展自身"的理念。

宁波市乡村振兴促进中心　田佳琦　刘易作

宁波市社科院（市社科联）　吴伟强（整理）

（宁波市乡村振兴与城乡融合发展研究基地课题成果）

关于精准纾困全力稳住旅游业基本盘的建议

旅游业是宁波市打造东方滨海时尚之都、建设现代化滨海大都市的重要产业。持续的新冠疫情使旅游业在 2022 年遭遇的困境远甚于前两年，且企业规模越大处境越困难。今年以来，各级政府纷纷出台纾困政策，宁波市有必要更精准地对接企业纾困需求，进一步出台力度更大、针对性更强的旅游业纾困专项政策，以稳住旅游业基本盘。具体建议包括：提高旅游业输血政策"含金量"，促进旅游市场消费以增加企业收入，引导企业转型升级以增强竞争力、帮扶企业持续发展以提升抗风险能力。

2020 年初开始，持续的疫情给旅游业带来沉重打击，产业发展断崖式下降，旅游市场基本停滞，旅游企业面临前所未有的困难。自 2021 年 12 月宁波市镇海出现新冠疫情以来，疫情的反复和蔓延使旅游业雪上加霜。2020 年疫情初期制定的专项纾困政策红利已基本释放完毕，亟须政府出台助企纾困政策 2.0 版，加大力度帮助宁波市旅游业走出困境，并为疫后行业的复苏奠定坚实的基础。

一、持续的新冠疫情对宁波市旅游业的影响

宁波市旅游业主要包括旅游饭店、旅行社、旅游景区和民宿（农家乐）等四大支柱行业。疫情对宁波市旅游企业的主要影响分别介绍如下。

（一）旅游饭店

2021 年全市旅游星级饭店营业总收入比疫情发生前的 2019 年下降 27.06%，平均出租率下降 10%，平均房价下降 4.1%，可供出租客房收入下降 21.96%。2022 年新年伊始，全市旅游饭店业营业额就受到了疫情的巨大冲击。据宁波市饭店业协会统计，185 家会员饭店（企业）的营收损失近 3 亿元，各饭店营业收入断崖式下跌，不少饭店现金流已经耗尽，后续经营举步维艰，一些本地知名

饭店已经开始陆续关店。

（二）旅行社

2021年全市旅行社业接待国内游客16.58万人次，比2019年下降了34.91%；组织国内游客18.67万人次，比2019年同期下降了37.75%。同时，作为全市旅行社主要利润来源的出入境旅游全部为0。受疫情影响，从2021年11月份镇海疫情开始，全市旅行社营业极不正常，2022年1—4月全市旅行社总接待人次比2021年再下降六成。从总量上看，旅行社数量虽然没有减少，但以小型门店为主，年销售排位前十的旅行社的旅游业务大幅缩水，人才流失率超过四分之三。

（三）旅游景区

2021年全市A级旅游景区游客接待量相比2019年下降了2.37%，营业收入下降了1.13%，其中，门票收入下降了24.29%。2022年疫情防控形势严峻，"非必要不出门"已经成为常态。尽管旅游景区没有全面关停，但游客量大幅度减少，景区经营成本却没有降低，许多旅游景区开始入不敷出。

（四）民宿（农家乐）

2021年乡村旅游的游客总人数、过夜游客人数和乡村旅游经营总收入都超过了2019年水平，分别增长31.34%、11.95%和29.87%。但自2021年镇海出现疫情后，宁波市民宿（农家乐）开开停停，营业状态极不稳定。

二、旅游业主要纾困政策实施情况

新冠疫情发生以来，国家和省级政府共出台支持旅游企业的政策30多项，涉及住房公积金和企业社保减免、降低企业用电成本、企业贷款给予财政贴息、旅游服务质量保证金暂退等方面。为应对持续恶化的旅游业形势，2022年2月国家发展改革委等14个部门联合印发《关于促进服务业领域困难行业恢复发展的若干政策》，提出7条旅游业纾困扶持专门措施，并对交通、餐饮等涉旅行业出台了多条纾困扶持措施。2022年4月，宁波市政府办公厅印发《关于印发宁波市稳链纾困助企若干措施的通知》，提出4条文旅业纾困扶持措施，并对餐饮、零售、运输等涉旅行业出台了多条纾困扶持措施。浙江省其他城市如杭州、嘉兴、绍兴、金华、温州等也都于2022年出台了相关纾困政策。

通过对既有政策的内容梳理、浙江省内城市政策的横向比较与政策落地情况的跟踪调查，我们认为现有政策还存在如下问题：一是与省内其他城市相比，宁波的政策内容的"含金量"不高。如嘉兴市对文旅餐饮消费补助力度很大，2022年对品质旅行社给予6万元补助，对旅游饭店给予最高20万元的补助。二是一些纾困政策无法兑现、落实。在政策落地过程中，因为旅游企业的特质不符合税务、金融等部门的相关规定，很多旅游企业无法享受政府的纾困红利，如金融部门的授信低息纾困贷款，由于各种原因，能够得到贷款的旅游企业很少。三是输血式纾困政策无法从根本上解决旅游企业经营收入断崖式下跌的问题。疫情影响了消费端，打击了居民旅游消费信心，消费市场低迷萎缩，仅靠输血式纾困无法解决旅游企业的长期困难。因此，建议宁波市委、市政府从阶段实际及宁波市旅游业发展目标出发，尽早出台力度更大、针对性更强的旅游业纾困专项政策，稳住宁波市旅游业基本盘。

三、关于稳住旅游业基本盘的建议

建议市发改、财税、金融、文旅、大数据等部门，通过企业经营大数据进行研判，精准强化对旅游企业的扶持，从减、免、退、缓、补等方面，推出帮扶旅游企业措施，提高财政资金的使用绩效。对企业进行精细分类，动态管理，特别是对关系宁波市旅游业未来发展和社会稳定的旅游企业要加大帮扶力度。

（一）提高旅游业输血政策"含金量"

一是加大旅游企业财税支持力度。大力落实国务院常务会议精神，落实全额暂免征收2022年全市住宿餐饮业的房产税及城镇土地使用税政策。对经营困难的旅游企业在减税、减负、缓缴税款上给予重点落实，特别是对"已经进入ICU"的旅行社，执行增值税先征后退政策，以期在未来市场好转期能够部分"回血"。重点推进保险代替保证金试点，减轻企业负担。

二是着力解决旅游企业的"融资难"问题。针对旅游企业因现金流不足申请不到贷款等实际问题，根据旅游星级饭店、旅行社、景区等旅游企业信用等实际情况，将其直接纳入困难企业名录，降低信贷融资成本。针对民宿（农家乐）等小微旅游企业的实际困境，设立或统筹安排中小微企业纾困基金，对民宿（农家乐）贷款给予6个月的利息补贴；民宿（农家乐）贷款到期后应可直接续贷而不需要转贷。鼓励融资担保机构将民宿（农家乐）的贷款担保费降至1%以下。

三是降低旅游企业用工用房和能耗成本。旅游企业属于劳动密集型企业，用工成本是当前最大的负担，建议将允许其缓缴养老、失业和工伤等三项保险费的政策继续延长一年。对疫情期间坚守经营、保障市场正常供给的实体旅游经营企业，不仅要减免租用国有集体房屋饭店三个月租赁费，而且要对租用民营企业或个人房屋的大部分旅游企业进行房屋租赁费补贴，在水、电、气等能耗上享受民用供配价格，并允许困难企业在疫情影响期根据实际情况缓缴。

（二）促进旅游市场消费以增加企业收入

一是精准防疫提升信心。精准防疫有利于恢复旅游市场信心，应聚焦突出问题，加强线上旅游公共服务管理，通过推进智慧旅游系统建设提升企业数字化治理能力，统筹建立旅游业大数据信息共享平台，实现公共医疗系统、旅游业疫情突发预警系统和旅游业危机决策处理系统等公共管理体系的应急联动，提升旅游企业公共风险防控能力。在"科学精准、动态清零"前提下，主动作为，以变应变，全力以赴抓好疫情精准防控，恢复旅游业发展正常秩序。

二是激发旅游市场需求。前期基于市内旅游市场，定期发布基于风险层级建立的不同等级旅游风险清单，引导旅游产业发展。从防疫安全角度考虑，推动落实带薪休假，鼓励各级学校、教育机构在市内开展研学活动，工会疗休养原则上不出市。鼓励旅行社以"集中采购，分散消费"等方式提供疗休养服务，进一步扩大旅游消费券发放规模。鼓励各区（县、市）互送客源，促进宁波人游宁波。

三是鼓励政府购买旅游企业服务。根据《文化和旅游部办公厅关于抓好促进旅游业恢复发展纾困扶持政策贯彻落实工作的通知》，支持具备条件的旅游星级饭店、等级民宿、旅行社等旅游企业，在财政支出定额范围内为机关企事业单位提供住宿、会议、餐饮等服务。在做好疫情防控的条件下，鼓励各级党政机关、各企事业单位、社会团体组织工会活动、会展活动、商务活动等。

（三）引导企业转型升级以增强竞争力

一是发展数字化旅游业态。着力解决旅游消费"不能出门""不敢出门"以及都市人群时间碎片化越来越明显的问题，落实数字经济发展决策部署，鼓励旅游企业应用数字化技术开展线上旅游活动，引导旅游企业发挥优势，将线下资源数字化，大力发展数字新业态，通过"云旅游""云娱乐""云参展"和"云直销"等以互联网、人工智能、云计算、大数据等为代表的数字技术应用，赋能旅游企业高质量发展。

二是优化企业产品业态结构。推动传统旅游业态向科技旅游、文化旅游、康养旅游、研学旅游、生态旅游等融合业态转型，鼓励景区、酒店、旅行社、汽车租赁等行业跨界联合，不断优化产品结构，丰富产品体系，构建旅游企业高质量发展新动能，提高企业整体利润水平。

三是引导企业转变经营模式。鼓励旅游企业从本地和周边的旅游需求出发开发旅游产品新业态。推出系列措施推动旅游消费"线下""线上"齐头并进，加速智慧旅游布局，变"一次消费"为"多次消费"。

（四）帮扶企业持续发展以提升抗风险能力

一是积蓄好旅游人才。建议对稳就业旅游企业实施行业稳岗补贴政策，完善旅游从业人员职业技能等级认定制度，提升其职业荣誉感和归属感。制定并完善旅游人才认定制度，大力引进高级管理人才，培育本土创业团队和专业技能人才，大力引进多元业态经营人才团队，加强人才培训。同时，针对高校纷纷暂停旅游专业招生的情况，引导其利用文旅创新班等形式为社会培养旅游人才。

二是提升企业抗风险能力。设立专项扶持资金引导旅游企业集团化发展，建设资源共享、优势互补共同体，稀释旅游产业所遭遇的外部不确定性风险。帮助企业提升抗风险能力，支持旅游企业根据既有技术条件、要素规模和生产关系，制定企业自救方案，包括拓展融资渠道、调整产品结构、改变交易模式、强化宣传营销等，增强旅游企业组织的恢复力与韧性。

三是建立帮扶企业工作机制。设立企业纾困工作小组，并鼓励各区（县、市）旅游专班比照设立，完善企业帮扶工作机制和政策反馈机制，对纾困政策落实过程中出现的一些新问题进行集中讨论，协调解决，切不可久拖不决。

浙大宁波理工学院　张雪晶　李华敏
宁波市社科院（市社科联）　陈珊珊

宁波市加快打造现代化康养产业体系　推进"两个先行"的对策建议

　　党的二十大报告强调了健康中国、乡村振兴等国家战略，又提出"建设现代化产业体系""推动现代服务业同先进制造业、现代农业深度融合"。康养产业是现代化产业体系的重要部分，不仅涉及健康、文化、体育、养老、乡村旅游等服务业，还涉及三产融合发展，蕴含着拉动经济高质量发展的巨大潜力，应把康养产业作为宁波市未来重点产业加以培养。课题组通过调研走访、座谈交流，分析了宁波市康养产业发展具备的市场、资源、产业等优势，指出了宁波市康养产业存在的若干问题，并提出针对性建议。

一、宁波市康养产业发展的优势条件

（一）产业发展需求前景广阔

　　在疫情防控常态化背景下，市民健康、养生、养老的意识不断加强，康养需求的市场规模可观，康养消费的增长潜力不容忽视。一方面，宁波市康养人群呈年轻化趋势。2021 年宁波市第一医院、宁波市第二医院、宁波大学医学院附属医院等 8 家体检中心针对公务员体检的统计数据显示，血压异常、血糖升高或糖尿病、血脂异常、超重或肥胖、尿酸增高、幽门螺杆菌感染等慢性疾病的人群呈现年轻化趋势。以机关人员为例，诸如血脂异常，50 岁以下人群的发病率高达 46.64%，50 岁以上人群的发病率高达 58.32%。新年龄段的亚健康和慢性疾病防治管理越来越受到重视，带动了康养模式多元化发展，康养产业迎来发展机遇。另一方面，宁波市已进入深度老龄化阶段。截至 2021 年 6 月，全市 60 周岁及以上户籍老年人口达 161.83 万人，占比为 26.25%；全市纯老家庭老年人数占老年人口总数的 23.8%。从数据可以看出，宁波市进入了人口深度老龄化阶段，届时高龄老人持续增加，对健康、养生、养老服务的需求进一步扩大，康养产业将成为新的经济增长点。

（二）产业特色资源优势突出

宁波市发展康养产业既具备气候、森林、温泉、海洋等自然资源优势，也聚集了历史、文化、中医药、体育等其他资源优势，先后开发了一批集特色资源、业态融合、模式创新于一体的重大康养项目，包括杭州湾康养小镇、奉化区溪口大爱书院小镇、镇海区九龙康养中心、慈溪市云汇堂康养小镇、象山县北黄金海岸数字康养中心、宁海县"大庄山谷·乡根一叶"等。例如，宁海县打造梅下湖联盟，以葛洪养生文化、慈孝文化为内核，以艾草等特色中药食材为特色，推出养生餐、养生拳、中医理疗、中医保健等项目，打造养生旅居康养产业。象山县打造北黄金海岸数字康养中心，引进高端医疗设备及优质医疗资源，打造精准医疗服务高地。

（三）制造产业基础优势明显

一是康养药品制造产业优势明显。宁波市目前拥有以康龙化成、美康生物、美诺华、艾美卫信等为代表的一批单项冠军企业和发展潜力较大的生物医药重点企业，打造了从化药和生物药研发、原料药配套到生产制造的全产业链。

二是康养医疗设施设备制造产业优势明显。医疗设备设施属于我国重点发展的高端装备范畴，宁波市已具备一定的产业规模，美康生物、瑞源生物、康达洲际、鑫高益医疗、戴维医疗等企业生产的体外诊断试剂、核磁共振仪、婴儿保育箱等特色产品，在全国占有一定的市场份额。以美康生物、瑞源生物为代表的体外诊断试剂生产企业，在浙江省处于领先地位；鑫高益医疗的开放式永磁型磁共振设备占据了国内 40% 左右的市场份额，出口到 10 多个国家。

三是康养运动健身器材制造产业优势明显。立玄运动、赛诺威、秉航科技、天旗科技、川浪实业等体育用品制造企业和户外用品企业发展迅猛。目前，宁海深甽镇成为全国最大的运动杖生产基地。

在其他领域，例如康养智能设备制造领域，宁波市已经有企业涉足，如摩根智能、科强智能、瑞格智能、银久智能等，其产品的适老化功能和远程数据交互技术在国内同类产品中处于领先水平。

二、宁波市康养产业存在的主要问题

（一）康养产业顶层设计有待加强

宁波市康养产业发展仍处于探索阶段，康养产业政策工具如目标规划、金融支持、服务体系、标准设计、组织实施、税收优惠、法规管制等缺乏明确的操作细则，对康养产业的方向指引和政策鼓励往往成为一种口号式的宣传，使得康养产业发展后劲不足。同时，康养产业政策法规的推出往往滞后于产业发展，其作用发挥有限。此外，细分产业的具体管理办法和措施也有待完善，如在中医药健康产业方面，有关中药、理疗等的科学性、规范性评价没有统一标准，致使中医药产业发展受限。

（二）康养产业协作机制尚未健全

康养产业是一种多元化产业，产业链长，涵盖诸多业态，涉及食品、旅游、教育、医疗、体育以及医疗设备制造等方面。但是，目前宁波市康养资源开发仍处于初级探索阶段，农业、文化产业、制造业等领域的康养企业比较分散且缺乏引导，例如，康养器械和医药制造产业相关企业专注于单个细分产品和细分市场，与康养服务业之间协同发展和资源共享不足。

（三）康养产业社会资本参与不足

在宁波市康养产业发展中，国有企业、地产、保险和文旅等行业的头部集团进军康养领域最积极。它们也是目前康养产业的主要资本来源。且大多数民营企业小而分散，未形成规模效应。但是，对于投入成本高、回报周期长、产业链条长的复合型产业，单靠国有企业和少数头部集团的参与还远远不够，需要进一步整合社会资本。此外，宁波市康养产业有效金融供给不足，产业投资基金缺失，专业化运作水平不足。企业多依赖银行贷款进行融资，融资渠道较为单一，商业保险资金投入康养产业的布局尚未建立，保险资金利用较为不足。

（四）康养产业人才需求无法满足

在医疗领域，康养医疗人才总量不足、学科带头人缺乏，大医院高端专科人才引进仍然较难，部分医院中高端人才流失严重；在旅游领域，旅游人才存在"引不进、留不住、用不好"等问题，高层次旅游经营、管理人才和专业规划、营销人才短缺。此外，康养产业其他领域的人才供给也严重不足，康复医师、治疗师、社区综合康复人员等远不能满足现实需求，目前宁波市没有一所针对康养产业的专业学院，仅有部分高校设立养老或老年照护专业。

三、关于宁波市加快打造现代化康养产业体系的建议

（一）加强高质量发展顶层设计

一是强化组织领导。由市发展和改革委牵头，市经信局、市民政局、市农业农村局、市商务局、市文化广电旅游局、市体育局等部门参与，研究宁波市康养产业生态圈，统筹规划、项目、土地和招商资源，整体谋划康养产业高质量发展，协调推进全市康养产业集群培育"一盘棋"。

二是加大政策扶持。整合优化现有各项政策扶持体制机制，研究制定康养产业扶持政策，对康养战略研究、康养项目合作、康养人才培养、招商引资服务、标准推广升级、康养会议举办、土地指标等方面予以支持，对康养企业在财政补贴、税收返还、厂房租金减免等方面给予优惠，支持康养产业发展，创新推出康养企业培育库方案。

三是支持标准制定。制定出台《加快推进康养产业标准化工作的实施方案》，扩大户外运动、历史文化、特色美食、中医健康、旅游景区等细分产业的标准应用，提高康养标准影响力，支持行业领先企业主导或参与各类标准制定（修订）。

四是加强要素保障。合理安排医疗设施、养老设施、体育设施等符合规划的重大康养产业项目的规划布局，推动用地指标向培育库企业集中配置，推动土地弹性出让制度，降低培育企业用地成本，加快项目顺利落地。

（二）健全链条化产业协作机制

一是突出场景应用，促进康养服务业创新发展。鼓励企业基于特定服务场景开展应用创新，例如机构养老场景、亚健康疗愈场景等，使康养服务业从医疗护理管理链逐步转型为健康消费服务链，将康养、养老、医药、体育、文旅等多元化功能融为一体，加快发展健康养老服务产业，特色发展康养旅游产业，培育发展运动康复产业，形成现代化产业协作生态圈。

二是加快技术突破，推进康养制造业迭代升级。进一步提升行业集中度，鼓励本地的康养药品、康养器械、康养智能设备等制造企业通过收购、兼并、控股等方式开展横向、纵向、混合产业并购整合，积极向上或向下延伸产业链条。与全市各大康养小镇、产业基地等合作建立供需对接机制，抓住前端研发

和后端产业化两个关键环节，强化创新链、产业链协同，构建科技成果从研发、中试、市场化导入到产业化的创新链条。

三是挖掘特色潜力，壮大康养农业。加强农产品、中药材、农村观光度假旅游等项目研发，依托农业示范园、农业产业园、田园综合体、农业特色小镇、"浙八味"种植示范基地、特色中药材产业园等，促进第一、二、三产业深度融合。充分挖掘鸣鹤古镇、药行街、慈城古县城等中医药资源，加快在鄞州区、海曙区、余姚市和象山县等地谋划建设融中医药产业生产、制造、研发与旅游、康养于一体的康养基地。

（三）推动多元化社会资本参与

一是加大项目引导。以项目为抓手，以西部山林康养旅游产业带、东部海湾运动休闲产业带为重点，升级旅游度假区，重点建设康养功能区，加快推动特色康养小镇、康养消费品产业园、康养产业基地、农业康养园等项目。充分发挥宁波市在先进制造业和现代服务业等方面的优势，提升招商引资服务水平。采用"以投带引""资本招商"等模式，合理运用政府资本杠杆，撬动产业发展，吸引中小企业参与投资，促进多元资本融合发展。

二是加强主体培育。加大康养产业领军企业培育扶持力度，在医疗医药、健康产品、康旅健身等领域，每年认定一批带动作用强的康养骨干企业，实施康养产业供给侧结构性改革，推动康养企业兼并重组，进一步发挥企业龙头作用。通过项目招商、合作开发等多种方式，积极引进国内一流康养企业，带动其他中小企业的引进以及本地企业的发展。

三是拓宽投融资渠道。鼓励金融机构探索适合康养产业特别是医疗、养老等健康服务业的信贷产品和贷款模式，探索扩大康养企业收益权质押贷款的适用范围，完善康养产业金融生态系统，为康养产业发展提供有效的金融支持。

（四）完善产业人才供给体系

一是完善产业链人才培养机制。根据宁波市人才引进计划、人才安居政策等，针对康复、护理、健康管理、老年服务与管理等领域的专业人才，创新人才工作举措，完善人才培养机制，提升人才服务水平。

二是加快产业学院发展。加快成立康养现代化产业专业学院，推动普通高校、职业院校（含技工院校）增设相关专业和课程，例如开设"绿色康养经济管理""乡村旅游管理"等课程。

三是搭建"产学研"合作平台。发挥政府、高校、企业各方优势,结合市场需求和产业发展需求,探索康养产品研发、康养相关产业拓展延伸、技术升级等,促进康养产业职业教育提档升级,为康养产业提供实用型、技能型的专业人才。

宁波市社科院(市社科联) 邵一琼

宁波市"一带一路"职业教育研究基地 王　琪

宁波卫生职业技术学院 孙统达

三

文化传承与发展

关于打造地方特色文化研究高地和传播、体验、展示、转化中心的探索与思考

——以阳明文化为例

宁波市第十四次党代会报告提出，要"挖掘弘扬海丝文化、阳明文化、藏书文化、商帮文化、慈孝文化等优秀浙东地域文化"。为助力宁波打造新时代文化高地，提高宁波市地方特色文化的知名度、辨识度、影响力，本文以阳明文化为例，建议开展"一个高地"（研究高地）、"四个中心"（文化传播、体验、展示和转化中心）建设，探索宁波地域特色文化的落地与弘扬，从而进一步推动宁波港产城文融合发展。

为促进文化力更好转化为生产力，充分发挥文化对高质量发展的支点作用，建议就宁波市将重点打造的地方特色文化，分别开展"一个高地"（研究高地）、"四个中心"（文化传播、体验、展示和转化中心）建设。试以阳明文化为例展开论述。

一、"一个高地"：打造阳明文化研究高地

着力加强阳明研究人才队伍建设，整合各类研究资源，形成以学者为中心的学术共同体和研究高地，推出一批在学界、政界和普罗大众中有含金量、知名度和影响力的阳明文化传世力作。

在人才队伍建设方面，重点建设和发挥好三支队伍的作用：一是依托宁波

市王阳明研究院，大力引进一批阳明研究领军人物，凝聚形成宁波市阳明研究核心团队，发挥引领作用；二是整合宁波大学、浙江万里学院、浙大宁波理工学院、宁波财经学院等高校的阳明研究资源，培育一批、提升一批阳明研究本土专家学者，壮大形成宁波市阳明研究的支撑力量，发挥生力军作用；三是进一步发挥区（县、市）社科联尤其是余姚市社科联的作用，在加强自身研究力量的同时，借智借力，加强与海内外阳明文化研究力量及与本市王阳明文化研究促进会等相关学术团体的合作与交流，使其成为宁波市阳明学研究的重要补充力量。

在研究成果方面，主要形成三大类成果：一是学术类，推进阳明研究纵向深耕，形成一批能填补国内外阳明学研究领域空白、代表国内外阳明学研究最高水准、得到学界广泛认可的学术精品；二是资政类，推进阳明学研究横向拓展，推出一批以王阳明为政、为官、治国理政思想为主题，有较高实践价值的应用型研究成果；三是社科普及类，产出一批群众接受度高、传播面广，能有效扩大王阳明大众认知度和影响力的社科普及作品。

二、"四个中心"：打造传播、展示、体验和转化四大中心

（一）打造阳明文化传播中心

一是强化阳明品牌塑造。从战略层面认识与重视阳明文化品牌的价值，围绕阳明文化创设品牌名称、品牌标识，强化余姚作为"阳明故里、心学圣地"的城市品牌，策划系列品牌宣传口号。创设"阳明文化"标识，面向全球征集并确定品牌标识，通过对阳明文化符号化的表达，增强对阳明文化的形象认知。

二是搭建阳明文化传播平台。以"姚江书院"为基地，整合原有"国际阳明学研究中心"，建设国际阳明文化研究中心。充分发挥中国历史研究院等机构的作用，加快推动宁波本土研究机构、高等院校的合作，联合贵州、江西、日本、韩国等国内外的阳明文化研究机构，共同组建阳明文化传承创新中心和人文社科重点研究基地。继续组织举办"阳明文化周"活动，扩大"阳明文化周"活动的影响力与号召力。在丰富各类传播平台的同时，要推进分层化传播，根据不同受众群体形成面向宁波、全国、东亚、全球等不同层级的传播圈。

三是创新传播渠道与方式。综合运用传统、平面媒体传播与网络、新锐媒体传播相融合的新颖宣传方式，多维度地发布和传播阳明文化品牌。构建余姚

"阳明故里、心学圣地"品牌主题网站，进行网络营销；建设"阳明文化"微信、微博、手机 App 营销推广平台，开展新媒体营销；结合阳明重大学术活动和节庆活动，利用全国网络主流媒体，集中时段、集中力量，全方位、立体式开展报道宣传。

（二）打造阳明文化展示中心

硬件层面，一是高规格重建姚江书院，高水平谋划阳明纪念馆，将其打造成为阳明文化展示的主要阵地；二是持续改造提升王阳明故居，不断充实、优化展览展示功能及内容；三是做好龙泉山阳明文化遗存和遗迹的保护和开发，再现王阳明在此生活、讲学的历史场景。

软件层面，推进阳明文化大数据创新，如开启数字化景区建设，实现阳明纪念馆、阳明故居的数字化展览，阳明古镇的 AR、VR 游览；建设数字阳明文化史料中心，收集整理阳明文化相关的古籍、诗画、研究报告等资料，开发建设国际化、数字化阳明文化文献共享数据库，实现文献快速查询、在线阅读。

（三）打造阳明文化体验中心

依托姚江书院或王阳明文化研究促进会、宁波阳明文化研习基地等机构，常态化组织和开展阳明文化体验活动。可针对不同人群，开发不同的文化体验产品。如针对企业家和企业员工，成立以阳明心学为核心的学习型组织，开办"阳明心学高级研修班"，设置心学相关课程；针对国学爱好者，开展阳明主题的文旅实践活动，开设阳明文化特色旅游专线，定期推出宁波市内、浙江省内、浙江省内到省外的阳明心学研修游、体验游，开展重走阳明之路、悟心学智慧的深度文化之旅；针对中小学学生，推进阳明文化进校园，开展"教育传习"活动，举办王阳明专题讲座和论坛，与教育局合作研发"知行合一"短途研学线路等。

（四）打造阳明文化转化中心

深入发掘、传承、保护和利用阳明文化资源，加快阳明文化的资源转化，让阳明文化从"潜文化"转为"显文化"。

一是建设阳明文化创意综合体。以余姚为主体，融合市内的阳明故居、阳明讲学地、阳明交游地等历史遗迹，深化"阳明古镇"建设，以阳明文化挖掘与营造为主要脉络，以旅游和景区开发为空间载体，融合文旅、商业、研学、文创四大功能，形成一批省内领先、全国著名的阳明文化创意综合体。

二是开发阳明系列文创产品。按照政府引导与市场化相结合原则，推动文化企业形成产业链条，在创意、设计、生产、营销等产业链条上生产系列以阳明文化标识为内涵的文化产品。建立阳明文化 IP 创作题材库，开展以阳明文化为主题的电影、电视剧、网络剧、栏目剧、纪录片、微电影、短视频等影视内容及衍生产品创作，鼓励创作一批歌剧、交响乐、舞剧、广播剧等艺术作品，推动阳明文化通俗化表达。

三是建设阳明文化旅游圈。以王阳明在家乡的活动踪迹为线索，广泛联合、整合宁波大市区域内的阳明文化资源，打造以心学圣城感悟为核心，以四明山王阳明游学与当前乡村振兴、美丽乡村生态养生为支持，辐射全域、情节完整、内容丰富、组合性强、旅游吸引力大的"阳明文化旅游圈"。

宁波市社科院（市社科联） 傅　晓　陈建祥　张　英　陈珊珊

推进宁波地方优秀文化转化研究

党的十八大以来，以习近平同志为核心的党中央将中华优秀传统文化的"双创"摆在突出位置。地方优秀文化是中华文化不可分割的重要组成部分，也应将"双创"方针作为区域文化建设的根本遵循。2021 年浙江省委文化工作会议提出，要建设一批重大文化地标，擦亮浙江历史文化金名片。2022 年宁波市第十四次党代会报告旗帜鲜明地提出要"挖掘弘扬海丝文化、阳明文化、藏书文化、商帮文化、慈孝文化等优秀浙东地域文化"。必须深入贯彻中央和省市精神，系统研究梳理地方文化资源，加大保护和转化力度，强化文化赋能，助推宁波市独具魅力的文化强市和新时代文化高地建设。

宁波历史悠久，文化底蕴深厚。以河姆渡文化、姚江句章故城、三江口州府级中心城市等一系列代表性历史文化遗存为依据，宁波是拥有 8000 年人类活动史、2500 年港口发展史、1200 年中心城市建设史的国家历史文化名城。经历几千年的发生、传承与发展，宁波形成了以海丝文化、阳明文化、藏书文化、商帮文化、慈孝文化等为主体，史前文化、浙东文化、宋韵文化、红色文化等多种文化有机融合的独特地方优秀文化。它们是宁波突出城市个性、彰显独特城市形象的先决条件，是发展文化产业、繁荣文化事业的基础，也是培育竞争优势、提升城市软实力的前提。

一、宁波地方优秀文化转化利用的现状

（一）文化研究阐发持续开展

对地方文化的梳理挖掘和研究阐发，是转化利用的基石。近 20 年来，宁波坚持文化大市、文化强市的总体目标，组织市内外专家学者围绕宁波文化传承脉络梳理、地域优秀文化阐述等开展一系列研究，取得明显成效。主要依托

的标志性平台是宁波市文化研究工程。2005 年，宁波市成立由市委书记领衔的市文化研究工程指导委员会，作为宁波市文化研究工程项目实施的领导机构。2006 年，正式设立宁波市文化研究工程。截至 2021 年底，宁波文化研究工程共投入经费约 1300 万元，围绕宁波当代发展、宁波历史文化、宁波名人和宁波历史文献整理，即"今、古、人、文"四大板块展开了系列研究。截至 2022 年，已经出版专著 141 部。其中，专门史系列研究成果包括《南宋宁波文化史》《元代宁波文化史》《浙东心学史》等，历史文献整理系列研究成果包括《宁波灵桥史料选辑》《邵廷采全集》等，非物质文化遗产保护系列研究成果包括《奉化布龙文化研究》《宁波泥金彩漆工艺及其开发保护研究》等，名人研究成果包括《浙东诗学巨子——李邺嗣研究》等，名人家族研究成果包括《史氏家族》等，特色文化研究成果包括《宁波近代商帮的变迁》《宁波地名文化》《宁波服饰文化》等。

此外，市政协、市方志办、市文广旅局以及宁波高校充分发挥自身资源、人才等优势，积极开展地方文化研究。如市政协组织出版"宁波帮"系列丛书，成为弘扬"宁波帮"文化的主要组织部门；市文化广电新闻出版局编写了"甬上风物——宁波市非物质文化遗产田野调查""甬上风华——宁波市非物质文化遗产大观"等丛书，对区域非物质文化遗产进行了系统整理。

（二）文化展陈体验逐步丰富

一是优势文化资源的遗存普查和保护工作有序开展。宁波市现有世界文化遗产 1 项（中国大运河），进入中国世界遗产申报名单 2 项（海上丝绸之路、上林湖越窑遗址）。截至 2020 年底，拥有国家级文保单位 33 处、省级 87 处。宁波被誉为古丝绸之路"活化石"，遗产资源数量和质量位居国家历史文化名城前列和计划单列市首位。通过世界文化遗产申报工作，大运河文化带、诗路文化带保护传承利用工作，天一阁·月湖景区 5A 级景区创建工作和天一阁博物院扩建工程等重大文化项目的带动，海丝文化、运河文化、藏书文化等优势文化资源的遗迹遗存得到较为全面的梳理和妥善保护。

二是各类文博单位的地域特色文化展陈能力有所提高。全市共有一级博物馆 3 家，各类博物馆、纪念馆、陈列馆 78 家。它们在收藏、保护、研究及展示传播地方优秀文化方面发挥了重要作用。宁波博物院除常设的宁波史迹陈列、宁波民俗风物展厅，还经常举办地方文化专题特展。例如，在鼓楼地铁站甬城惠客厅创新性地举办"'海上丝绸之路'的活化石——宁波"主题展览；于 2021 年举办"汇流——宁波建城 1200 周年特展"等。宁波市还发展形成了宁波帮博物馆、宁波服装博物馆、紫林坊艺术馆、宁波金银彩绣艺术馆等一批专题文化展示陈列场馆。

三是非遗的活化利用意识日渐增强。全市共有国家级非遗代表性项目 25 项、省级 96 项，建立起了完善的非遗四级名录体系和"三位一体"保护模式，拥有市级非遗"三位一体"294 个，开放各类非遗博物馆（展示馆）72 家。打造了"温故""阿拉非遗汇"等知名非遗活化利用品牌，"阿拉非遗汇"以非遗项目的展演展示、互动体验、研学及产品展销为主要形式，至今已成功举办多届。

（三）文化传播影响力有所提升

一是重大主题活动带动。依托东亚文化之都、东方文明之都、"文化宁波 2020"建设，宁波地方优秀文化不管是在本地全媒体平台还是在市外主流媒体平台，宣传推介力度和曝光度都有所提升。连续举办了多届阳明文化周、"海上丝绸之路文化周"、中国（象山）开渔节、中国徐霞客开游节、中国宁波国际港口文化节等大型文化节庆活动，带动了区域特色文化的传承和发展。

二是重要交流平台助推。2017 年，宁波市政府与文旅部共建保加利亚索菲亚中国文化中心，推动了中国文化和宁波特色地方文化在保加利亚及中东欧地区的传播。充分利用宁波友好城市博物馆联盟、图书馆友好交流机制、友好城市等重要平台，推动地方优秀文化"走出去"。"十三五"期间，宁波文化交流团先后赴 20 多个国家和地区演出。

三是新技术、新应用支撑。"文脉传承"是宁波市数字文化改革领域五条跑道之一。自 2005 年至今，宁波陆续建起宁波文化遗产网、宁波市不可移动文物记录档案数据库、宁波市文物保护项目数据库、宁波市文物基础信息数据库等，文化遗产管理保护数字化工作走在全省全国前列。文化资源、文化场馆的数字化建设也开始起步，如实施天一阁古籍数字化工程，已实现 3 万册古籍善本的数字化。其中，2000 册古籍实现全文数字化，并建成古籍数字化服务平台，供民众浏览查阅。

（四）文化资源产业开发初见成效

一是文化旅游开发。近年来宁波挖掘"运河 + 海丝"文化内涵，梳理以"海丝文化、海湾风情、海天佛国、海鲜美味"为特色的"四海"文旅资源，着力打响"顺着运河来看海"口号，致力打造以"海丝古港、微笑宁波"为主题形象的"运河＋海丝"长三角文化旅游带和国际性休闲旅游目的地。在市、区（县、市）两级推动下，大运河文化带、诗路文化带建设取得阶段性成果。培育形成一批示范文旅IP，诗路文化带、宁波鼓楼沿、神奇布袋小子、青瓷瓯乐、象山影视城入选省文旅IP培育名单，静城宁海入选省文旅IP示范名单。

二是文化精品创作。宁波市深入实施文艺精品工程，从地方优秀文化中汲取养分，推出了不少反映宁波文化、体现宁波特色、彰显宁波精神的精品力作。如宁波演艺集团创排形成舞剧《十里红妆》、音乐剧《告诉海》和歌剧《红帮裁缝》《呦呦鹿鸣》等一批荣获全国"五个一工程"奖的文化精品；宁波影视艺术有限责任公司出品了首部宁波帮题材电视剧《向东是大海》、王阳明传记剧《阳明传》等一批优秀影视剧。《十里红妆》《向东是大海》等也经受住了市场的检验，获得了较高的票房和收视率。

三是文创产品开发。2016年以来，宁波博物院、宁波图书馆、宁波美术馆、天一阁博物院相继被列入国家、浙江省文创产品开发试点单位。上述单位植根地方优秀文化，依托馆藏资源、馆舍建筑，融入创意设计等元素，经过6年的努力，开发出"十里红妆"系列、"甬图"系列、《进士登科录》笔记本等700余种文创产品。一些市场主体也参与了文创产品开发，如宁波艾迪创意、意佳文化、文器库共同研发了宁波"小知"系列文创衍生品。

二、宁波优秀地方文化转化利用存在的问题

（一）文化研究不够系统深入

一是地方文化研究成果主题分散，缺少规模大、成体系、能代表宁波历史文化研究最高水平的系统性、集成性研究成果。省内许多城市在地方文化研究方面已经硕果累累，如杭州市的"西湖丛书"［由《西湖通史》（上、中、下）3册、《西湖全书》50册、《西湖文献集成》30册构成］、金华市的"重修金华丛书"（200册），温州市的"温州文献丛书"（4辑40部48册），宁波则相对落后。

二是地方文化研究成果精品力作少，已发表或出版的获得过省哲社优秀成果奖等高等级奖项、具有较大学术影响力的研究成果仍然偏少。

三是文化研究力量较弱。在甬高校作为地方文化研究的主要依托力量，不仅无哲学学科，汉语言文学、历史学等学科的研究人员也较少，高层次研究人员以及青年研究人才紧缺。

四是研究经费不足。近年来，宁波市财政下拨的文化研究工程项目经费逐年减少，由原先的每年约 140 万元缩减到 2021 年的 60 万元，虽然 2022 年又增加到了 280 万元，但与绍兴文化研究工程平均每年预算不低于 500 万元、5 年达到 3000 万元相比，不在同一量级。

（二）文化品牌塑造不够有力

一是重点打造的文化品牌不明晰。综观宁波市各阶段城市文化发展战略，不论是"文化大市""文化强市"还是"新时代文化高地"，都较为笼统，在文化发展的差异化、个性化上稍显逊色。宁波市地方文化类型丰富，各部门对于应该重点打造的优势文化资源没有达成共识，导致文化建设主攻方向不明确、重点不突出，文化投入不集中。宁波市第十四次党代会报告提出打造"海丝文化、阳明文化、藏书文化、商帮文化、慈孝文化" 5 张文化名片，但没有提出具体的途径与措施。

二是地方特色文化的内涵和价值挖掘不够深入。对地方特色文化开发利用不充分、不深入，存在"重形式轻内涵"等问题，以宁波"三江六岸"开发为例，宁波市自 21 世纪初就提出了"三江百里文化长廊"的概念，2015 年市规划局又编制了《宁波市三江六岸拓展提升总体规划》，实施"三江六岸"拓展提升工程，但对三江沿岸文化资源始终没有从"点、线、面"上进行系统梳理和通盘谋划。"百里三江文化长廊"缺少完整的文化感知线索，"三江夜游"以自然景观和城市夜景为主要卖点，文化内涵注入不足。

三是特色文化空间不完整。主要表现为：缺少有个性、有特色、易传播的城市文化地标；地域文化元素在城市公共空间中的体现较少；大规模的旧城改造使老城水系、街巷格局消失过快，历史文化空间支离破碎，缺少完整性、原真性；现代文化空间的构建因没有主题文化系统的统摄而缺乏整体性与独特性。

（三）文化产业开发不成规模

根据中国传媒大学《中国城市文化竞争力研究报告（2017）》，宁波的"文化禀赋要素"得分在 5 项一级指标中数值最高，在副省级城市中排名第三。但与之形成鲜明对比的是，宁波的文化资源转化程度不高，文化生产能力较弱，"文化生产要素"得分仅 17.11 分，在副省级城市中排名靠后，且远低于全国城市平均水平（26.13 分）。地域文化的产业开发弱表现在两方面：

一是文旅深度融合不够，融合层次不高。文旅融合的领域比较单一，地方优秀文化还没有有效转化为支撑旅游发展的核心要素。宁波市重点打造的"海丝古港 微笑宁波"文旅品牌待优化，港产城文互动不足，缺少现象级的文旅产品和文旅线路。

二是地域文化在文化内容产业发展中贡献度低。宁波市的文化产业规模不大（按浙江省统计口径，2019 年增加值为 599.25 亿元），产业结构待优化。内容服务业在整个文化产业中的比重一直低于 40%，积弱不振的情况多年来没有得到改变。而且，地方文化元素在现有内容创作生产中体现得不够广泛，相关创意设计与制造业的融合缺乏深度，本土文创产品产值较低。宁波市拥有得力、贝发、广博等一批行业领先的文创科技企业，但宁波文化元素在其文创产品中的融入程度不高。

（四）民众的主体作用发挥不够充分

一是民众的地方文化自信不够。民众对宁波深厚的文化底蕴、对国家历史文化名城的身份、对当代城市文化建设的成果缺乏认知，对本地文化的认同感、归属感以及自豪感不足。

二是多元主体参与文化共建的积极性不高。地方优秀文化的开发、转化、利用，仍主要依靠政府相关部门开展工作，公众的参与意识、参与意愿和能力都较为薄弱。如文艺精品创作的主体还局限在国有文化单位。随着小红书、抖音等短视频平台的兴起，在西安、长沙等一些网红城市，市民已成为宣传推广地方优秀文化和城市形象的生力军，但宁波市短视频创作者的数量和粉丝量级都不太理想。

三是文化资源和文化发展成果的共享性不强。地方文化的可感受性、可参与性、可体验性有待提升，一些文化遗产的活化程度不够，一些文艺作品完全与市场脱钩，一些文化活动参与者寥寥，民众没有充分享受到文化发展成果。如饱受诟病的"参观天一阁看不到古籍"的问题至今没有解决。

三、推进宁波地方优秀文化转化利用的对策

为促进地方优秀文化更好转化为生产力，充分发挥文化对高质量发展的支点作用，建议做好"五篇文章"，即研究、传播、体验、展示和转化（见表 1）。对于宁波市要重点打造的文化名片，如海丝文化、阳明文化等可分别开展"一高地（研究中心）、四中心（传播、展示、体验和转化中心）"建设。

表1 推进宁波地方优秀文化转化利用建议项目清单

序号	项目序列	项目名称	项目内容
1	研究	文化研究2.0工程	以"今古人文"为纲，形成包含"新时代文化高地研究""阳明文化研究""海丝文化研究""书香文化研究""宁波帮研究""浙东学术文化研究"等在内的十二大标志性成果，统筹推进宁波地域文化的系统性构建
2		文化名家引育工程	实施文化领域海外引才计划、高层次人才特殊支持计划，并优先考虑纳入"泛3315计划"。推动甬籍文化名家回归。引导各类研究机构、高校等加强对文化研究领域青年人才的培育
3	传播	文化节庆提亮工程	加快整合现有节庆资源，打造和强化具有鲜明城市文化个性的大型节庆文化品牌。立足地方特色，进一步做大做强海丝文旅博览会、国际港口文化节、宁波读书月等。促进市域统筹，进一步提升象山开渔节、宁海开游节、余姚阳明文化节等节庆活动的举办规格
4		宁波文化海外传播工程	以中国—中东欧经贸合作示范区建设为契机，使宁波成为中国与中东欧国家文化交流合作的重要门户；以"东亚文化之都"活动、对外友好城市交流为桥梁，使宁波成为亚太文化交流中心。高水平建设索菲亚中国文化中心。积极申办有影响力的国际性文化交流、节庆活动
5	展示	文化地标建设工程	高水平推进天一阁博物院南馆、宁波市史前文物保护研究中心、河海博物馆、宁波非遗馆建设。谋划与重点文化名片相对应的主题文化地标。优化地方特色文化空间布局，构建宋韵文化"三圈三带多节点"、大运河文化"一脉三片多组团多线路"等整体空间架构
6		优秀建筑、名人故居、遗址遗迹标识工程	对散落各处的历史建筑、名人故居、遗址遗迹进行分类梳理、研究、修缮、统一标识并对外展示。结合全域国土空间整治，把地方优秀文化元素全面渗透进去，从整体上提升宁波文化辨识度
7		宁波地方文化数据库建设工程	制定统一采集标准，建设地方文化数据标识关联系统。汇集整合现有地方文化数据资源，新建阳明文化、浙东文化、"宁波帮"文化、宋韵文化等各种文化类型子数据库。建设地方文化研究成果数据库
8	体验	文化场馆数字化工程	加强智慧博物馆、智慧文化馆、智慧非遗馆等建设，谋划一批"互联网＋展陈体验"的展馆数字化示范项目，积极发展云展览、云阅读、云视听、云体验

续表

序号	项目序列	项目名称	项目内容
9	转化	标志性文旅线路打造工程	重点打造的每张文化名片形成1条以上特色鲜明、市场认可的标志性文旅精品线路。做实、做特、做亮大运河—海上丝绸之路文化旅游带、诗路文化带、三江文化长廊、翠屏山文旅融合区、北纬30° 最美海岸带等文化带、文化廊道和文化功能区
10		非遗产业化工程	加强对传承性保护和生产性保护类别非遗代表性项目的产业开发。积极建设非遗产业园区、主题街区、民俗村落、非遗特色小镇等非遗展示载体，吸引非遗业态集聚，大力发展文化创意产业

（一）聚力打造地方优秀文化研究高地

一是实施文化研究 2.0 工程。统筹推进宁波地方文化的系统性构建，在阳明文化、海丝文化、藏书文化、甬商文化等宁波市主打的文化名片研究上形成若干标志性成果，推出一批具有较大的学术影响力和社会影响力、获得人文社科领域高层次科研奖励的精品力作，谋划一批有标识度的文化项目。加大对文化研究工程的财政投入力度，切实增加可资助项目数量，提高单项资助经费水平，提升成果质量。推动宁波地方文献总集《四明文库》的编纂出版工作，为国内外文化圈更加深入地了解宁波、研究宁波提供丰富、完整的史料。

二是加大国内外文化名家、文化研究高端人才引进力度，并优先考虑纳入"泛 3315 计划"。加强对文化研究领域青年人才的培育，在宁波市理论人才"三十人工程"、"领军拔尖人才"等人才工程中给予倾斜。以领军人物为带动，凝聚形成阳明文化、海丝文化等若干研究核心团队。

三是整合全市文化研究资源。加强相关高校、各类文化研究机构、学术团体和政府相关部门之间的联动，在文化学术研究和交流方面开展合作，在文化重大课题研究、重要学术活动、重点人才建设等方面相互支持。

（二）不断加大地方优秀文化的传播力度

一是树立文化传播的品牌意识。建立明晰的文化发展战略，突出个性化和差异化，并以此为依据，从市级层面明确要重点打造的文化品牌。文化品牌不宜过多，但要聚焦集中，分清主次。宁波"书藏古今　港通天下"的城市宣传口号深入人心，建议文化传播同样以"书"和"港/海"作为核心主题。做强城市文化营销，引入专业的品牌战略公司，对城市文化品牌进行整体性包装和推广。

二是做强传播内容。改变宏大、枯燥的叙事方式，建设具有宁波文化特色、内容形式新颖、表达方式活泼有趣的传播内容资源。

三是搭建传播平台。实施文化节庆提亮工程，立足市情，促进市域统筹，整合提升现有节庆资源，强化海丝之路文化和旅游博览会、中国宁波国际港口文化节、中国（象山）开渔节、中国徐霞客开游节等具有鲜明城市文化个性的大型节庆文化品牌，推动宁波成为具有重要影响的"节事之城"。实施宁波文化海外传播工程，把宁波建设成为中国与中东欧国家文化交流合作的重要门户及亚太文化交流中心。高水平办好索非亚中国文化中心。积极申办有影响力的国际性文化交流、节庆活动。实施宁波文化旅游世界名城巡展计划。

四是创新传播途径。拓展线上平台，依托人工智能和云技术拓展建立文化传播云平台，形成大众传播、人际传播、群体传播与网络传播的多渠道融合联动。扶持短视频、直播及其他社交网络媒体平台的头部主播、博主，引导其发挥在城市文化形象传播方面的作用。

（三）大幅提升地方优秀文化的展示能力

一是建设一批体现鲜明地方文化特色的城市文化地标。"十四五"期间，高水平推进天一阁博物院南馆、宁波市史前文物保护研究中心、河海博物馆、宁波非遗馆等一批集中展示宁波市藏书文化、史前文化、海丝文化、非遗文化的重大文化设施建设。对于宁波市要重点打造的文化名片，要分门别类谋划对应的文化地标。如在海丝文化地标方面，可规划建设海防博物馆、海洋渔文化综合体等。在城市标志性建筑中融入地方文化元素，凸显宁波特色。

二是培育更多高品质文化展示空间。优化地方特色文化空间布局，构建宋韵文化"三圈三带多节点"、大运河文化"一脉三片多组团多线路"等整体空间架构。实施历史建筑、名人故居、遗址遗迹标识工程，对散落各处的上述资源进行分类梳理、研究、修缮、统一标识并对外展示。建设和提升一批主题文化博物馆、展示馆、纪念馆，提升展陈水平，丰富展陈内容。如在阳明文化展示方面，高规格重建姚江书院，高水平谋划阳明纪念馆，改造提升王阳明故居，在市区核心地段规划王阳明雕塑等。将地方文化元素系统纳入城市规划管理，融入城市公共空间。

三是实施宁波地方文化数据库建设工程。制定统一采集标准，建设地方文化数据标识关联系统。汇集整合现有地方文化数据资源，新建阳明文化、浙东文化、"宁波帮"文化、宋韵文化等各种文化类型的子数据库。建设地方文化研究成果数据库。

（四）切实增强地方优秀文化的可体验性

一是实施文化场馆数字化工程。进一步加强智慧博物馆、智慧文化馆、智慧非遗馆等建设，谋划一批"互联网＋展陈体验"的展馆数字化示范项目，积极发展云展览、云阅读、云视听、云体验。推进5G、AR、VR技术在文化领域的运用，让文化遗产"活起来"，开发宁波地方文化数字化产品，再现宁波重大历史文化场景事件，营造沉浸式文化体验。

二是实行地方文化普及、体验的分众化、定制化策略。针对不同人群特征，开发不同的文化体验产品。如阳明文化有较高的普适性和当代价值，学者、干部、企业家、学生等都可以从中汲取自己所需要的文化养分，因此可以针对不同群体编写不同的阳明文化读本，设计不同的传习、研学活动。

三是依托各级文化部门、文化组织，定期开展文化体验主题活动。如在非遗文化体验方面，要升级"温·故"非遗展和"阿拉非遗汇"等品牌活动，将非遗文化体验活动作为固定板块，定期开展中小学生非遗游学体验，常态化开设非遗体验课堂。

（五）大力促进地方优秀文化成果转化

一是实施标志性文旅线路打造工程。重点打造的每张文化名片至少形成1条特色鲜明、市场认可的标志性文旅精品线路。做实、做特、做亮大运河—海上丝绸之路文化旅游带、诗路文化带、三江文化长廊、翠屏山文旅融合区、北纬30°最美海岸带、东钱湖宋韵文化圈等文化带、文化廊道和文化功能区等。

二是扩大地方优秀文化在文化创意产业发展中的应用。从宁波深厚的历史文化底蕴中汲取养分，在创意设计、文化艺术、影视、广告服务等内容创意产业中融入更多本地文化元素。实施文创特色产品开发计划，推进文化创意产品开发与传统工艺技艺、先进技术应用和现代消费需求相结合，深化国家级、省级文化创意产品开发试点，加强特色文创产品与非遗旅游商品等的开发和销售。进一步加强与故宫博物院的战略合作，积极借鉴"故宫文创"的设计理念与运营机制。

三是实施非遗产业化工程。依据存续状态对非遗进行分类，对已经消失和濒临消失的项目实行记忆性保护和抢救性保护，对受众较为广泛、活态传承基础较好的项目实行传承性保护，对包含生产性技艺、存在社会需求，能够转化为文化产品或服务的项目实行生产性保护，重点加强对后两类非遗代表性项目的产业开发。积极建设非遗产业园区、主题街区、民俗村落、非遗特色小镇等非遗展示载体，吸引非遗业态集聚。

宁波市社科院（市社科联）　陈建祥　陈珊珊

推进宁波海丝文化转化研究

　　宁波海丝文化历史悠久、资源丰富、今古辉映。"十四五"时期，宁波正迈向新发展阶段，亟待深挖海丝文化内涵，围绕亮化、活化和转化三篇文章，实施海丝文化研究工程、海丝申遗工程、海丝文化展陈提升工程、海丝历史文化复兴工程、海丝非遗传承工程、海丝文化精品工程、海丝文化产业工程、海丝文旅精品路线工程、海丝赛事活动工程、海丝数字赋能工程等"十大工程"，打造海丝文化研究高地和海丝文化展示中心、传承中心、产业中心，不断彰显宁波"海丝魅力"。

　　宁波历史悠久，文化底蕴深厚。以河姆渡文化、姚江句章故城、三江口州府级中心城市等一系列代表性历史文化遗存为依据，宁波是拥有 8000 年人类活动史、2500 年港口发展史、1200 年中心城市建设史的国家历史文化名城。经历几千年的发生、传承与发展，宁波形成了海丝文化、阳明文化、藏书文化、商帮文化、慈孝文化等为主体，史前文化、浙东文化、宋韵文化、红色文化等多种文化有机融合的独特地方优秀文化。它们是宁波突出城市个性、彰显独特城市形象的先决条件，是发展文化产业、繁荣文化事业的基础，也是培育竞争优势、提升城市软实力的前提。

　　党的十八大以来，以习近平同志为核心的党中央将中华优秀传统文化的"双创"摆在突出位置，地方优秀文化是中华文化不可分割的重要组成部分，也应将"双创"方针作为区域文化建设的根本遵循。2021 年浙江省委文化工作会议提出，要建设一批重大文化地标，擦亮浙江历史文化金名片。2022 年宁波市第十四次党代会报告旗帜鲜明地提出要"挖掘弘扬海丝文化、阳明文化、藏书文化、商帮文化、慈孝文化等优秀浙东地域文化"。我们必须深入贯彻中央和省市精神，系统研究梳理地方文化资源，加大保护和转化力度，强化文化赋能，助推宁波市独具魅力的文化强市和新时代文化高地建设。

宁波作为我国古海上丝绸之路重要始发港和 21 世纪海上丝绸之路重要枢纽，被习近平总书记赞誉为"活化石"和"硬核力量"。从井头山、河姆渡遗址到永丰库、望京门城墙遗址，从日本遣唐使到世界宁波帮，海丝文化已成为宁波城市繁荣发展中最为靓丽的文化基因。当前，应立足宁波海丝资源优势，围绕亮化、活化和转化三篇文章，打造具有国际影响力、国内引领力和宁波辨识度的海丝文化标志性成果，助力早日实现宁波海丝申遗成功，彰显宁波现代化滨海大都市的"海丝魅力"。

一、宁波海丝文化的主要特征

（一）从历史维度看，宁波海丝文化历史源远流长、绵延不断

从 7000 年前河姆渡孕育而出的海洋文化，繁衍造就了宁波灿烂的海丝文化。战国时期，宁波出现了最早的港口——句章港；东汉晚期，宁波越窑青瓷等远销海外；唐代，宁波与交州、广州、扬州并称为四大港口；宋元时期，宁波进入鼎盛时期，与泉州、广州并称三大港口；明清时期，因朝贡贸易与海禁等影响，宁波成为中国对日贸易的唯一合法港口；近代，宁波成为"五口通商"城市之一。

（二）从现实维度看，宁波海丝文化今古交辉、再铸辉煌

1978 年 10 月宁波镇海港建成开泊，1979 年宁波口岸正式对外开放，1989 年确定为我国重点开发建设的四个国际深水中转港之一，自此走上蓬勃发展之路。如今，宁波舟山港货物吞吐量已经连续十余年位居全球第一、集装箱吞吐量位居全球第三，极大带动了宁波 21 世纪海上丝绸之路的文化繁荣与发展，生动演绎了"城以港兴、港城互动"的新华章。

（三）从辐射广度看，宁波海丝文化兼具河海、港通天下

始于春秋、成于晋代的浙东运河，与公元 7 世纪初开凿的京杭大运河相连接，由此河海交汇于宁波，大陆文化经宁波通达天下，与海洋文化、海丝文化交汇交融，深刻影响日韩东北亚文化交流圈，并扩散至东南亚，远至东北非。

（四）从文化遗存看，宁波海丝文化遗产绚烂、内涵丰富

宁波海丝文化丰富多元，涵盖了商品贸易、科学技术、文化交流、宗教传播等各个层面（见表 1）。宁波现存与海上丝绸之路相关的文化遗产 67 处，其中全国重点文物保护单位多达 13 处、省级文物保护单位 9 处。对照世界文化遗产

申报要求，早在 2016 年就确定宁波最具代表性的 4 处遗产点入选"海上丝绸之路·中国史迹"申遗预备名单，即以元代永丰库为代表的海外贸易管理机构，以上林湖越窑遗址为代表的大宗贸易物品生产遗址，以天童寺为代表的佛教文化交流传播地，以保国寺为代表的建筑技术交流传播地。

表1 宁波海丝文化资源类型及典型实例

海丝文化资源类型		典型实例
古海上丝绸之路	遗存遗址类	句章港、永丰库、上林湖越窑遗址、高丽使馆遗址、望京门城墙遗址等；庆安会馆、鼓楼、四明驿、波斯巷、天一阁、历史街区等；浙东大运河等
	宗教场所类	五磊寺、普济寺、阿育王寺、天童寺、保国寺、延庆寺、清真寺等
	商品贸易类	越窑青瓷、茶叶、丝绸、艺术作品、香料等
	文化交流类（含非遗、书籍、民间传说等）	象山渔鼓、青瓷瓯乐、骨木镶嵌、宁波走书；和刻本、朝鲜刻本等；徐福东渡、戚继光抗倭传说、镇海口海防传说等
21世纪海上丝绸之路	生产生活场所类（含研究、展示、交流等）	宁波舟山港、航运交易所等；中国港口博物馆、宁波博物馆、天一阁博物院等；月湖等；宁波海上丝绸之路研究院、海上丝绸之路研究中心、宁波海丝国际旅游交流中心等
	商品贸易类（含博览会、指数）	海丝之路（中国·宁波）文化和旅游博览会、中国—中东欧国家博览会等；海丝指数、中东欧贸易指数等
	文化交流类（含节庆、赛事、演艺、论坛、书籍等）	中国（象山）开渔节、中国（宁波）海丝国际音乐节、中国（宁波）海丝国际戏剧节、第十五届亚洲艺术节等；"海上丝绸之路——博物鄞州"创意设计大赛等；甬秀·港通天下、十里红妆等；海丝港口国际合作论坛等；海丝旅游精品线路等；《万里丝路——宁波与海上丝绸之路》《中国·宁波"海上丝绸之路"文化遗存图录》等
	荣誉品牌类	中国海上茶路起航地——三江口，南宋海丝之路启碇港——镇海，中国海丝文化之乡——鄞州，千年古镇、海丝圣地——东吴，十里江丰、海丝之源——明楼街道；"海丝文明"号专列

注：课题组根据国家文物局有关我国海上丝绸之路遗产全面调查，结合海丝文化的历史阶段、内涵、价值、功能、表现形式等进行类型划分。

二、宁波海丝文化传承与发展存在的困境

（一）宁波海丝申遗尚待突破

宁波自 2001 年启动海丝申遗工作以来，国际环境、遗存独特价值提升、城市申遗氛围等多种因素导致宁波海丝申遗工作陷入"持久战"阶段，城市品牌影

响力提升受限。同时期启动的泉州，在 2021 年以"宋元中国的世界海洋商贸中心"申遗成功，给宁波海丝申遗工作带来了极大启发。

（二）宁波海丝文化遗存保护与活化利用存在脱节现象

目前《中华人民共和国文物保护法》对文物保护与利用的相关规定，与地方文物保护与利用的实际情况不相适应，导致海丝文物保护成本高企，社会资本和民间力量难以参与其中，时常出现保护"断档"，未能实现海丝文物保护与利用的有机统一。

（三）宁波城市海丝文化辨识度、感知度、认同度较低

宁波自历史开埠以来，港口航运设施不断迭代升级，但与历史上同等地位的泉州、广州相比，海丝历史遗存数量相对较少，民众能体验、感知的身边海丝遗存不多；宁波城市空间缺乏海丝文化顶层谋划和整体布局，且海丝文化元素少，特色尚未彰显，辨识度低；宁波海丝文化宣传推广不足，相关国际会议、论坛、赛事等活动不够丰富，民众参与有限，认同度较低。

三、关于推进宁波海丝文化亮化、活化、转化的建议

（一）做好海丝文化亮化文章，打造海丝文化展示中心

一是实施海丝文化研究工程，打造海丝文化研究高地。充分借助国内外高校院所及在甬高校、智库研究机构，加强顶层设计，实施海丝文化研究工程，开展宁波海丝历史文化溯源与传承研究、海丝历史人物谱系研究、海丝遗存整理、海丝文化艺术提炼、海丝文献汇编、海丝民间传说故事挖掘整理等项目，对宁波海丝历史文化进行系统溯源，形成清晰的宁波海丝文化研究谱系与脉络。

二是实施海丝申遗工程，打造展示海丝文化的"重要窗口"。充分借鉴泉州成功申遗经验，组建申遗工作专班，对接国家文物局，协同广州等申遗联盟城市，开展系统谋划，分步实施开展海丝申遗宣传推广、海丝遗存大调查、海丝遗存保护与利用、海丝文化海外寻珍、大运河（宁波段）文化保护传承利用等项目，形成全过程、全区域、全员参与海丝申遗的浓厚氛围，增强申遗核心支撑，力争早日实现海丝申遗成功，打造面向世界展示海丝文化的"重要窗口"。

三是实施海丝文化展陈提升工程，打造海丝文化展示矩阵。加快谋划河海博物馆、大运河（宁波段）国家文化公园、海丝文化公园等新的展示载体建设项目，推进天一阁博物院扩建项目以及宁波博物馆、中国港口博物馆等海丝文化展陈提升项目，开展机场、车站、码头等城市空间海丝文化标识化项目，提升海丝文化展陈吸引力，构建可亲、可感的宁波海丝文化展示矩阵体系，打造"15分钟海丝文化体验圈"。

（二）做好海丝文化活化文章，打造海丝文化传承中心

一是实施海丝历史文化复兴工程，打造海丝历史文化传承新载体。加快推动秀水街等一批历史街区改造振兴项目，做好甬江南岸"十里江丰、海丝之源"、东吴镇"千年古镇、海丝圣地"、奉化"丝路扬帆"小镇等一批新的海丝历史文化品牌载体，复兴古海上丝绸之路港城繁华景象，让海丝文化在百姓的生活体验中得以传承发展。

二是实施海丝非遗传承工程，培育传世工匠和传世技艺。开展海丝非遗"艺海拾贝"计划、非遗传承人培养计划、海丝非遗大师培育计划、海丝非遗活化利用、中小学生非遗游学体验等项目，在全市范围内挖掘、梳理出优质海丝非遗，通过支持和培育新一代非遗传承人、传世工匠和传世技艺，让非遗健康、可持续发展。

三是实施海丝文化精品工程，产出一批海丝文化传世经典。开展海丝文艺精品创作计划、海丝影视精品制作计划、海丝艺术作品征集计划等，推动创作一批以海丝为主题的高水平、高品质的文艺作品、影视作品、演艺节目，让海丝文化通过文艺作品传播、传承。

（三）做好海丝文化转化文章，打造海丝文化产业中心

一是实施海丝文化产业工程，打造海丝文化产业转化基地。顶层谋划建立海丝文化产业园、海洋馆等建设项目，高质量举办海上丝路文化和旅游博览会，促进海丝文创产业提质升级，实现海丝文化"软实力"转化为"生产力"。

二是实施海丝文旅精品路线工程，打造海丝文化旅游目的地。依托海丝历史文化遗存、博物馆、古街区等载体以及自然景观，开展海丝历史文化精品路线打造、海丝文化网红打卡地遴选和培育、海丝文化研学开发等项目，同时做好海丝文化旅游宣传推广。

三是实施海丝赛事活动工程，打造海丝文化国际赛事基地。依托宁波滨海、湖泊、山林等自然资源，开展海丝帆船赛、海丝皮划艇赛等体育运动赛事项目；依托高职院校，谋划举办海丝创新创业设计大赛、海丝职业技能大赛、海丝故事大赛等项目，将宁波打造成为海丝文化国际赛事中心，形成赛事产业体系。

四是实施海丝数字赋能工程，打造海丝文化"元宇宙"。充分利用数字技术、VR/AR 等高新技术，开展海丝指数挖掘与提升项目、宁波府城数字复原项目、海上丝路场景复原项目、海丝遗存数字化展陈项目等，通过数字赋能海丝文化，打造海丝"元宇宙"，成为国内数字海丝路的先行者、引领者。

浙江万里学院、宁波海上丝绸之路研究院　徐侠民

附　录

附表 1　宁波海丝文化亮化、活化、转化"十大工程"项目清单

（三篇文章、十大工程、45 个项目，打造"一高地、三中心"）

序号	三篇文章	十大工程	项目名称	主要内容
1		研究高地 海丝文化研究工程	宁波海丝历史文化溯源与传承研究项目、海丝历史人物谱系研究项目、海丝遗存整理项目、海丝文化艺术荟萃项目、海丝文献汇编项目、海丝民间传说故事挖掘整理项目	旨在通过对宁波海丝历史文化溯源，对人物、遗存、艺术、文献、传说等进行系统研究和梳理，形成清晰的宁波海丝文化研究谱系与脉络
2	亮化文章	海丝申遗工程	海丝申遗宣传推广项目、海丝遗存大调查项目、海丝遗存保护与利用项目、大运河（宁波段）文化保护传承利用项目、海丝文化海外寻珍项目	以海丝申遗为主线，推动开展海丝（包括大运河）遗存保护与利用大调查、海外寻珍等活动，更大范围、更大力度推动海丝遗存保护与利用
3		展示中心 海丝文化展陈提升工程	河海博物馆建设项目、大运河（宁波段）国家文化公园建设项目、海丝文化公园建设项目、天一阁博物院扩建项目以及宁波博物馆、中国港口博物馆等海丝文化展陈提升项目、城市空间海丝文化标识化项目	以河海博物馆、大运河国家文化公园、海丝文化公园等新的展示载体建设，提升各博物馆海丝文化展陈水平，构建完善的宁波海丝文化遗产展陈体系

序号	三篇文章	十大工程	项目名称	主要内容
4	活化文章	传承中心	海丝历史文化复兴工程	秀水街等历史街区改造振兴项目、甬江南岸"十里江丰，海丝之源"项目、东吴镇"千年古镇、海丝圣地"项目、奉化"丝路扬帆"小镇项目	推动秀水街等历史街区改造振兴，打造甬江南岸、东吴镇等一批海丝历史文化深厚的品牌项目载体
5			海丝非遗传承工程	海丝非遗"艺海拾贝"项目、海丝非遗拯救与传承人培养项目、中小学生非遗游学体验项目、海丝非遗大师培育项目	鼓励在全市范围内挖掘、梳理海丝非遗项目，培育新一代非遗传承人，让非遗健康可持续发展，培育传世工匠和传世技艺
6			海丝文化精品工程	海丝文艺精品创作计划项目、海丝影视精品制作计划项目、海丝艺术作品征集计划项目	推动创作一批以海丝为主题的高水平、高品质的文艺作品、影视作品、演艺节目
7	转化文章	产业中心	海丝文化产业工程	海丝文化产业园建设项目、海洋馆建设项目、海丝文创提升项目、海上丝路文化和旅游博览会项目	通过打造海丝文化产业园、举办海丝文旅博览会等，实现海丝文化"软实力"转化为"生产力"
8			海丝文旅精品路线工程	海丝历史文化精品路线项目、海丝文化网红打卡地培育项目、海丝文化研学项目、海丝文化旅游宣传推广项目	通过精品路线、网红打卡地、研学项目等方式，吸引国内外游客体验和传播宁波海丝文化
9			海丝赛事活动工程	海丝帆船赛等体育运动赛事项目、海丝创业创新设计大赛项目、海丝职业技能大赛项目、海丝故事大赛项目	通过举办国际体育赛事、创新创业大赛、职业技能大赛等方式，打造宁波海丝国际赛事产业基地
10			海丝数字赋能工程	海丝指数挖掘与提升项目、宁波府城数字复原项目、海丝场景复原项目、海丝遗存数字化展陈项目	通过数字赋能海丝文化，打造海丝"元宇宙"，将宁波建成国内数字海丝的先行者、引领者

推进宁波宋韵文化转化研究

宁波作为宋代以来东南区域发展的重要示范地，在宋韵文化资源上具有独特的基础优势，但对照省市要求和周边地区，当前宁波宋韵文化建设在谋划高度、研究深度、推进力度、转化效度四个方面存在不足。为了进一步推进宁波宋韵文化"双创"发展，打造宁波宋韵文化高地，建议立足宁波宋韵文化的特质与基础，围绕宋韵文化形态系列研究、宋韵文化文献资料和遗址遗迹整理、宋韵文化传承转化创新，重点推进基础研究工程、挖掘整理工程、整体形塑工程、传承活化工程、国际传播工程"五大工程"。

两宋时期，宁波经济、文化呈现前所未有的新气象，被学术界视为宋代东南区域发展的重要典范。深入研究和准确把握宁波宋韵文化的精神内核、历史意义与时代价值，打造高品质的宁波宋韵文化品牌，助力宁波成为东亚宋韵文化高地，既是贯彻落实省委文化工作会议精神的宁波行动，也是贯彻落实市党代会、市两会精神的务实举措，必将为宁波加快建设现代化滨海大都市注入强大文化力量。

一、宁波宋韵文化"四个地"的特质内涵

（一）宁波是宋代变法改革的先行地

从宋代历史看，北宋王安石变法，鄞县是试验田。宋庆历七年（1047年），王安石出任鄞县知县，迈出独立主政的第一步。在鄞期间，王安石革故鼎新，实施修水利、放青苗、严保伍、兴学校等系列举措，政绩斐然，为此后王安石变法提供有效的实践经验。南宋一朝兴衰，鄞人影响近百年。南宋时期，宁波名臣鸿儒难以胜数，"满朝紫衣贵，尽是四明人"，而史浩、史弥远、史嵩之更是祖孙三代相继为相，形成影响深远的"鄞人时代"。

（二）宁波是宋代以来东亚经贸文化交流的枢纽地

从经济交流看，随着航海技术的进步与海外贸易需求的增长，明州港成为与东亚、东南亚地区贸易往来的主要港口，与广州、泉州并称东南三大贸易港，现存的高丽使馆、波斯巷等就是明证。从文化交流看，宁波是与日本、朝鲜半岛文化交流的重要窗口，荣西、道远等著名日本学问僧来到宁波，一批明州工匠和僧人东渡日本，对日本的宗教、建筑、茶道、书画等产生深远影响，比如奈良的世界遗产东大寺、日本国宝镰仓大佛就是由宁波工匠督造的。

（三）宁波是唐宋时期区域经济社会发展转型的典范地

唐中叶，从越州分离之后，明州社会经济得以相对独立地发展。宋代明州逐步成为东南沿海的重要商业中心与对外贸易的关键节点。南宋时期明州社会地位日益提升，经济长足发展，文化蒸蒸日上，名门望族辈出，明州完成了从"远废之畴"到经济、文化发达地区的转型，奠定了宁波地区明清以来的发展格局。明州的转型适逢唐宋变革之际，宋代明州为探索中国历史转型提供了典范。

（四）宁波是"浙学"乃至"宋学"形成的学术重地

两宋时期，明州文化从对中原文化的吸纳、消化发展为独树一帜的区域文化。北宋庆历时期，"明州五先生"杨适、杜醇、王致、王说、楼郁为四明学派奠定了坚实基础；南宋中期，杨简、舒璘、沈焕和袁燮等创立四明学派；朱子后学黄震、史蒙卿传播朱子学术，明州成为朱子学的重镇。宋代浙东史学异军突起，南宋明州涌现出王应麟、黄震、胡三省等杰出史家，为明清时期浙东学术的兴盛奠定了基础。

二、宁波宋韵文化挖掘和转化存在的四个不足

（一）谋划高度不足

对比杭州、绍兴等地，宁波尚未制定宋韵文化研究保护利用总体规划，对于自身在全省宋韵文化中的定位不明确，特别是在人、财、物的支撑上，缺少专门机构、专项资金、专职人员，差距明显。如杭州专门成立宋韵文化研究传承中心，由杭州市委宣传部分管领导担任主任，专门配备了500平方米的办公场地和3名专职人员。绍兴与浙江大学合作共建浙江大学绍兴研究院亚洲文明研究中心，计划以5年总经费1.5亿元、年度预算3000万元的规模，总体谋划、逐年推进。

（二）研究深度不足

一方面，研究成果数量少、视野窄。从知网数据库初步统计，宋代相关论文杭州 1745 篇、绍兴 1964 篇，宁波仅 416 篇，其中有国家社科基金项目背景的论文，杭州 30 篇、绍兴 69 篇，宁波仅 7 篇。在研究内容上，涉及海外贸易（18 篇）、海上丝绸之路（9 篇）等相对较多，涉及制度、经济、社会、文学、艺术等领域较少。研究成果以及研究内容的不平衡导致宁波在宋韵文化传播上面临"无故事可讲""讲来讲去老故事"的困境。另一方面，"外面热、里面冷"。宁波在日本有"圣地宁波"之誉。2005 年，日本文部科学省资助 11 亿日元（折合人民币约 7000 万元）组织 60 余所大学 134 位知名学者，启动"宁波研究项目"，以宁波为研究焦点，涉及历史考古、思想宗教、文学艺术、数学造船等多学科领域。这对于凸显宁波东亚文化圈的地位具有重要意义，而宁波推出的相关译介项目基本没有。

（三）推进力度不足

一方面，宋韵文化遗存亟须保护抢救。据第三次全国文物普查，宁波有不可移动文物 1680 处，但城市化快速推进威胁部分文化遗存本体及其历史环境，比如原东钱湖沿岸青瓷窑址遗存有 20 余处，现存不足 10 处。另一方面，宋韵文化项目"散而不聚"。目前宁波宋韵文化资源散见于海曙、鄞州、四明山片区以及江北、慈溪、宁海等地。其中，海曙、鄞州的资源相对更多。但目前各区（县、市）之间联动不够，很多项目是"新瓶装旧酒"，缺少高品位、新表达、大格局，无法形成具有全国影响力、宁波辨识度的宋韵文化品牌。反观杭州，上城区全力打造杭州宋韵文旅融合标杆区，临平区谋划打造"古都副城、宋韵临平"品牌，总体上呈现出较强的品牌意识、较大的推进力度。

（四）转化效率不足

在宋韵文化的转化、活化方面，宁波停留在浅层，文艺精品、文化产品、文旅开发等创新转化乏力。一方面，供需对接缺少桥梁，研究者主要集中于高校和文化研究机构，与职能部门、文旅企业接触较少，发布机制、获取渠道、转化体系不完善，很多研究成果关在抽屉里、躺在书柜上。另一方面，转化、活化缺少精品，宁波宋韵文化中的不少资源，如王安石变法、史氏家族、佛法东传、茶叶之路等，具有打造精品的潜质，但缺少研究力量、市场力量支撑。

三、谋划推进宁波宋韵文化的四个维度

聚焦宁波宋韵文化"四个地"定位，以 2025 年和 2035 年为两个时间节点，加快编制宁波宋韵文化发展规划。

（一）跳出宁波，全地域谋划

立足宁波河海交汇、对外交流的特质，将宁波置于浙东乃至整个东亚，对内系统梳理宋韵文化资源与历史遗存，建立统一的机构、统一的规划、统一的标识，力促一体化、协同化；对外强化与杭州、绍兴等地的联合共建，以及与日本、韩国等的交流互动，务求差异化、国际化。

（二）跳出两宋，全时段谋划

既要以宋代为基本范围，更要以长时段的视野，从宁波的历史源流与发展过程中考察宋韵文化承前启后的作用，并与海丝文化、阳明文化、藏书文化、商帮文化等贯通起来，真正丰富宁波的精神内核、文化内核。

（三）跳出"韵"字，全领域谋划

深刻把握宋韵文化的精神内核，贯通学术思想、制度变革、经济社会、文化艺术、日常生活、建筑宗教等各领域，通过多领域细致化研究，把我们对"韵"内涵的理解之深转化为经世致用之实，为宁波加快建设现代化滨海大都市提供更充足的养分和力量。

（四）跳出中国，全视域谋划

以全球的视野考察宁波作为东亚经贸文化交流枢纽的地位，揭示宁波对外经济文化交流的历史脉络和在东亚文化圈的国际影响力，以此来观照和推动宁波国际开发枢纽之都建设，凸显在东亚、中东欧等命运共同体中的作用和地位。

四、推进宁波宋韵文化转化的"五大工程"

从宁波宋韵文化的特质与基础出发，依照"宋韵文化形态系列研究—宋韵文化文献资料和遗址遗迹整理—宋韵文化传承转化创新"的路径层层递进，重点推进"五大工程"。

（一）宋韵文化基础研究工程

扎实的研究是传承转化的基础。建议加快成立宋韵文化研究院，以多层次课题规划为引领，构建学术精品、普及读物、智库报告有机联动的课题体系。

既要注重学理性，结合国内研究著述及日本宁波研究项目等，有序推出宋韵文化研究丛书、宋韵文化译介丛书，聚焦宋韵文化"八大形态"，在历史人物、文献资料、社会风俗、历史遗存、制度改革、经贸发展、宗教传播、艺术工艺、精神内核等领域，唱响人、文、风、物、制、经、禅、艺、神"宁波宋韵九歌"，以系统的学理研究标定宁波在宋韵文化中的地位；还要注重普及性，以学术研究为支撑，以两宋名人、宋韵文化、宋韵遗迹等主题，以诗词书画、戏舞服装、丝瓷茶香、宴饮居用、建筑工艺等为切入点，撰写与制作"甬上寻宋"系列通俗读物、专栏和短视频，促进当代传播；更要注重针对性，立足宋韵文化的时代价值，重点在宋韵文化与经济社会发展转型、经贸交流、城市建设、乡村振兴、社会治理、文化高地建设等议题上建立智库联盟，组织海内外学者，推出一批有建设性的智库报告。

（二）宋韵文化挖掘整理工程

文献文物是直观展现宋韵文化的载体。要以数字化改革为牵引，以宋韵文化资源多维度普查为基础，重点画好"一张图"、建好"一个库"、构建"一个平台"。"一张图"，就是编制宋韵文化资源分布空间图，特别是围绕"一城、一河、三湖、三寺"，也就是明州府城、浙东大运河及三江口、东钱湖、月湖、广德湖、天童寺、阿育王寺、保国寺等重点区域，启动各类建筑、石刻、碑铭等不可移动文物和可移动文物的系统普查，把具有代表性的文化遗存梳理出来、标示出来，讲清楚基本情况、历史渊源，实现挖掘、整理、保护、展示相统一；"一个库"，就是建设宋韵文化资源库，以宁波地方文献数据库以及第三次全国文物普查数据为底本，打通文献资料与文物资源的"数据壁垒"，让文献"有图为证"、让文物"开口说话"，实现宋韵文化数据的全面汇集、系统集成和扩容迭代；"一个平台"，就是构建宋韵文化数字平台，参照哈佛大学"中国历代人物传记资料库"（CBDB）数字人文实验室、浙江大学学术地图发布平台，以文献文物的图谱化、智能化为基础，运用5G、VR/AR、全息互动投影等现代技术，将历史文化、地理空间与现实场景结合，实现浸润式体验。

（三）宋韵文化整体形塑工程

强化与"一体两翼多组团、三江三湾大花园"空间格局的对接融合，编制宋韵文化建设空间规划，以东钱湖、月湖、广德湖"三湖"为引领，以浙东大运河、塘河等河网体系为支撑，构建宁波宋韵文化"三圈二带多节点"的整体框架。"三圈"，就是优化提升月湖宋韵文化圈，做精月湖、鼓楼等府城片区整体规划，强化高丽使馆、史宅、袁宅等保护提升，结合城市有机更新，展现宋代市井风情；重点打造东钱湖宋韵文化圈，系统推进南宋石刻公园改扩建、韩岭南宋风情街、官驿理想村等项目，串联起东钱湖越窑青瓷遗址、史氏家族遗存、下水村等资源，全景呈现宋代郊野乡村空间肌理，打响"钱湖宋韵"金名片；科学重塑广德湖宋韵文化圈，以调蓄湖工程为牵引，有机串联古书院、古桥、古村等遗存，重现烟波浩渺场景。"三带"，就是构建天童—阿育王佛教文化带、鄞江—它山堰水利文化带、慈溪—余姚越窑文化带，整体编制三个区域发展规划，提速推进大运河（宁波）国家文化公园、东吴镇天童禅寺、两宋东亚文化交流展示馆等项目。"多节点"，就是围绕展示宋代耕织文化、义理经史文化等，统筹推进浙东耕织文化园、浙东蒙学馆等项目，形成众星拱月格局。

（四）宋韵文化传承活化工程

坚持以韵动人、以文化人，实施"宋韵甬存"计划。推出一批宋韵文艺精品，运用书法、美术、摄影、音乐、舞蹈等各类文艺形式，打造"宋韵钱湖""梦回南宋"等大型 3D Mapping 秀、沉浸式歌舞剧，开展"王安石系列"专题文艺创作，制作历史文化纪录片等。推出一批宋韵文化产品，加强石雕艺术、骨木镶嵌、金银彩绣等非遗的保护传承、创新转化，推动"宋词鄞唱""宋画重现""宋居复刻""宋宴重制"，加大王安石治鄞、王应麟《三字经》等成熟文化的 IP 开发，重点谋划"湖畔遇见·安石"等研学旅游线路，适时启动宋韵文化元宇宙设计，形成"学理研究—IP 确权—价值引领—生活体验"的文化产业价值链。推出一批宋韵文化小品，提炼地标性元素符号，结合城市街区、未来社区、未来乡村、"千万工程"、"精特亮"创建等，以小品、景观、墙绘等形式，广泛应用于城乡场景，让宋韵文化融入百姓平常生活。

（五）宋韵文化国际传播工程

着眼凸显宁波海外经贸文化交流的特质，重点强化"三个联动"。联动实施申遗工程，把宋韵文化东传与海丝申遗结合起来，以"明州：宋元以来东亚交流中心"为主题，联合日韩等国家，共同开展考古挖掘、遗存征集、文献整理、课题研究等，提升宁波作为海上丝绸之路东海航线起点的地位。联动举办东亚宋韵文化节，以中日邦交正常化 50 周年为契机，以宋韵文化交流为切入点，高规格举办东亚宋韵文化节，推出东亚宋韵文化论坛、宋韵文化博览会等子活动，提升宁波的国际地位。联动构建国际传播矩阵，建立宁波宋韵文化国际传播中心，强化与日本放送协会（NHK）、韩国广播公司（KBS）等国际媒体，以及今日头条、抖音等国内头部平台的合作，以茶文化传播、石刻建筑等为主题，制作纪录片、短视频等，形成国际国内立体式传播网络。

鄞州区社科联（社科院）　傅怀锋　鲁霜霜

浙江大学　陈志坚

宁波"技艺类非遗"传承发展的对策建议

"技艺类非遗"是宁波城市文化底蕴的物化显现，也是世界了解宁波文化的物化形态。它既可以凸显宁波城市文化的品位与个性，又能极大地促进宁波地域文化的推广和传播，助力共同富裕先行和新时代文化高地建设。但是，宁波大部分"技艺类非遗"传承发展现状堪忧，针对一系列问题，建议通过建立政策体系等手段形成全过程的管理模式，通过创新产品体系等方式形成全链路的产业体系，通过健全传承人终身职业技能培训等模式形成全方位的人才培养体系，通过社会运营机制等形成全周期的运营机制，以助力宁波"技艺类非遗"良性、有序传承发展。

宁波市留存有大量的物质文化遗产和非物质文化遗产，尤其是有一批具有典型性和代表性的传统手工艺，即技艺类非物质文化遗产（以下简称"技艺类非遗"），自古以来它们就是广大农村的主要家庭副业，有些还成为地区历史上重要支柱产业。但是，随着社会经济、文化结构发生剧烈变化，特别是习俗的移易、手艺精神的凋落、社会流动的常态化等，宁波大部分"技艺类非遗"出现传承"后继乏人"等困境，生存现状堪忧。调研结果显示，尽管借着非遗保护的"东风"有着"政府重视、工匠努力、市场巨大"的机遇，但是，宁波"技艺类非遗"的传承发展仍然面临着文化资源当代转化弱、相关产业与市场体系不匹配、人才培养能力滞后、产业支撑与保障平台建设不完善等问题，就此提出如下对策建议。

一、形成全过程的"技艺类非遗"管理模式

（一）建立政策体系，保障"技艺类非遗"传承发展

依据《宁波市非物质文化遗产保护条例》，遵循"技艺类非遗"传承发展规律，因地制宜，量身定制符合"技艺类非遗"保护、传承和发展的政策文件。确

定市、县（市、区）级主管单位，做到有人抓、有人管。各级财政部门从相关专项资金中切块设立"技艺类非遗"财政专项扶持资金，用于传承人、院校专家等高级人才的培育，以及扶持工作室、创意机构等发展。制定"技艺类非遗"各项税收优惠、减免政策，助力"技艺类非遗"创新创业。

（二）实施"艺术乡建特派员"帮扶机制，拓延"技艺类非遗"传承发展

结合"乡村振兴重点帮促村同步基本实现现代化行动"精准实施"艺术乡建特派员"帮扶机制。如竹编类乡村"技艺类非遗"即可定向邀请区域高校、行业、协会知名教授、设计师、艺术家、企业家向全市基层派遣"艺术乡建特派员"，定点帮扶"技艺类非遗"企业及个人提升设计、技艺、创意、经营、推广能力。同时，健全社会人才、公益组织开放式共同帮促的激励机制。

（三）搭建数字化平台，促进"技艺类非遗"传承发展

精准实施"互联网＋技艺类非遗"行动计划，以数字化改革为契机，以全面普查和解码宁波"技艺类非遗"文化基因为突破口，建立宁波"技艺类非遗"数字人文基础数据库。利用互联网等现代技术平台，将外部人才、资本、市场资源与本地特色资源有效对接，加快宁波"技艺类非遗"品牌——"甬上有礼"的塑造、推广、授权等，使其成为具有区域特色的重要品牌。同时，要促进宁波特色文化产品跨区域流动。

二、形成全链路的"技艺类非遗"产业体系

（一）创新"技艺类非遗"产品体系

文创产品是文化产业重要的表现载体之一，要把传统宁波"技艺类非遗"文化资源与现当代创意结合，与互联网融合。一是加强生产环节技术投入，提高产品生产效率，推动产品价值链攀升；二是加强产学研协同创新，支持"技艺类非遗"创新团队和创意设计团队建设，促进成果转化和产业化；三是运用互联网思维创新设计研发方式，探索基于互联网的个性化定制等创意设计模式；四是加大电子商务应用力度，积极探索移动电子商务、众筹营销等新型营销模式，支持企业通过互联网形成专业化分工、协同创新和制造的产业联盟；五是依托宁波外贸大市的资源优势重视国际贸易对应的服务环节，延长产业链，带动文化输出。

（二）发展"技艺类非遗＋文化旅游"产业业态

发挥"技艺类非遗"资源优势，助推特色文化产业集群的形成。如越窑青瓷即可依托鄞州、慈溪、东钱湖等有条件区域，打造"技艺类非遗"特色小镇，使其成为宁波"技艺类非遗"产业发展的核心平台，推动产业集聚、创新和升级。同时，联合浙江区域的"技艺类非遗"资源，共同开发"青瓷之路"文化旅游精品线路。

（三）助力"技艺类非遗创客"创新创业

引导和鼓励高校毕业生深入基层挖掘"技艺类非遗"资源，利用所学知识改造、赋能"技艺类非遗"，结合时代需求创新产品形态和产品内涵，依托"技艺类非遗"链接线上平台就业创业；完善企业与"技艺类非遗"从业者的利益联结机制，带动农民就近就地创业就业；地方政府为创业保驾护航，完善"众创空间—孵化器—加速器—产业园"文创企业全链条孵化体系，促进初创型企业发展。

三、形成全方位的"技艺类非遗"人才培养体系

（一）健全"技艺类非遗"传承人终身职业技能培训

"技艺类非遗"文化挖掘和产业推进，离不开既懂文化产业发展规律，又懂文化产业经营的复合型人才队伍。结合新时代浙江工匠培育工程和"金蓝领"职业技能提升行动，健全面向全市"技艺类非遗"传承人的终身职业技能培训制度；完善"技艺类非遗"传承人培养、引进、评价、使用、激励机制，开展"技艺类非遗"传承人等级评审改革试点，提高"技艺类非遗"人才政治、经济、社会待遇。一方面，引导企业强化"师徒制"培养，加强务工人员技能培训，统筹各类职业技能培训资金，合理安排就业补助资金，形成市场培训和政府补贴培训相结合的工作机制。另一方面，依托乡村振兴等战略，对农村非遗传承人和意向从业人员开展精准培训，全面提升其创业就业能力。

（二）构筑多层次的"技艺类非遗"人才梯队

依托"3315"计划和"泛3315"计划，大胆探索，实施"请进来、走出去"的人才培养方案。有组织地招纳世界范围内有志于"技艺类非遗"研究、创业的人才聚集宁波，通过名师带徒、技能大赛、培训讲座等形式，构建形成以高层次人才和团队为特色优势、以高水平技能人才为支撑的人才队伍。

（三）创新"技艺类非遗"人才培养模式

发挥浙江万里学院等有前期研究基础和人才基础的院校的引领作用，使其逐步形成"技艺类非遗"重点学科、重点专业；依托宁波文化创意学院、全国（宁波）文创产教联盟等校政企协同机构的资源优势，精准构建立体式人才培养模式。同时，积极探索学历教育与职业培训并举、创意设计与经营管理结合的人才培养模式，为产业发展提供源源不断的人才。

四、形成全周期的"技艺类非遗"运营机制

（一）社会运营机制保障"技艺类非遗"传承发展

一是建设资源型服务机构。通过公平、公正、公开的基金会运作，集中社会有意资助"技艺类非遗"建设的分散资金，投入"技艺类非遗"文化事业和文化产业发展。

二是建设"技艺类非遗"文化生产力的促进机构。通过建立信息咨询、投资咨询、法律咨询、中介服务及权威认证体系，创建学术研究机构、信息传播机构，发布"技艺类非遗"行业、产业权威信息指数。

三是建设"技艺类非遗"产业中介和评估机构。通过机构推动合法的文化产品和文化要素的交易，促进知识产权的有效保护与开发。

四是建设"技艺类非遗"文化市场中介服务机构。通过建立服务企业的平台，促进文化消费，繁荣发展文化市场。

五是建设"技艺类非遗"文化产业行业协会。行业协会旨在促进技术革新和技术改造，保护企业合法权益，开展海内外的文化产业交流与贸易合作。

（二）设立投资引导基金拓展"技艺类非遗"传承发展

通过政府跟投、阶段性参股等多种形式缓解"技艺类非遗"产业人才创业融资难等问题。完善多层次的人才奖励体系，对各类"技艺类非遗"人才的创作活动、学习深造、国际交流等进行奖励和资助。加大对"技艺类非遗"名家、"技艺类非遗"产业工艺美术大师和非遗传承人的培养力度，加大对精通国际化、全球化运作的产业人才的培养力度。

（三）对外推广平台助力"技艺类非遗"传承发展

着力将宁波"技艺类非遗"打造成为宁波对外文化交流的精品项目，利用中国—中东欧国家投资贸易博览会、中国（宁波）特色文化产业博览会等国家级

对外文化交流平台，设立"一带一路""技艺类非遗"文化交流板块。打造与之相配套的"丝绸之路手工艺文化联盟"，加强与丝绸之路经济带共建国家之间的文化交流与合作。

宁波市文化创意创新发展研究基地　吴　忠

宁波市社科院（市社科联）　谢磊（整理）

宋韵激活浙韵　传中华文化美韵

——第二届浙东文化与东西方文明暨宋韵明心国际传播研讨会专家观点

党的二十大报告指出，要传承中华优秀传统文化，增强中华文明传播力影响力，推动中华文化更好走向世界。为贯彻落实党的二十大、浙江省第十五次党代会精神，2022 年 10 月，宁波市社科院（市社科联）、浙大宁波理工学院共同举办了第二届浙东文化与东西方文明暨宋韵明心国际传播研讨会，来自浙江大学、浙江省社科院、浙江省社科联，以及宁波高校、文化与历史研究方面的 40 余名学者和专家进行了集中研讨。会议深入挖掘浙东文化的时代风韵和国际影响，聚焦宋韵文化、阳明文化及浙东文化在文明互鉴中的重要价值，提出要推进海洋文化定位研究，唱响宋韵"双城记"，挖掘宁波学术在浙学中的重要地位，以宁波为基地促进中国文化"走出去"，讲好中国故事。

一、推进宁波海洋文化定位研究，建构海韵宁波学

（一）宁波是东亚思想文化交流的海外传播中心

在陆地与海洋交汇的东亚区域，宁波是地理上的几何中心，面海而生的优越位置与宁波深厚的人文思想积淀，使其在东亚思想文化传播进程中发挥着重要作用。宁波先贤朱舜水以 60 岁高龄东渡日本传经弘道，是这种影响力的显著案例。浙江大学求是特聘教授、亚洲文明研究院副院长王勇指出，作为宁波人的朱舜水打破语言壁垒，通过"笔谈"这种更具原始性、隐私性、临场感、自由度等特点的话语方式在异国他乡传经弘道，凭借一己之力在日本重建大成殿，极大地发扬了中国儒家传统文化。以金湜为代表的多位明代宁波籍外交使节则通过独特的"诗画外交"拓展着东亚文化交流的边界。宁波大学张如安教授指

出，居住在日湖的金湜作为使官出使朝鲜，继承"诗赋外交"惯例，并发展形成"诗画外交"，在与日本使僧的"唱酬交往"中，以共同文艺爱好为媒介加深彼此对对方文坛的了解，其留存的史料是明代前期东亚文化交流的重要物证。

（二）宁波是中国传统工艺海外输出的重要区域

古代中国一直是世界上发达的经济体，其手工业技术代表着当时世界先进水平。宁波作为中国古代面向海洋开放的前沿城市，天然发挥着工艺技术的对外输出功能。宁波大学刘恒武教授在对日藏 12—15 世纪中国系石狮的考察中发现，日本现存宋风石狮风格就是浙东石刻作品、工艺、石材、匠人经海运不断输入传播的结果。日本宋风石狮与日本九州萨摩塔（萨摩塔是宋朝中国工匠在宁波雕制完成之后装船输往日本九州的佛教供养塔）的配组置立，共同建构出了带有特定信仰内涵的功能场域，形成了寄寓宋人精神文化的意蕴空间。以日藏宋代输日石刻为代表的"四维"海丝遗存构建了由"物"及"场"、由"场"及"人"、由"人"及"史"的宁波海丝研究史。

（三）宁波是宋元时期海外贸易的枢纽城市

贸易不是中国古代统治者所关心的核心领域，但宁波作为海洋城市，一直被历代统治者视为重要的贸易港口。宁波海关胡丕阳指出，作为宋元经济贸易的组成部分，海上贸易最大的意义便是海外经济文化的互相传播。宋元时期的港城宁波已成为海外商品流入的门户，其与日本之间海上商贸文化的交流以及对日本经济所产生的影响，印证了宁波是海外贸易中的"活化石"，揭示了宁波在海外贸易中枢纽城市的重要地位。

二、唱响宋韵"双城记"，注重宋韵文化的多维互动

（一）杭甬"双城记"的历史脉动

宁波和杭州是中国"双城记"现象中历史最为漫长、结构最为特殊的城市关系。宁波文化艺术研究院黄文杰指出，两城对话始于史前河姆渡文化与良渚文化；在两宋，杭甬"双城记"显现了中华文化发展的新型城市关系。即以中原为主导的内向型大陆文明向以江南为代表的开放型海陆文明的转变进程。北宋时期，这一转型已基本完成；宋室南迁，江浙时代形成，浙江成为宋韵文化核心区域，而杭甬双城是宋韵文化产生的两个重要源头。

（二）杭甬"双城记"的宋韵联动

面向未来，杭甬两城要赓续宋韵文化，发挥双引擎作用，共同打造宋韵文化时代品牌，唱响建设宋韵文化"双城记"的新篇章。以共建宋韵文化为契机，打破部门和区域界限，设立杭甬文化传承发展规划领导小组，建立文化建设交流联席会议制度，促进资源共享，实现错位发展。坚持政府统筹、社会参与、官民并举、市场运作，统筹中央和地方、政府和民间、国内和国外各方资源，构建多渠道、宽领域、多形式、多层次的建设格局。

（三）注重宋韵文化的多维互动

宋韵文化的内涵极其丰富，多个向度的互动融合，有利于宋韵文化的传播。宋代牡丹文化和佛教文化就是其中两个案例。杭州市社科院刘航提出，北宋鄞人周师厚的《洛阳牡丹记》是现存宋代书籍中记载花卉园艺技术最为详尽的一本。宋人对牡丹的玩赏及其在牡丹学术化研究、政治性意义、文学艺术方面的贡献，揭示了作为宋韵具象之一的牡丹文化所蕴含的自信自强、持续创新、风雅精致精神。浙江大学博士后禹勇指出，唐宋以后三教归一的趋向，构成了宋学兴起的文化背景。佛学中心性本体、精神修养的思想、方法，均成为宋学建立理学思想体系的重要资源。越州（绍兴古称）作为佛教义学与佛法弘传的重镇，在中外佛教文化交流的历史中占据了重要地位。

三、探究浙韵大学问，丰富浙学的研究视域

（一）从宋韵到浙韵，深入探索浙江的文化美韵

"浙学"是对发生发展于浙江、形成了浙江特色的学术文化传统的理论概括，代表着一种富有地方特色的人文传统与理性精神，是一种富有人文精神、强调经世致用以及具有"多元包容"特点的人文传统。浙江省社会科学院研究员、浙江省儒学学会名誉会长吴光指出，宋韵与浙韵作为"浙学"中的浙江美韵，是两宋文化的精华和精彩所在，是物质文化遗产和非物质文化遗产中表现出来的精辟思想、高尚情操、哲学睿思、价值趋向、美学造诣、文学成果、艺术格调的总和，是数千年浙江地域历史文化积淀而来的物质文明遗产和精神文明遗产的总和。两者相辅相成、缺一不可，需要去做更多的发掘与弘扬。

（二）从宋韵到明心，持续推动"双创"的时代转化

中华优秀传统文化应在逐时代潮流、引时代精神、把时代脉搏中发展转化，

形成支撑中国新时代现代化发展的重要力量。宁波市阳明文化创造性转化与传播基地首席专家、浙大宁波理工学院蔡亮教授立足国际汉学的比较视野，结合百年来东西方学人对王安石与王阳明的思想、实践、功业、影响的梳理分析，总结发现同为改革教育家的两人有诸多相似之处。以王安石和王阳明为代表的宋韵明心国际传播，是浙学及浙东文化从文明开化向文明发扬的迈进，从有用之学向有为之学的转向，从为政之学向治世实学的延展。综观王阳明改革实践对王安石的务实修正和发扬，结合李约瑟对荆公新学派之颂和"阳明之疑"，表明以宁波为腹地的浙东文化，具有反对空谈、实事求是、随机应变的优秀品质。

（三）从浙东文化到亚洲文明，推动学科研究汇聚

浙江大学亚洲文明研究院执行院长黄华新教授指出，浙东文化是东西方文化交流的重要一环，是宁波文化的核心价值、历史特色、现实依据和未来方向。深入考察宁波海洋文化、海港文化的历史演变，对推动宁波历史文化名城、东亚文化之都建设、广泛开展亚洲文明间的对话交往具有重要意义。结合宁波丰富的浙东文化遗存与深厚的研究成果，开展文字语言的认知与变异、文物史迹的流变与保护、文献典籍的环流与再生、文学艺术的理解与对话、文化理念的传承与创新、文明思想的交融与共生六大维度（"六文"）的跨学科研究会聚，将进一步提升宁波的文化感召力与国际传播力。

四、绘就美韵中国风，讲述生动的中国故事

（一）深刻理解党的二十大报告中的"中国哲学"精髓

把马克思主义基本原理同中国具体实际相结合、同中华优秀传统文化相结合，是及时回答时代和实践提出的重大问题、始终保持马克思主义蓬勃生机和旺盛活力的根本途径。浙江社会科学院哲学所副所长张宏敏研究员从中国传统哲学的宇宙观、天下观、社会观、道德观等视角解读党的二十大报告，指出习近平新时代中国特色社会主义思想"是中华文化和中国精神的时代精华"，"中华优秀传统文化精华"就是凝聚中华先民智慧的传统中国哲学。坚定历史自信、文化自信，坚持古为今用、推陈出新，在新时代坚持"两个结合"就是要立足新时代的"中国具体实际"推进并实现中国传统哲学的创造性转化、创新性发展，实现"马克思主义中国化时代化"。

（二）充分挖掘世界经典文本里"中国文化"味道

世界经典文本是中华文化生发、扩散的重要媒介与依托。浙大宁波理工学院蔡蕾通过对与夏目漱石、芥川龙之介齐名的日本著名作家森鸥外作品的考察，聚焦森鸥外小说中的浙东元素书写，分析了日本社会浙东元素传播的方式、途径、效果和受众，在文学语境中考察相关浙东元素的文化内涵、思想外延和传播机制；并从他者、国际化的视角梳理浙东元素日本传播历史发展轨迹及其价值特征，总结当代浙东元素海外传播的有效途径和正确方向。浙大宁波理工学院刘杰则从文本细读与阐释的角度开掘历史典籍《越绝书》所呈现的浙江"主体性"精神特质，探寻浙江文化主体意识的建构历程，提出将浙江鲜活的经验与新时代社会主义文化主体身份的建构进行创造性结合、表达，是未来浙江文化艺术界、社科理论界的重要方向。

（三）切实推动乡村振兴实践中的"中国之治"模式

党的二十大报告指出，坚持和发展马克思主义不是背诵和重复其具体结论与词句，应着眼解决新时代改革开放和社会主义现代化建设的实际问题，不断回答中国之问、世界之问、人民之问、时代之问，作出符合中国实际和时代要求的正确回答。知名媒体人、文化学者瞿明磊通过对松阳文化试验的实地考察，发现百姓的自信与主导真正回答了在现代社会如何促进人民精神共富的"大哉问"。松阳从政府层面做大胆的文化体制设计，以"活的"空间来调动和涵养社会力量，为乡村文化振兴提供了可资借鉴的路向。浙大宁波理工学院王志蓉副教授指出，乡村振兴战略在乡村产业发展、环境宜居、农民增收等方面取得了显著成效，彰显了新时代"中国之治"的优势与力量。2021年宁波"精特亮"创建项目——镇海区"烟雨江南风情线"、绍兴市乡村振兴示范项目——上虞区道墟街道新屯南村"江南威尼斯"风貌设计的实践范例，为探索"诗意江南"乡村人居环境文化景观的表达语系以及"乡村诗意"的现代内涵和现实路径提供了借鉴。

宁波市阳明文化创造性转化与传播基地　　刘　杰　赵超君　夏佳来

关于"以甬为窗"打造中华优秀传统文化国际传播高地的建议

党的二十大报告指出，要"增强中华文明传播力影响力"，"加强国际传播能力建设，全面提升国际传播效能，形成同我国综合国力和国际地位相匹配的国际话语权"，"深化文明交流互鉴，推动中华文化更好走向世界"。推动中华文化"走出去"、增强中华文化海外感召力是国际传播建设的重要内容。当前宁波正全力推进现代化滨海大都市建设，以"甬"为窗，用"宁波之美"向国际世界展示"中国气派"，打造中华优秀传统文化国际传播高地，既是优势所在，更是新时代的使命担当。

一、打造中华优秀传统文化国际传播高地的重要意义

（一）聚焦深化"中华文明探源工程"，筑牢海内外中华儿女的文化自信之基

中华文明源远流长、博大精深，是中华民族独特的精神标识，是当代中国文化的根基，是维系全世界华人的精神纽带，也是中国文化创新的宝藏。中华优秀传统文化是中华文明的智慧结晶和精华所在，是中华民族的根和魂。宁波既有作为中华文明重要的发源地之一的河姆渡遗址，又是中国的重点侨乡，要进一步推进河姆渡文化的挖掘研究、时代转化、海外传播，以文化为缘，强化海内外中华儿女的精神纽带，打造铸牢中华民族共同体意识的宁波品牌，"以侨为桥"，拓展与其他文明的交流互鉴，打造文明交流互鉴的宁波品牌。

（二）聚焦"海上丝绸之路"联合申遗，塑造好现代化滨海大都市的海外文化形象

宁波是中国大运河出海口、海上丝绸之路启航地，唐宋至今，宁波港一直是中国商贸及文化交流的重镇，是中国连接世界的"重要窗口"。茶文化、禅文化等由宁波传入东亚地区而远传欧美，影响深远。聚焦"海上丝绸之路"联合申

遗，宁波要进一步依托传统文化的海外影响力，塑造好"书藏古今、港通天下"的海外文化形象，为宁波的开放发展营造文化氛围。

（三）聚焦"宋韵文化"等的创造性转化、创新性发展，彰显优秀传统文化的新气派

文化是不断发展的，弘扬优秀传统文化不是钻在"故纸堆"里，而是要与社会主义社会的发展相适应、相融合、相助力。优秀传统文化要进一步转化为促进区域文明进步、人民精神富有的精神力量，面向海外传播中华优秀传统文化，要彰显文化的时代魅力。

二、关于打造中华优秀传统文化国际传播高地的建议

（一）三大策略

一是聚焦策略。中华优秀传统文化源远流长，各地文化资源极为丰富，各地在传播中往往"多头开花"，无法形成持续效应。宁波传统文化传播要进一步"聚焦"，建议以中国特色的海洋文化（滨海文化）为核心主题，聚焦河姆渡文化（铸牢海内外中华儿女文化自信之基）、海丝文化（诠释中华文化的文明互鉴观）、宋韵文化（推进匠造文化国际交流）、心学文化（依托禅宗文化、阳明心学等展示"民心相通"的东方智慧）、宁波帮文化（打造企业家精神国际交流品牌）等特色文化进行传播。

二是精准策略。欧美智库及学界指摘中国文化传播为"锐实力"（sharp power），海外孔子学院的发展面临严峻的考验。宁波要重点面向宁波籍侨胞集聚、商贸联系密切的重点国家以及具有潜力的共建"一带一路"国家，开展政策、国情及国际传播方面的专项研究，有针对性地进行传播。同时，在传播内容、传播方式上，要能适应海外政治环境、贴近海外受众的偏好。

三是整合策略。以宁波党委统筹的国际传播格局为统领，打通行政资源、层级资源、企业资源、社会资源、海外资源，推进跨部门、跨层级的联合创新、联合传播。建议市委层面统筹制定"以甬为窗"打造中华优秀传统文化国际传播相关的实施方案，完善相应的工作机制，以5年为周期打造特色传播品牌，形成全国范围内具有示范性的探索经验。

（二）四项机制

一是探索推进党委统筹、各部门协力、市场社会协同的工作机制。市委全盘统筹，宣传、外事、统战、教育、文旅、商贸等相关部门协力推进，充分发挥社会组织、文化企业的传播协同作用。针对特色文化品牌，探索项目化的国际传播机制，整合全域资源进行集中攻关。

二是探索打造"本地党媒＋国际传播矩阵"的协同机制。结合媒体融合发展、建设全媒体的探索实践，提升党媒的国际传播能力，重点建好国际化的综合门户网站，发挥"宁波国际传播中心"作用，拓展与海内涉外媒体、海外媒体、海外华文媒体、社交媒体（意见领袖）的协作网络，打造多主体、高效率的国际传播矩阵。

三是探索建立"文化研究—文创转化—文化展示—国际传播"一体化的发展机制。建好传播源，加大对以国际传播为导向的优秀传统文化研究的资助力度，积极推进相关文化研究成果的多语言翻译。建好国际传播智库，强化学者专家对国际化文创及国际传播的指导。整合资源，做精"宁波之窗——国际人文交流基地"。培育一批从内容生产、技术服务、国际社交媒体运营方面的专业化企业，在现有文化产业园基础上，谋划建设宁波国际传播示范性产业园。

四是探索推动数字化赋能及国际传播舆情监测机制。依托数字化改革，推进国际传播整体智治，建好国际传播的多跨应用场景。依托大数据分析技术，建立完善国际传播的绩效评价体系以及国际传播的舆情监测机制，及时应对国际传播中的舆情风险。

（三）六大渠道

一是依托海内外社科资源，拓展"学术传播"。开展重点文化课题的全球招标，邀请海外乡贤、知名学者开展对传统文化的专项研究，举行成果海外发布活动。发挥宁波诺丁汉大学"中国研究"（China study）的专业优势，推动文化研究、交流活动。引导宁波大学等在甬高校、研究机构，开展专题研究，举办高端国际学术研讨活动，拓展与海外高校的文化交流。

二是依托承办大型国际活动，创新"外事传播"。通过中国—中东欧国家经贸合作示范区等合作项目及承办各类国际性展会，促进中华优秀传统文化、宁波特色文化的展示与传播。进一步探索宁波索菲亚中国文化中心的文化传播长效机制，壮大海外知华友华力量。发挥宁波茶文化促进会等专业的社会组织的作用，开展民间外交。创新在甬外籍人士学习中华优秀传统文化的方式，推进文化诠释、文化体验的时尚化、年轻化。

三是依托全媒体建设，做强"媒体传播"。增强本土党媒的国际传播能力建设，推动与海内外各类媒体合作，打造高质量的国际传播矩阵。培育海外传播官，拓展与海外社交媒体、意见领袖（KOL）等的合作，以小切口做好文化传播。

四是依托旅游资源，做优"文旅传播"。国际游客是"走进来"的传播资源。国际游客的偏好是散客式、深度体验式旅游，对文化体验的要求高。宁波要进一步聚焦"打造国际性高品质滨海旅游目的地"，开展国际化文旅与国际传播的专项研究，重点打造河姆渡、三江口等国际化文旅基地，发展国际化民宿，提升文旅品质，用文旅讲好中国故事。

五是依托海外统战资源，扩大"统战传播"。统一战线一直是国际传播的重要媒介。要以传统文化为纽带，增进海外侨胞的乡情乡谊，培育爱国力量。"以侨为桥"，依托海外侨胞、留学生群体的"朋友圈"，促进文化交流；引导新的社会阶层人士，特别是网络代表人士，用社交媒体讲好中国故事；引导非公经济人士展示好中华商道与企业家精神；引导城市中的少数民族代表，展示好我国民族政策的文化底蕴。

六是依托数字化改革成果，推进"云传播"。充分利用5G、大数据、云计算、物联网、区块链、人工智能、AR/VR、流媒体、超高清等技术，打造全息化、可视化以及沉浸式、交互式的国际传播形态与传播模式。推进文化场景的元宇宙转换，再现河姆渡等特色文化场景。结合年轻人喜欢的电竞，面向海外推出传统文化手游等。推进文化数字化建设，创作与传统文化相关的数字化艺术品，依托区块链进行全球推广。

浙江省社会主义学院　李　锋

宁波市社会主义学院　傅齐纨

浙江传媒学院　李　奈

国内相关城市"十四五"文化发展规划比较及对宁波的启示

2021 年下半年以来，国内许多城市陆续发布了"十四五"文化发展规划，对"十四五"时期城市文化发展总体思路、目标任务、工作重点等进行了部署。课题重点选取南京、杭州、青岛、深圳、宁波等 5 个经济相对发达的副省级城市，就相关城市的文化发展目标定位、文化产业发展、公共文化服务、文化传播能力建设进行比较分析。在此基础上，围绕宁波新时代文化高地目标的打造，针对宁波文化发展目标的赓续创新、文化产业发展的重点、公共文化服务标杆的打造、文化传播格局的优化提出若干建议。

一、相关城市的文化发展目标定位比较

（一）特点分析

从表 1 看，相关城市在文化发展目标定位上主要有如下特点：

一是注重全球视野。杭州、南京、深圳都提出了"世界级"目标，青岛和宁波则相对更注重国际化。

二是注重彰显地方特质。如南京提出了打造世界文学之都和历史文化名城的目标，杭州提出了打造底蕴深厚、古今辉映的历史文化名城的目标，青岛将时尚作为城市标识来引领城市文化发展。

三是注重标杆引领。如青岛着力打造区域文化中心城市、全国文明典范城市和新时代思想标杆实践地，深圳提出着力打造公共文化服务标杆、文体旅游产业先锋、国际时尚创意高地、国际文化交流中心。

表1　5个城市的"十四五"文化发展规划及2035年远景规划的目标定位

城市	目标期	规划目标/城市定位
杭州	"十四五"	基本建成底蕴深厚、古今辉映、幸福宜居的世界级历史文化名城，着力打造理论学习实践标杆城市、全国文明典范城市、世界遗产群落、国际文化创意中心
	2035年	率先建成社会主义现代化文化强国示范城市
南京	"十四五"	文化强市建设取得重大进展，初步建成"博物馆之城"，打响"世界文学之都"品牌
	2035年	成为国家文旅中心城市、世界文学之都、世界历史文化名城
青岛	"十四五"	打造成为区域文化中心城市
	2035年	建设成为国际海洋文化名城，成为全国文明典范城市和新时代中国特色社会主义思想标杆实践地
深圳	"十四五"	建成辐射粤港澳大湾区、服务全国、面向世界的区域文化中心城市，着力打造公共文化服务标杆、文体旅游产业先锋、国际时尚创意高地、国际文化交流中心。
	2035年	成为彰显国家文化软实力的现代文明之城和城市文明典范
宁波	"十四五"	打造与现代化先行市和共同富裕先行市相适应的新时代文化高地，初步建成独具魅力的文化强市
	2035年	全面建成独具魅力的文化强市，成为社会主义文化强国先行市

（二）对宁波的借鉴意义

一是提高格局站位。打造文化标杆，发挥城市文化引领作用，辐射宁波大都市圈，服务全国，面向共建"一带一路"国家，突出城市文化的国际化发展。

二是打响"书藏古今、港通天下"城市文化名片。突出历史传承和独特魅力打造，积极推进以图书馆之城和读书名城为基础的书香历史文化名城建设，注重打造港航文化历史底蕴深厚、港城文明璀璨的航运文化名城。

三是强化目标定位的延续性。宁波文化发展规划目标定位先后经历了"十五"时期的"初步形成都市文化新格局"、"十一五"时期的"形成文化大市格局，成为文化名城"、"十二五"时期的"文化大市向文化强市转变"、"十三五"时期的"基本建成文化强市和东方文明之都，构筑全国大城市的文化高地"，到"十四五"时期提出"打造新时代文化高地，初步建成文化强市"。当前，应锚定"全国新时代文化高地"的目标，结合现代化滨海大都市打造和全国文明典范城市建设，传承宁波历史文脉，厚植港城文化优势，构建起以文化力量推动社会全面进步的新格局。

二、相关城市的文化产业发展比较

（一）特点分析

从表2看，相关城市在文化产业发展方面有如下特点：

一是注重产业规划引领发展。5个城市都将文化产业发展纳入了城市文化发展规划，杭州和宁波还单独出台了文化产业（或文旅产业）发展专项规划。

二是紧密围绕重点产业施策。青岛围绕影视产业等六大重点文化产业出台产业发展实施意见和若干措施，深圳提出围绕重点文化产业实施系统性对策。

三是强调数字产业化和产业数字化。杭州结合城市资源优势，将数字内容、数字文化展示、在线艺术教育、数字文化旅游、文化智能制造等纳入发展重点；青岛提出优先发展影视传媒、网络视听、高新视频、数字出版等新兴产业；南京提出积极培育数字文化新业态；深圳提出建设成为数字文化发展高地。

四是注重组团集聚发展。杭州提出"两带引领、五廊支撑、八组团联动"；南京提出打造国家级秦淮特色文化产业园和20个文旅产业集聚区；深圳提出建设8个国家级文化产业平台建设。

表2　5个城市文化产业发展的定位、布局、举措

城市	发展定位	重点领域与举措	产业布局
杭州	打造全国文化产业高质量发展样板地、全国数字文化产业创新发展示范地、新时代"文化创意新生活"引领地。文化产业增加值3000亿元	做大做强数字内容、影视生产、动漫游戏、创意设计和现代演艺等优势行业，大力培育数字文化展示、在线艺术教育、数字文化旅游、文化智能制造等新兴业态	两带引领、五廊支撑、八组团联动
南京	新增1~2个国家级文化产业园区，文化产业增加值占地区生产总值比重达7%，构筑长江经济带的文化产业增长极	打造"文化+"产业生态，加快推进文旅融合发展，健全文化产业现代市场体系。重点发展文艺创作、文化娱乐、动漫游戏、影视出版等优势产业，培育数字文化新业态	一城、一环、两带、两片
青岛	跻身国内一流、世界知名的文化创意中心城市行列。打造国际一流的影视工业化生产基地。文化产业增加值达到1000亿元	优化文化产业结构，扶持培育文化领军企业，强化文化产业载体建设，加强"一体""两态"建设。重点发展影视业、音乐演艺、创意设计、数字文化等产业	与"一城一线一中心、两翼齐飞多组团"结合

续表

城市	发展定位	重点领域与举措	产业布局
深圳	打造中国文化产品和服务的国际贸易基地，文化及相关产业增加值达3200亿元。成为全国数字创意产业创新发展高地，数字创意产业增加值突破1000亿元	推动文化产业高质量发展，加强国家文化与金融合作示范区等8个国家级文化产业平台建设。实施数字创意产业集群行动，办好深圳创新创意设计学院等13个数字创意重点项目和活动	
宁波	建设全球文化智造中心、全国一流影视产业基地、国家文化出口基地、全国文化与金融合作示范区、全国数字文化产业新兴集聚区和长三角文旅融合先行区	提升传统文化产业能级，重点是文化智造和文旅融合；壮大核心文化产业规模，重点是发展创意设计、影视、音乐演艺、传媒出版；补齐数字文化产业短板，重点是数字内容产业等	一核、两带、十区

（二）对宁波的借鉴意义

一是推进重点产业精准施策。在原有专项规划的基础上，围绕文化智造、创意设计、影视、音乐演艺、传媒出版、数字内容等重点文化产业，出台相应的促进发展政策。

二是厚植文化智造优势。支持进一步做强舞台机械、钢琴、音响设备、印刷设备等优势文化装备业，加快推动文教用品用具制造业转型升级，将文化智造作为宁波市发展千亿产业集群的重要组成部分，将宁波打造成为全球文化智造中心。

三是强化数智赋能。以数字化、智能化推进传统文化产业的迭代升级，着力发展数字内容产业，积极培育数字文化新业态，补齐文化数字短板。

四是强化集群发展。加快构建"一核、两带、十区"文化产业发展格局，推动形成文化产业集群；提升产业平台能级，推动更多的市级文化产业园区争创省级、国际级产业平台，提升平台对产业、企业的吸附能力、服务能力和培育能力。

五是强化项目带动。根据党的二十大提出的"实施重大文化项目带动产业发展战略"要求，以重大文化产业基地项目建设、标志性文化设施项目建设、重点文旅景区项目建设以及重点文化企业引育为着力点，推动文化产业加快发展。

三、相关城市的公共文化服务体系发展比较

（一）特点分析

从表3看，相关城市在公共文化服务方面有如下特点：

一是注重地标符号建设。如深圳提出高标准打造深圳歌剧院等十大未来城

市文化地标，并提出打造六大现代化国际化城市文化核心区；杭州提出高规格、高标准推进文化地标建设。

二是注重优质文化产品供给。5个城市都提出加强基层公共文化服务设施建设和公共文化服务体系建设有关内容，如南京提出通过四大建设工程、打造文艺创作高地等举措，加大高质量文化产品供给。

三是注重公共服务效能。南京提出推进公共文化服务效能化建设；青岛提出公共文化产品精准化、个性化、高效化配送以及公共服务的可及与便捷。

表3 5个城市公共文化服务体系的发展定位与主要举措

城市	任务	重点项目/重点工作（节选）
杭州	幸福美好生活文化创造。每万人拥有公共文化设施面积5000平方米	推进杭州未来文化中心等9个项目建设和五大地标文化地标建设；推进公共文化服务设施更新、扩容、升级工程；强化基层文化阵地建设；重点打造10个特色文化街区；创新公共文化服务管理机制
南京	完善高效均衡的文化公共服务体系。提升文化服务效能，提供更为丰富的文化产品。基层文化站和综合文化服务中心覆盖率达100%	推进公共文化服务标准化、均衡化、效能化、共享化、品牌化、社会化。打造"南京原创"文艺创作高地；加强高质量文化产品供给；高标准推动公共文化数字化建设
青岛	构建更加完善的公共文化服务体系。公共文化设施面积为290万平方米（新增15万平方米）	实施文化惠民、全民阅读和公共文化场馆免费开放三大工程；推动文化资源更多向基层倾斜；推动公共文化服务数字化建设；规划建设市民文化广场，扩建博物馆，新建图书馆新馆、新书城；建设文化礼堂、乡村戏台等主题功能空间
深圳	率先构建满足人民美好精神文化生活新期待的公共文化服务体系。打造公共文化服务高质量发展的样板。新增公共文化设施面积100万平方米	打造6个现代化国际化城市文化核心区，加快建设十大文化设施，加快提升改造十大特色文化街区，加强基层文化设施建设，打造"十分钟文化服务圈"。加强公共文化服务精准供给，优化群众性文化品牌活动，提升全民阅读服务水平，推进公共服务智慧平台建设
宁波	推动公共文化服务提档升级。每万人拥有公共文化设施面积4565平方米	建设河海博物馆等一批重大文化工程，完善市、区、乡镇（街道）、村（社区）四级公共文化设施网络，推进公共文化设施智慧化改造；深入实施文艺精品工程；实施高品质文化供给提升工程；完善公共文化服务管理机制

（二）对宁波的借鉴意义

一是打造文化公共服务领域的标杆地。将标志性文化项目建设摆在更加重要的位置，形成一批具有鲜明城市印记的文化地标和城市文化核心区；以争创全国文明典范城市为契机，打造公共文化服务一体化建设示范样板和农村特色文化服务典范。

二是进一步提升公共文化产品的便利性。从完善公共文化服务体系着手，拓展农村文化礼堂的藏书与展览功能，加强居民小区文化建设，提高文化服务的数字化水平，积极推动"15分钟公共文化服务圈"向"10分钟文化服务圈"迈进，多渠道提高文化产品的可得性。

三是大力推进公共文化服务标准建设。推进公共文化服务标准化和共享化，实施更高的公共文化服务标准，着力提高文化服务设施的综合使用率，丰富文化产品供给，不断增强人民群众的获得感、满足感、幸福感。

四、相关城市的文化传播能力建设比较

（一）特点分析

从表4看，相关城市在文化传播方面有如下特点：

一是突出新时代思想理论研究传播。杭州提出要全面加强新时代理论武装；青岛提出要推动理想信念教育常态化；南京和杭州将社科强市作为重要任务。

二是突出对外文化交流。5个城市都提出要提升对外文化传播能力，如：杭州提出打造世界文明交流互鉴的重要窗口；南京提出推进世界文学之都建设；宁波提出打造4个对外交流平台和1个资源库。

三是突出城市形象和品牌塑造。青岛提出立足于城市形象塑造和市场营销攻略，为"搞活一座城"提供更加响亮的文化价值品牌；南京提出要彰显世界历史文化名城魅力，提升国际和平城市影响。

四是突出全媒体传播体系构建。深圳提出建立以内容建设为根本、先进技术为支撑、创新管理为保障的全媒体传播体系；杭州提出推动传统媒体与新兴媒体深度融合，构建一体化移动新媒体矩阵。

表4　5个城市在文化传播能力建设方面的任务与重点举措

城市	任务	重点项目/重点工作（节选）
杭州	推动媒体深度融合，提升主流舆论影响力	实施全媒体传播体系强化工程，推进市属媒体平台提升和新型主流媒体品牌建设；实施国际文化交流窗口打造工程，打造世界文明交流互鉴的重要窗口

城市	任务	重点项目 / 重点工作（节选）
南京	建设更高水平的传播平台，优化"美丽古都"国内外营销体系	实施全媒体传播工程，分层、分圈打造市场品牌；加强国际传播能力建设，拓展国际传播平台和渠道，推进世界文学之都建设，提升国际和平城市影响力
青岛	构建主流舆论引导体系	推动媒体深度融合发展，推动市级媒体消肿减负，打造县级融媒体中心样板，打造新时代新思想研究传播新高地；深化城市品牌传播营销，提升对外传播能力
深圳	率先构建适应科技创新和媒体融合发展趋势的广播电视与网络视听发展体系、开放包容的文化合作交流体系	推动媒体融合纵深发展，促进广播电视精品创作，推动智慧广电创新发展，完善监测监管体系建设。加强深港澳文化艺术交流（三活动六平台），扩大"一带一路"文化交流，打造中华文化"走出去"重要基地
宁波	提升全媒体环境下的舆论引导水平，完善城市对外传播体系	建设品牌版面、频率、频道，建成政务新媒体矩阵体系；实施五大全媒体传播工程重点项目；深化高水平网络综合治理体系建设。实施宁波国际传播平台组建等对外传播重点项目

（二）对宁波的借鉴意义

一是深入开展新时代理论阐述和思想学习教育。打造学习宣传研究实践习近平新时代中国特色社会主义思想的重要阵地，发挥智库平台作用，推进党的创新理论研究阐释，推动社科强市建设。

二是深入推进国际传播体系建设。在建设现有 5 个对外文化交流平台项目的基础上，分层次构建对外文化传播平台，利用宁波产品出口优势传播宁波文化，系统打造国际文化交流窗口，丰富对外文化交流合作活动与内容。

三是深入推进城市形象塑造与宣传。挖掘宁波城市精神，擦亮城市招牌，提高城市辨识度，做好共同富裕先行市、历史文化名城、书香港城、幸福宁波等的宣传，打造城市金名片。

四是深入推动全媒体传播体系建设。深入践行党的二十大提出的"加强全媒体传播体系建设"要求，坚守党报党刊和广播电视主阵地，统筹各类网络传输资源，推进传统媒体和新兴媒体深度融合，形成一体化全媒体传播新格局。

宁波城市职业技术学院　刘晓斌

宁波市社科院（市社科联）　张　英

（宁波市城市发展研究基地课题成果）

新赛道：经济坐标系下推动宁波文化产业高质量发展思考

　　宁波市十四次党代会报告提出要高质量发展文化事业和文化产业，要大力实施文化产业"新势力"成长计划，做强做优传媒、影视、音乐、演艺等业态。文化产业对地区经济发展的带动作用日益增强。就宁波而言，与杭州经济差距中约一半差距来自文化产业（据统计2021年，宁波与杭州GDP相差3514亿，文化产业增加值相差1519.23亿）。城市间的文化产业竞争，不仅表现为存量之间的竞争，还表现为增量之间的竞争。因此，宁波应抢抓赛道机遇，加快文化产业战略布局，充分释放文化产业经济潜力，为宁波市争先进位、加快构建现代化滨海大都市提供强劲动力。

一、文化产业是经济增长的重要引擎

　　从宁波与杭州的对比数据看（见表1），壮大文化产业对缩小杭甬经济差距具有重大影响。从存量看，杭甬文化产业增加值占全省比重相差31个百分点，差距（1519.23亿元）占杭甬GDP差距（3514亿元）的43.23%；占各自GDP比重方面宁波比杭州约低7个百分点，比浙江高0.61个百分点，并低于全国占比，文化产业对宁波经济贡献亟待深度挖掘。从增速看，宁波文化产业增加值增速低于杭州5.17个百分点，同时低于全省平均增速2个百分点，且增速差距呈拉大趋势，文化产业基础优势及增量空间亟待充分发挥与释放。

表1　2021年宁波与杭州文化产业及经济规模情况对比

地区	增加值 / 亿元	占全省比重 /%	增速 /%	GDP/ 亿元	占 GDP 比重 /%
杭州	2586	52.30	13.17	18109	14.28
宁波	1066.77	21.58	8.0	14594.9	7.31
全省	4944	100.00	10	73516	6.7

二、文化产业是新兴产业的重要赛道

从宁波与杭州的数据对比看，文化产业转型升级力度决定了文化与经济融合共进的强度。

（一）产业结构

从产业结构看，杭州文化产业主要发力文化服务业，其增加值为 2082.69 亿元，占整个文化产业增加值比重达 93.2%（见表 2）。相比之下，宁波文化服务业增加值不足杭州一成比重，差距十分明显。宁波文化产业得益于宁波装备制造和消费终端制造基础优势，主要发力文化制造业，其增加值 219 亿元，是杭州的近 2 倍。

表 2　2021 年宁波与杭州文化产业增加值比较

城市	文化制造业		文化批发和零售业		文化服务业	
	增加值 / 亿元	占比 /%	增加值 / 亿元	占比 /%	增加值 / 亿元	占比 /%
杭州	107.26	4.8	44.28	2.1	2082.69	93.2
宁波	219.32	46.5	64.04	13.6	188.49	39.9

（二）新业态

从新业态看，宁波与杭州的文化产业差距主要来自新业态。不管是新业态爆发式集中增长的文化服务业还是文化制造业，都需要不断迭代，拓展市场空间边界和扩大消费需求。2020 年，宁波新业态文化产业增加值增速仅为 1.05%。全部 16 个行业小类的新业态文化产业中，全市只有 8 个行业小类有企业分布，很难支撑文化产业新业态的融合与裂变。

（三）消费需求

从消费需求看，宁波文化产业业态分布很难满足本地市民消费需求，需求外溢现象严重，更没有虹吸效应。根据常住人口和人均教育文化娱乐消费支出，可粗略测算出宁波市文化市场需求总量约为 290 亿元，对比不足 190 亿元的文化服务业增加值，凸显文化市场供给不足，本地需求外溢。杭州则相反，文化服务业增加值远远大于市场需求总量，虹吸效应明显。

三、促进宁波文化产业高质量发展的对策

（一）植氛围：厚植宁波特色文化底蕴

文化是一座城市最具特色的标签，要做大文化产业，厚植文化底蕴，关键

是要坚持品牌引领，以理念为先导，激发城市文化魅力，宣传城市文化形象。创新河姆渡文化、海丝文化、阳明文化、佛教文化等历史文化的现代诠释方式，以时尚的方式打开传统文化脉络；提升市民鉴赏水平，高水平举办文化产业博览会、旅游节、影视节、动漫节、书画展等文旅节展，定期举办嘉年华、歌舞剧、交响乐、音乐会等演出活动，让更多宁波市民接触优质文化产品；实施城市文化形象全球推广计划，深度利用海内外新媒体平台，加强宁波城市文化事件策划，持续提高吸粉引流能力，增加城市形象曝光率；打造国际知名文化品牌，突出"文化＋时尚""文化＋制造"等主题，积极策划举办中国（宁波）国际时尚博览会、中国（宁波）国际电影节、中国国际传播大型融媒系列活动等，提升宁波城市文化引领力。

（二）强链条：夯实宁波文化产业根基

文化产业发展的链条由策划设计、硬件建设、内容生产、管理运营等关键环节组成。只有所有环节都重视，才能形成文化产业链的四梁八柱。当前宁波要以科技创新和数字化变革为抓手，以创新赋能打造三大特色文化制造业，补齐文化服务业短板，不断拓展文化产业新业态，形成"3+N+X"特色文化产业体系。具体措施包括：加强优势产业与文化元素融合，围绕文化装备、纺织服装、智能家居三大领域，强化产品外观美学设计和创意元素融合，体现消费轻奢、文化内涵和功能性融合新风尚，推进三大特色文化制造业蝶变提质；培育壮大数字文化内容产业，加快发展线上演播、数字创意、数字艺术、数字娱乐、沉浸式体验等业态，增强优质文化产品供给能力，做大做强文化服务业；推进"文化＋"融合发展，依托宁波良好的传统优势产业基础和丰富的文化资源，推动与文化产品、文化元素的融合发展，培育"文化＋教育""文化＋科技""文化＋消费品""文化＋大健康""文化＋旅游"等新业态、新模式；加强文化产业硬件设施投入，为文化产业的发展提供支撑；引进一流的管理运营团队，提升文化场馆、文化设施的运营效率，努力提升综合效益。

（三）强主体：引育一流文化产业企业

一是支持"文化航母"企业引育建设。加强国内外大型文化企业招引，加大本土文化产业企业扶持力度，开展"宁波文化企业30强"评选，打造宁波老字号"不老传说"，着力打造一批年销售收入超百亿元的"文化航母"龙头企业，形成若干国际化自主品牌。特别是要紧盯全国文化百强企业，以宁波的综合优势吸引龙头企业入驻。注重各大央企的文化旅游板块，在和央企合作的同时推进文化产业项目落地。

二是做强"文化战舰"高成长企业。建立文化创意产业孵化园区，完善中小微文化企业孵化体系和创新服务体系，推进传统媒体和新媒体深度融合，打造形成一批研发投入强、知识产权多、细分领域"专精特新"的文化企业。

三是注重"文化导弹"名家名室培育。加大政企合作招引力度，大力吸引文化大师、文化名家开设工作室和实践基地，加快独立设计师和新锐品牌集聚，使宁波成为全国文化名家名室创业创新的首选之地。

（四）优空间：优化文化产业发展空间

结合全域国土空间整治，坚持规划领航，加强文化街区、文化产业园区和文化专业市场三类空间优化布局，打造一批国际知名文化产业地标。

一是打造文化功能融合街区。强化文创港、老外滩、东外滩、月湖、秀水街、南塘河等区块更新，推进历史文化建筑和工业遗存业态植入，布局文化创意、文化艺术、文化发布、设计、展示和消费等空间。

二是规划建设文化产业园区。结合城市更新改造和新城开发，协调、整合和引导市场力量和资源有序流向进入，依托现有66家文化产业园区，整合提升建设一批辐射全国、面向国际、富有文化内涵和人文气息的产业发展空间，打造形成高质量国家级文化产业园区的预备队。

三是努力繁荣文化市场。推进文化产品、艺术品的交易和传播，促进文化消费；利用自贸试验区和中东欧经贸合作示范区的优势，建立国际文化艺术品交易和传播中心。

（五）聚智力：构筑一流文化产业人才发展高地

坚持政府引导、企业主导、院校参与的原则，由市场决定供给，培养更多符合市场需求的时尚产业人才。

一是加强产学研合作培养。加强文化产业人才平台建设，支持宁波大学、宁波诺丁汉大学、浙大宁波理工学院等高校优化专业设置和课程体系，深化学校和文化产业企事业单位的合作，建设一批文化产业人才培养基地，培养兼具理论知识和实践技能的复合型文化产业人才。

二是加大高层次人才引培力度。围绕文化和旅游重点领域、重点产业，依托"甬江引才工程"等重点人才工程，发现、培养和引进一批文化产业管理人才、研发设计人才、策划营销人才。

三是加强文化智库建设，组建宁波市文化产业新型高端智库，主动谋划招引一批文化大项目，为全市文化产业高质量发展提供"智力"支撑。

宁波市发展规划研究院　李佩佳

宁波市社科院（市社科联）　张英（修改）

港城文化建设的国际经验及对宁波的启示

繁荣港城文化是习近平总书记对宁波的殷切嘱托，也是宁波彰显滨海特色、推进港产城文深度融合、建设现代化滨海大都市的必由之路。当前，宁波港城文化建设存在港城个性特质不够突出、主题人文景观不够鲜明、特色文旅产业不够发达、与经济社会发展融合不够紧密等问题。本文借鉴了横滨、汉堡、鹿特丹、新加坡等国际著名港城在港城文化建设方面的先进经验，建议从以下四个方面发力破解宁波港城文化建设中的难题：塑造景观，构建港城文化空间；凝练特质，打造港城文化地标；精心策划，举办港城特色文化活动；特色引领，推进港城文旅产业。

宁波市第十四次党代会和市委文化工作会议将"彰显港城文化新气象""推动港城文化大发展大繁荣"作为文化建设重要主题，港城文化再次迎来重要的发展机遇。对标宏伟蓝图，反观当前宁波港城文化建设，仍存在以下几个短板：一是城市主题人文景观特色不够鲜明，港城文化空间构建缺少统筹规划；二是港城个性特质不够突出，文化地标面目模糊；三是港城特色文化活动不够丰富，港口与城市、居民没有形成强关联；四是港城特色文旅产业发展偏弱，与经济社会发展融合不够紧密。这些不足制约了宁波市港城文化建设向更高层次发展。借鉴国内外港口名城的文化建设经验，有助于宁波破解相关领域的难点、堵点，创造港城文化新辉煌，为现代化滨海大都市建设提供坚实的文化支撑。

一、港城文化建设的典型案例与国际经验

（一）构建港城文化空间

城市文化形象需附着于文化空间。横滨、汉堡等许多国际知名港城坚持规划先行，持续致力于构建和拓展港城文化空间，不断提升港城文化的"能见度"和"感知度"。日本"横滨港未来21"的规划与建设有如下经验可供借鉴。

"横滨港未来21"在建设的第一阶段就明确指出城市功能中心建设要突出"港城主题",在日本丸纪念公园、横滨博物馆、横滨美术馆等大型文化设施的规划建设中就体现了这一主题。"横滨港未来21"通过主题文化的塑造快速形成了区域吸引力,树立了横滨的港城形象。

在第二阶段的"购物中心公园"建设中,开辟了纵向步行轴线,设计了"港""船""海"三个主题区,凸显特色,增加文化氛围。"港"主题区:以一个船坞花园为核心,通过错落的空间,形成丰富的活动休憩场所。"船"主题区:设在购物中心公园内,点缀白色的城市家具,塑造甲板化氛围,形成一个文化消费。"海"主题区:通过多变的水主题,使人们在远离港口的区域也能感受到海洋气息。在横滨的其他街区,也随处可见船型的花器、画有横滨港口史的窨井盖,街道两旁则营造出浓厚的海洋氛围。

(二)打造港城文化地标

文化地标是城市个性特质的浓缩。综观世界著名港城魅力之形成,除了依靠强大的经济实力,还有赖于以下三个方面:

一是凝练和培养城市特质。对本城文明发展进程中积蓄的精神财富进行高度抽象概括和提炼,并进行持续多年的孕育和培养。如上海的"海派"、迪拜的"奢华"、悉尼的"典雅"、横滨的"多元"等。

二是营造和提炼特色景致。对最能代表城市自然景观和文化特质的文旅资源进行整合、包装、推广,以文旅促进城市文化品牌建设。例如,悉尼十分注重海洋风情节点的提升,将其海洋形象外显化,借2000年悉尼奥运会之机,更新达令港,确立达令港在世界级滨水休闲区的地位,从而展现达令港水岸与建筑天际线共同构成的悉尼城市意象。悉尼还推出多条围绕特定文化主题、以特定文化旅游目的为主导、跨空间线路整合相应文旅资源而形成的文化旅游线路,其中最著名的是悉尼港文化丝带线路。该项目通过串联悉尼的文化场所和环境,编织出一个美丽的"悉尼故事",以支持城市的身份认同。

三是规划和打造景观地标。由气质塑形,打造基于港城地理特征、基于城市气质的文化地标。如新加坡的鱼尾狮身像、悉尼的歌剧院、迪拜的金帆船酒店、汉堡的国际航海博物馆、鹿特丹被称为"欧洲桅杆"的观望塔等。这些文化地标不仅成为世界级的文化旅游产品,有些甚至还引领了城市形象的升级,如悉尼歌剧院的建成及随之而来的旅游热潮,使悉尼以全新的文化之城、艺术之城形象，替代了工业城市的既有形象。

（三）创设港城特色文化活动

大型特色文化活动是城市主题文化塑造和城市形象推广的重要手段。许多世界著名港城基于港口和海洋特征打造了一批具有国际影响力的大型文化节庆、会展活动。

一是将城市和市民、游客紧密联系在一起。比如"汉堡港口节"。早在1911年，汉堡就将该节日设立为公众节日。汉堡在每年5月都会如期举办这一为期三天的盛大集会，从而吸引逾百万名游客前来，共同感受热情洋溢的海洋文化。如今它已成为汉堡城的一大招牌，与汉堡港一样不可或缺。

二是策划丰富多彩的互动性强、体验感好的活动内容。鹿特丹的"世界港口日"设计了船舶之旅、海军活动、演示、讲座、游览展览、音乐等活动；"汉堡港口节"有大型帆船游行、龙舟赛、"港口之光"庆典焰火等。这些活动使港城文化变得具体可感。

三是以大型活动或高规格展会为驱动，助推区域相关产业的跃升。汉堡国际海事展创办于1963年，近年来逐渐发展成为全球规模最大、专业水平最高的国际海事贸易展览会。以此为带动，汉堡的造船业、航运业、海事教育业等始终处于全球领先的位置。

（四）发展港口工业旅游

港口本身是巨大的旅游资源，也是港城文化最直观的展示窗口。鹿特丹、汉堡、斯德哥尔摩、温哥华等城市都将港口工业旅游路线打造成了城市经典旅游路线。

一是开发港口旅游资源。鹿特丹港将港口各码头适度开放供游客参观，引导推进港口相关公司开展工业旅游。在汉堡，游客可乘坐汽艇穿梭于整个汉堡港区，港口本身成为旅游岸线的重点板块。

二是以港口为核心扩展配套旅游资源。日本东京港充分利用城市的建筑垃圾围海造地，建设港口博物馆和海洋博物馆，将港区打造成为一个热门观光旅游点。哥本哈根港则通过建设世界先进的邮轮港口，吸引了近300条邮轮航线停靠。

三是加强对港口工业旅游的资金、人员支持。早在1997年，鹿特丹就设立了工业旅游专项基金，重点用于支持港口工业旅游的发展。鹿特丹港用活人力资源，将精通港口运作流程、对港口怀有感情的退休工作人员作为旅游讲解的主力，讲解效果突出。

二、对宁波港城文化建设的启示

（一）塑造景观，构建港城文化空间

一是确定塑造目标。围绕建设现代化滨海大都市和东方滨海时尚之都的总目标，用世界眼光、国际标准、创新精神对港城文化空间、文化景观进行定位和规划设计。在宁波城市发展总体规划的城市功能、城市结构、城市空间、城市形态等篇章中增加更多的港城文化主题内容，凸显港城文化建设的地位和格局。制定近期、中期、远期港城文化空间专项规划，确立文化空间和文化特色景观的建设目标。

二是确定塑造重点。包括：城市空间的布局与发展；地方特色地标形态的设计、城市色彩和建筑风格的策划；有辨识度的城市道路景观的营造；等等。在空间布局方面，宁波市原来的工作重点是临港区域空间格局的重塑，建议在新一轮国土空间规划中，参照世界名城的做法，在非濒海的城区也加强"港城元素"的空间与景观建设，让人们感知海洋气息、港城文化。比如，规划为"时尚之都"西门户的海曙"高桥南区块"，可以利用区块的水系资源，通过海、港等元素，让西门户真正时尚起来。

（二）凝练气质，打造港城文化地标

一是凝质塑形，提质培优。相较世界名城，宁波还缺少城市个性气质。建议在"书藏古今、港通天下"的基础上，以儒雅、通达的气韵，浸润港口、城市，提升市民的港城文化自信。2022年，宁波首次发布了海洋旅游"十景十态"，建议在此基础上扩大视角，凝练"港城十景"，并开展推荐评选、宣传推广活动。

二是盘活存量、做优增量。评估当前港城文化资源，选择有基础、有潜力的文化区块或文化设施，予以重点发掘、提升，形成更具影响力的港城文化地标。如加快推进宁波文创港二期建设，以港埠遗址、工业遗存为依托，打响文创港"宁波舟山港起锚地"的品牌；加强宁波中国港口博物馆配套设施建设，提高公共文化服务职能，将其打造成国内最好的港口航运博物馆。突出宁波城市自身特色，谋划新建一批港城文化地标。如加快推进河海博物馆建设，坚持高水平设计、高品质布展，集中展示宁波市独一无二的河海交融特色，擦亮"中国

大运河出海口""海上丝绸之路活化石"的新名片；按照国际一流标准，高规格新建与全球海洋中心城市地位相匹配的城市海洋馆；等等。

（三）精心策划，举办港城特色文化活动

一是重启并提升中国（宁波）国际港口节。港口节自 2008 年开启第一届，至 2016 年共举办 5 届。建议重启这一重大节事活动，并提升规格，强化市级统筹，北仑区联合其他区（县、市）共同参与，扩大规模，提升国际化水平，使其成为展示与升华宁波港城文化的大平台。同时，参照汉堡港口节、鹿特丹世界港口日的做法，将活动时间安排在公休假期，设立全民活动日；丰富港口节的活动内容，在梅山湾引进大型沙滩音乐节，举办"港口之光"庆典焰火，组织港口主题游览，推出游轮体验、港口特色露营等活动，增加宁波港与城市、市民的关联度，吸引更多游客。

二是承办高级别港口与海洋相关赛事、会展活动。高水平举办海丝港口国际合作论坛、宁波国际海洋经济博览会等国际性活动，继续主办亚洲海洋旅游发展大会，积极争取国际海运（中国）年会的永久举办。加强宁波与其他国际港口城市的文化交流，提升在国际舞台中的曝光度和知名度。

三是抓住亚运机遇，开发海洋文体活动。以宁波半边山沙滩排球中心和宁波象山亚帆中心等为主阵地，开发系列海洋文体活动，建成海洋文旅深度融合发展样板区。

（四）特色引领，拓宽港城文旅产业

一是推进港口工业旅游。加快落实"东方大港观景平台"建设，通过对空间结构与功能分区的合理安排，展示海港风貌、码头设施、船舶景观、装卸工艺，以及厚重的企业文化，打造世界知名的海港旅游目的地，打造集知识性、观光性于一体的港口工业旅游品牌。

二是将港城文化融入经典旅游项目。以"三江夜游"为例，推进"三江夜游"延伸纵深、拓宽框架。从三江口到"姚江古渡群"、到河姆渡源头，探寻宁波从渡口到江口、到港口的发展，欣赏"百里三江文化长廊"；发挥山海优势，整合海岛、港口博物馆资源，由江入海，拓宽旅游框架，最终把"三江夜游"打造成宁波的一张专属名片。

三是打造"美食港城"。包装地域餐饮，打响甬城海鲜美食品牌。以精品甬菜、特色甬菜、私房甬菜为基础，提升舌尖上的海洋文化内涵。加大"甬城百

碗"的推广力度，复兴老字号餐饮，支持宁波本地餐饮品牌拓展全国市场，将宁波菜打造成吸引外地游客的金字招牌。挖掘农业文化遗产，提升宁式糕点文化。把以宁波水磨年糕、苔菜千层饼等为代表的"宁式糕点"打造成农业文化遗产金名片。借力国际文化品牌，打造"海味"消费平台。选址路林市场，建设"渔人码头"，形成沿江观光平台与消费带。

浙江纺织服装职业技术学院　包　骥　茅惠伟　吴悦鸣　林旭飞　冯盈之
宁波市社科院（市社科联）　陈珊珊
（宁波市时尚研究基地课题成果）

繁荣社区音乐文化　助力幸福共富之都

　　宁波市第十四次党代会报告提出要创新实施文化惠民工程，普及"一人一艺"和全民阅读，更好促进全社会精神富有。近年来，宁波市积极推动"音乐之城"建设，加快谋划培育专业音乐文化队伍，着力提升全市公共文化服务水平和全民音乐文化素养，持续巩固完善音乐文化产业链，取得较好成效。对标现代化滨海大都市的内涵要求，课题组通过调研，提出要创新推动社区音乐文化发展，建设一批带动性强、支撑性好的具有核心竞争力和品牌吸引力的功能项目，进一步完善社区音乐文化产业链条，把宁波社区音乐文化真正打造成为具有一定国际影响力、核心竞争力和品牌影响力的城市名片。

　　聚力文化发展大繁荣，是宁波市第十四次党代会报告提出的目标要求，是推动共同富裕、建设现代化滨海大都市的题中应有之义。创新实施文化惠民工程，普及"一人一艺"，是促进全社会精神富有的重要抓手。发展社区音乐文化产业，宁波有优势、有潜力。要结合《"音乐宁波2020"建设计划》，进一步整合资源，补齐短板，夯实基础，丰富音乐文化内涵，营造浓厚音乐氛围，以"音乐之城"品牌建设为抓手，将社区音乐文化作为宁波城市发展的软实力，塑造并凸显"音乐"城市品牌形象，提升城市的整体品位，努力将宁波打造成为具有国际影响力和特色鲜明的"音乐之都"。

一、着力打造具有宁波韵味的音乐品牌体系

（一）推进"一人一艺"全民音乐文化普及工程

创新实施文化惠民工程，提升基层综合性文化服务中心功能，广泛开展群众性文化活动，深入推进"一人一艺"，积极整合高校、剧院等音乐文化教育的相关资源，包括教师资源、专业课程、场地以及设备等资源。开放高校的数字资源，让社区群众共享云课程，引导高校艺术团走进社区，建立长期合作机制。

（二）加快提升系列音乐文化活动影响力

整合全市各社区重点音乐节庆、音乐活动，以"海丝国际音乐节"为总品牌，以宁波交响乐团音乐季、宁波国际声乐比赛、中国合唱节、"音乐宁波帮"大会、"丝路琴声"国际钢琴音乐节、"阿拉音乐节"、大学生音乐节等活动为子品牌，形成本土原创音乐文化品牌体系。

（三）建设完善音乐文化研究展示交流平台

优化创作机制，建立健全社区音乐文化舞台艺术生产的发展机制，探索音乐文化作品题材版本和投入的多元化，锻造宁波社区音乐文化舞台精品生产的硬核力量，努力开创"演艺+"的创新产业生态，形成文艺服务群众的领军力量。深入挖掘宁波音乐文化内涵，组织开展学术交流，举办各类专题研讨会，搭建音乐文化研究平台。依托天一阁博物院、宁波博物院及各类民间博物馆，做好音乐文化藏品的研究、展示和宣传。建立剧院联盟、剧院和社区联盟，引进高水平音乐演出，增加高水平音乐团队演出及下社区巡回演出的场次。

二、发挥"音乐宁波帮"资源优势，完善人才引育路径

（一）发挥"音乐宁波帮"资源优势

家喻户晓的宁波籍音乐名家，几乎遍及音乐的所有专业领域，创造了60余项"全国第一"，被誉为"音乐宁波帮"。要充分发挥俞峰、吴玉霞工作室等已落户宁波文艺大师团队的引领带动作用，打造各类培训、展示平台，逐步将"音乐宁波帮"和愿意"帮宁波"的人才集聚到一起，借助这些音乐名家的行业威望、号召力以及丰富的音乐资源，助力宁波音乐文化发展。同时，要建立长效机制，培育宁波本土音乐文化人才。

（二）加强社区音乐文化队伍建设

加强社区音乐文艺创作骨干培养，加大创作扶持力度和组织化程度，推出一批具有传播度、辨识度、美誉度的宁波社区音乐文化精品，努力打造社区音乐文化人才涌现与精品迭出的生动局面。加强社区音乐文化和文艺志愿者队伍建设，扎实推进文艺大众哺育工程，在社区音乐文化建设中发挥文艺优势。重视社区音乐文化工作者的培育和聘用制度，培养社区音乐文化建设专业团队和骨干。

（三）支持各类社区文艺实践活动

积极引导文化类社会组织、文化企业，以培训辅导、组织团队、开展活动、搭建平台等方式，开展艺术知识普及、艺术欣赏普及、艺术技能普及、艺术活动普及四大主题活动，全面提升市民音乐文化艺术素养。

三、创新形成社区音乐文化的发展模式

（一）加快推动央地共建

依托与中央音乐学院共建计划，立足全国、面向世界，建立音乐相关教育培训基地。发挥宁波交响乐团的纽带作用，利用好乐团音乐总监俞峰教授的中央音乐学院院长身份，谋划实施宁波与中央音乐学院"央地共建"计划，努力推动中央音乐学院在宁波开设合作教学项目，共同打造"'一带一路'音乐教育基地"和"宁波音乐教学科研基地"，建立"学历教育＋产业发展＋产学研用＋音乐演艺"一体化的合作模式，为宁波本土的音乐文化人才提供优质的高等教育资源。加强与中国音乐学院、上海音乐学院、浙江音乐学院、宁波大学音乐学院等高校的产学研基地实践探索。

（二）创新推进品牌共建

加强与国内外有影响力的团队和知名品牌的合作共建，办好"阿拉音乐节""草莓音乐节"等活动；推动本土特色音乐品牌打造，突出浙东文化、海洋文化、港口文化、宁波帮文化、佛教文化等，提升江北区"宁波音乐港"、中国（宁波）海上丝绸之路国际音乐节、国际钢琴艺术节、中国青少年大提琴艺术周（宁波）、象山"渔光音乐季"、奉化佛教音乐等的品牌影响力，构建"一区一亮点，一区一品牌"的发展格局。

（三）丰富拓展传播形式

建设具有社区"草根"特色、服务基层百姓的音乐文化数字化平台，积极拓展对外传播渠道，通过创新性发展和创造性转化，讲好宁波故事，凸显浙江精神、展示中国风采。在社区探索纯音乐、舞蹈音乐、体育音乐等多种形式的音乐文化。充分整合宁波市优秀音乐文化数据资源，建立社区网上音乐教育平台，设置选修科目，分层有效地进行社区音乐文化建设。

四、促进宁波音乐文化相关产业量质并进

（一）发展特色音乐文化产业制造园区

依靠产业驱动模式助推"音乐之城"建设，在现有音乐文化产业基础上，整合音乐文化企业资源，重点在北仑、鄞州、余姚、江北、奉化等区（县、市）规划建设三江口音乐文化展示长廊，提升江北区"宁波音乐港"、"甬秀·港通天下"等音乐文化项目，重点打造以荪湖、慈城为代表的江北音乐文化休闲产业集聚区，夯实慈溪北仑钢琴音乐文化制造业基础，支持象山影视音乐文化制作等特色产业跨越发展。

（二）打造特色音乐文化活动及业态

深度挖掘钢琴音乐文化产业优势，以赛事为基础，以活动为载体，持续打造钢琴艺术节品牌，通过政策扶持音乐文化产业，以音乐文化事业的兴旺推动文化产业的繁荣发展。通过引进音乐培训、音乐创作等文化企业，重点发展演艺、展览、培训等主导产业，吸引汇拢相关音乐文化产业；通过政策引导鼓励发展音乐文化主题的旅游剧场、社区广场、休闲广场、音乐酒吧、民谣餐厅等。

（三）推动成立宁波音乐文化产业协会

统筹协调各区（县、市）的音乐文化产业发展，将宁波市各个音乐文化产业企业、机构、平台有机串联和汇聚起来，推动成立宁波音乐文化产业协会，形成宁波音乐文化产业发展的强大合力。同时，充分发挥协会在总体谋划、活动策划、产业发展、人才培育等方面的统筹协调作用。

五、完善社区音乐文化的投入保障机制

（一）完善社区音乐文化财政补助政策

加大市县两级财政的统筹力度，加大文化惠民专项资金的投入保障，支持

社区打造音乐文化场所，建设社区音乐文化活动的平台。持续保障推进"一人一艺"全民艺术普及工程的资金投入，完善网上慕课的课程体系和课程内容，提升数字资源研发、服务水平，进一步扩大服务人群，加大对音乐文化队伍、社区音乐文化节庆等项目的支持力度。

（二）鼓励社会资金参与社区音乐文化建设

积极完善社会组织、企业界参与社区文化建设的保障机制，谋划设计企业文化惠民支持税收抵扣制度。完善硬件支撑，积极开展试点，以未来社区等新型社区为重点，筛选有基础、有条件的老旧小区，将其改造为新型社区，并加强社区的音乐文化建设。

（三）引导发挥创投基金撬动作用

吸引新型音乐媒介等社会资本入股，组建15亿元级别的音乐文化产业基金。该基金针对各个时期的音乐文化产业生态，采取市场化运作模式，重点扶持互补性高、品牌效应强的优质企业入驻、创作和运营。对市场效益突出、业界评价较高的产业项目和创作运营团队，该基金通过股权投资方式支持其孵化成长。

宁波城市职业技术学院　翁燕微
（宁波市哲学社会科学规划课题成果）

借鉴先行城市经验　加快宁波市儿童友好城市建设的建议

实施积极生育、养育支持措施，降低公众生育、养育、教育成本，促进人口长期均衡发展，是城市健康持续发展的保障和基础，是共同富裕先行示范的内在要求。宁波市第十四次党代会报告提出要构建生育友好的政策体系，建设儿童友好城市。相应地，要加快相关政策落地执行，充分借鉴国内外先行城市的成功经验，科学制定具有宁波辨识度、可操作性强的儿童友好城市建设方案；要加快规划导则和建设标准的制定，先行探索监测评估和指标体系的构建，加快完善政府主导、社会协同的治理体系。

2022 年 1 月，宁波市召开了国家儿童友好城市创建工作动员部署会，提出要坚持以快节奏掌握主动权，通过边建边创、以建促创，着力打造国家儿童友好城市建设"宁波样板"。宁波市第十四次党代会报告又明确提出，要构建生育友好的政策体系，着力降低生育、养育、教育成本，建设儿童友好城市。国内外儿童友好城市建设的实践也表明，把儿童友好的人本思维贯穿在经济和社会发展的全过程，有助于科学解决老龄化加速、生育率低、人口外流等社会问题。目前，长沙、深圳、成都、广州、武汉、重庆、南京、苏州以及浙江温州等城市都已经出台了儿童友好城市的建设规划、建设方案和行动计划，加快推进宁波市儿童友好城市创建迫在眉睫。

一、国内外先行城市的做法和经验

（一）以顶层设计为牵引，编制儿童友好城市规划

国内起步较早的儿童友好城市建设省市，都把创建纳入远景战略，全面构建儿童友好的城市系统（见表 1）。

表1 深圳、长沙、苏州三地创建工作对比

城市	战略目标	主要文件/政策	主要建设内容
深圳	建立安全、公平、符合儿童需求、适应深圳城市未来发展目标、具有全球城市人本特征的儿童友好型城市;到2025年,建成在全国先行示范的儿童友好城市	《深圳市建设儿童友好型城市战略规划(2018—2035)》《深圳市建设儿童友好型城市行动计划(2018—2020年)》(附项目库)《深圳市建设儿童友好型城市行动计划(2021—2025年)》(附项目库)《深圳市儿童友好型社区建设指引》《深圳市儿童友好型学校建设指引》《深圳市儿童友好型医院建设指引》《深圳市儿童友好型图书馆建设指引》《关于先行示范打造儿童友好型城市的意见(2021—2025年)》	《深圳市建设儿童友好型城市行动计划(2018—2020年)》:提出儿童安全保障促进行动、儿童友好型空间拓展行动、儿童参与实践行动、儿童社会保障提升行动、儿童友好宣传推广行动、儿童公共政策研究行动等6项行动,包括50个具体项目 《深圳市建设儿童友好型城市行动计划(2021—2025年)》:提出儿童友好制度深化行动、儿童友好空间拓展行动、儿童友好服务提升行动、儿童友好参与共建行动等4项行动,包括12类,涉及55个具体项目
长沙	建设"安全、趣味、公平"的儿童友好型城市	《长沙2050远景发展战略规划》《长沙市创建"儿童友好型城市"三年行动计划(2018—2020年)》《长沙市创建"儿童友好型城市"三年行动计划(2021—2023年)》《长沙市儿童权利现状分析调研报告》《长沙市"儿童友好型城市"建设白皮书》《长沙市儿童友好型学校建设导则》	《长沙市创建"儿童友好型城市"三年行动计划(2021—2023年)》:围绕政策友好、服务友好、福利友好、空间友好、环境友好,着力实施18项行动,落实48项任务,重点是积极探索儿童友好的城乡统筹、着力打造儿童友好的产业链体系、合力创建儿童职业体验教育
苏州	打造"品牌突出、文化鲜明、治理创新、体系完整、质量卓越"的儿童友好城市"苏州范本";到2035年,打造成具有世界知名度的儿童友好城市	《苏州市建设儿童友好城市战略规划(2021—2035年)》《苏州市建设儿童友好城市三年行动计划(2021—2023)》	《苏州市建设儿童友好城市三年行动计划(2021—2023)》:围绕社会政策友好、公共服务友好、权利保障友好、成长空间友好、发展环境友好,着力实施12项行动,落实40项任务

长沙市早在 2015 年就明确提出建设"儿童友好型城市",将其纳入长沙 2050 城市远景发展战略规划,并制订三年行动计划,围绕"政策友好、空间友好、服务友好"三个方面,推出"十大行动""42 项任务"。深圳市系统性地提出"建设中国首个儿童友好型城市"的目标,全面构建儿童友好型城市系统,综合考量家庭与学校教育、公共与福利政策、城市功能与空间规划、服务体系等多方面内容,相继发布战略规划、行动计划和行动项目库,即建立了"顶层设计—战略规划—行动计划—项目库"四级工作体系。苏州市在 2021 年正式提出创建儿童友好城市,在《苏州市国民经济和社会发展第十四个五年规划和二〇三五年远景目标纲要》中,建设儿童友好城市被列为一项重要任务贯穿整个"十四五"时期建设。其创建的"五个友好"的提法和国家文件中的"五个友好"表述一致。温州市则在国家"五个友好"的基础上增加了"产业友好"。

（二）以政策落地为保障，完善细分领域导则

在推进儿童友好城市建设中,先行城市大多以规划导则为引领,为儿童友好城市描绘蓝图。长沙市专门开展了儿童友好型城市规划导则研究,为制定《长沙市儿童友好城市指引标准与建设导则》打下了坚实的基础。广州市制定《广州市建设儿童友好型城市规划导则》,提出广州市儿童友好型城市建设的总目标为:建设安全、便捷、公平、活力的高质量城市空间,满足儿童健康成长的需求,具有广州特色,美丽宜居,从而为广州创建儿童友好城市绘就规划蓝图。除了整体的规划导则,深圳、长沙、苏州等城市都针对儿童友好学校、儿童友好社区、儿童友好医院、儿童友好实践基地等出台具体的导则和标准,以市域内儿童友好学校、儿童友好社区、儿童友好医院、儿童友好实践基地等创建推动城市整体的儿童友好建设。

（三）以空间友好为抓手，提升基础设施功能

先行城市都着力于提升城市公共空间、校区空间、社区空间与通行空间这四类空间的安全性和适儿化,提升城市儿童友好度。美国波特兰市珍珠区在城市空间中开发建设更多的口袋公园和小型开放绿地,并鼓励建设适宜儿童的社区邻里公园,改善儿童的生活环境,提高儿童活动的安全性。美国丹佛市关注公立学校的校园设施,通过"见学地景"计划在校园活动场地的设计和建造中加入更多绿色景观,提高场地的安全可靠性。南京市通过增设摄像头、减少植物和设施遮挡、优化建筑的视线设计等措施,使儿童处于人工监视与自然监视之下，提升社区中儿童活动集中的户外场所、出入口等关键节点周边的安全性。荷兰代尔夫特市、我国的长沙市都建设了"儿童出行路径"，设置了与车行系统分离的人行道与自行车道系统，优化交叉口的安全设计，保障儿童与机动车都具备良好的可视性，构建安全的儿童交通路线。

（四）以儿童参与为方向，构建和谐友好环境

全球儿童友好城市创建的共性之一就是强调儿童的参与。深圳市在儿童友好社区建设中运用游戏化的方式提高儿童的参与度，帮助儿童建立对城市的基本认知，提高儿童的责任感。长沙市在编制规划的过程中充分考虑了儿童的意见，运用认知地图、问卷调查、深度访谈、儿童画等方式鼓励儿童积极参与。芬兰等国家的儿童友好城市建设则借助了青年理事会这种有效的载体。青年理事会以儿童为主体，儿童通过青年理事会与市民进行沟通。青年理事会还提供一定的经费，支持儿童实现自己的想法。

二、关于宁波市加快儿童友好型城市建设的建议

（一）加强系统谋划，完善儿童友好型城市建设的工作体系

以《关于推进儿童友好城市建设的指导意见》为基本遵循，把握好宁波建设共同富裕先行市，打造现代化滨海大都市的使命任务，系统谋划"中国特色、宁波特点"的顶层架构。

一是突出"宁波元素"。要挖掘好宁波"文教之邦""院士之乡"的儿童友好文化传统和资源，特别是擦亮宁波是《三字经》发源地、"幼教泰斗"著名儿童教育家张雪门先生和中国知名儿童心理学家林崇德教授的家乡、全国第一所家长学校诞生地、全国第二家和华东第一家儿童研究院等多张名片。

二是科学系统谋划。国内外儿童友好城市建设，都要经过"成立地方指导委员会—编制战略规划和行动计划—在城市空间和社会领域付诸实施—促进儿童深度参与—动态监测和评价—完善相关法律、资金和制度保障"这一完整过程。宁波市要注重对这几个必要环节的综合考虑。

三是增强可操作性。建议借鉴深圳等城市的经验，建立由"顶层设计—战略规划—行动计划—项目库"构成的四层级工作体系，可从制度、空间与服务三方面推动城市建设，任务细化至具体的职能部门负责牵头，并注意加强社会动员工作。

四是注重城乡统筹。从国内外儿童友好城市的建设来看，在城乡统筹方面着力不多，建议市妇联、市发展和改革委等牵头部门，在制定建设方案时以共同富裕为切入口，增加城乡统筹推进儿童友好的举措。

（二）完善政策措施，推动儿童友好型城市建设标准导则落地

国内外儿童友好城市建设注重标准和导则的研制，通过建设标准和导则来推动城市建设从硬件到软件的优化。

一是加快导则和标准的研制。建议参考长沙和武汉等地的经验，由市自然资源和规划局为主，先行编制"宁波市建设儿童友好型城市战略规划及空间规划导则"，从"1米高度看城市"的视角系统审视宁波市的城市规划和公共设施建设，构建儿童的"15分钟友好圈"，推进城市空间的"适儿化"和"友好化"改造，推出一批儿童友好的标志性建设项目。

二是探索试点推进。充分对接不同年龄段儿童的社区、教育、医疗、文化、体育等资源需求，结合宁波市的实际，由各相关部门研制各自领域内的儿童友好标准，并进行试点推进。在条件成熟的区（县、市），比如北仑区，进一步综合打造儿童友好城区试点。把社区和学校作为重要的落脚点，先行推进儿童友好社区和儿童友好学校（幼儿园）的试点建设。

三是重视监测与评估。联合国对儿童友好城市的认证有比较严格的流程，国家层面目前也正在组织制定儿童友好城市建设的评估指标体系，建议宁波市在边建边创的过程中，就开始重视监测评估工作，探索构建儿童友好城市发展指数，适时发布相关发展报告。打造专业智库提供智力支持。建设标准和导则以及评估指数的研制，可以由专业智库提供支持。建议由市妇联、市政府妇儿工委办牵头，依托教育部学校规划建设发展中心在宁波设立的华东地区唯一的一家儿童研究院，集聚宁波市和长三角地区的研究力量，成立儿童友好城市发展研究中心，重点研究儿童友好城市建设标准、评估指数等，为儿童友好城市的政策体系和实践路径提供智力支持。

（三）坚持统筹推进，引导形成多元协同的治理体系

从其他城市的建设经验来看，儿童友好城市的建设必须建立由党委和政府主导、各部门协同推进、全社会积极参与的治理体系。

一是构建儿童友好城市治理体系和工作实施体系。以儿童为中心，构建"行政机构＋社区、学校、企事业、公益组织、媒体"多组织合作的儿童友好城市治理体系，打造"市级—区（县、市）—街道"的工作实施体系。同时，发挥专业人才的优势和特长，建立由专家、学者、规划设计师等高等院校、规划设计单位构成的专业人才队伍。

二是探索创建儿童友好企业。充分利用宁波作为国内玩具和婴童用品最大的生产和出口基地之一的优势，以儿童友好企业创建为载体，鼓励名企积极参与儿童友好城市建设工作，研发儿童友好产品，发布儿童产业相关建设标准。建议制造业强企邀请儿童走进企业，协同推进儿童友好城市发展。

三是支持引导社会力量参与儿童保护和服务工作。通过政府委托、项目合作、重点推介、孵化扶持等方式，积极培育为儿童服务的社会组织和志愿服务组织，将更多符合条件的儿童保护服务事项纳入政府购买服务的指导性目录，积极引导相关社会组织面向城乡社区、家庭和学校提供服务。

（四）优化社会环境，构建全民触手可及的丰富场景

儿童友好城市建设离不开儿童的参与，应积极组织、提供路径、保持畅通，让儿童一起参与建设儿童友好的城市与环境。

一是强化社区儿童之家建设。建议妇联和民政部门以社区儿童之家建设为载体，培育以儿童为主体的议事组织，推动儿童参与社区发展治理，提升儿童参与的能力。在150家市级示范性儿童之家建设的基础上，进一步体现儿童友好元素，建成具有宁波特色的"儿童友好之家"，以"1+N"的建设思路，推进"儿童友好之家"社区全覆盖。

二是积极开发儿童友好研学路线。建议妇联和教育、文旅等部门，在中小学生社会实践大课堂、中小学生研学实践教育营地和基地、劳动教育基地遴选建设等前期探索的基础上，打造"少年王阳明""小小新四军""行走大运河""课本里的河姆渡"等具有宁波特色的儿童研学旅行线路。

三是数字化赋能儿童参与。推动互联网背景下大数据和人工智能技术与儿童参与的结合，丰富儿童参与的途径，让儿童有更多渠道和平台表达自己的需要和对城市的美好愿望。

宁波市基础教育研究基地　徐宪斌

宁波市社科院（市社科联）　谢磊（整理）

宁波市加快推进失智症友好社区养老服务的对策建议

　　宁波市第十四次党代会报告提出，让"一老一小"服务保障更有温度。2021年末宁波市60岁及以上的人口为174.7万人，失智症患病率达5.3%，失智症老年人口超过8万人，给社会、家庭、个人带来沉重负担，已成为宁波市"一老一小"养老托育服务工作中迫切关注的问题。对此，需要提前谋划，积极探索失智症友好社区建设。当前宁波市失智症友好社区建设存在建设标准缺乏、服务供给不足、社会支持有限、人才队伍不足等问题和挑战。为此，建议提升友好社区建设标准、增加友好社区服务供给、完善友好社区社会支持、健全照护服务队伍建设，加快推进失智症友好社区养老服务，打造更有温度的城乡幸福共富之都。

宁波市第十四次党代会报告提出，建设全国示范性老年友好型社区。《宁波市人民政府办公厅关于印发宁波市养老服务提质提升三年行动计划（2021—2023年）的通知》（甬政办发〔2021〕21号）提出创建30个失智症友好社区。当前，全国的失智症友好社区建设正处于起步阶段，仅有北京、上海、青岛等少数地区在初步探索中。宁波市目前主要探索失智症照护专区的建设和老年友好型社区的规划。随着失智症人群的逐年增长，宁波市需要系统谋划，提早探索失智症友好社区建设，擦亮"浙里甬有"幸福生活金名片，打造养老事业发展的"宁波样板"。

一、宁波市失智症友好社区养老服务的基本情况

（一）失智症友好社区养老服务需求日益突出

　　60岁以上的人群中，每增加5岁，失智症患病率将增加一倍，80岁以上的发病率达20%以上。2020年，宁波市针对12603例60岁以上的老年人开展的失智症筛查显示，认知功能异常者占9.39%，认知功能下降者占28.21%。据市民政局估算，宁波市有失智症老年人8万至10.6万名。随着宁波市失智症老年

人数量的不断增加，失智症老年人社区养老的需求愈加强烈。

（二）失智症友好社区养老服务基础逐步坚实

宁波市已围绕"全国示范性老年友好型社区"的建设目标，制定出台包括养老服务提质提升、高龄老人生活津贴发放标准、老年人生活能力评估等在内的较为完善的政策体系（见表1），老年友好型社区建设初见成效。江北区慈城镇慈湖人家社区、镇海区招宝山街道总浦桥社区、慈溪市浒山街道虞波社区、象山县西周镇清溪村等7个社区被国家卫生健康委、全国老龄办命名为"2021年全国示范性老年友好型社区"。这为失智症友好社区养老服务打下了坚实的基础。

表1　宁波出台的老年友好型社区系列政策文件

序号	政策文件	发文机构	核心内容
1	《关于印发宁波市养老服务提质提升三年行动计划（2021～2023年）的通知》（甬办发〔2021〕21号）	宁波市人民政府办公厅	着眼老年人居家养老更加舒适、社区养老更加完善、机构养老更加专业
2	《关于印发2021年养老服务工作要点和重点任务目标的通知》（甬民发〔2021〕31号）	宁波市民政局	创建10个认知症友好社区和10个示范型老年友好社区
3	《宁波市养老服务体系建设"十四五"规划》	宁波市发展和改革委员会、宁波市民政局	创建认知症友好社区50个、示范型老年友好社区50个
4	《宁波市民政事业发展"十四五"规划》	宁波市发展和改革委员会、宁波市民政局	创建认知症友好社区和示范型老年友好社区
5	《关于调整全市高龄老人生活津贴发放标准的通知》（甬民发〔2019〕9号）	宁波市民政局	体现党和政府对高龄老人关爱，调整全市高龄老人生活津贴发放标准
6	《关于印发宁波市老年人生活能力评估办法的通知》（甬民发〔2018〕150号）	宁波市民政局、宁波市财政局、宁波市人力资源和社会保障局	规范老年人生活能力评估工作，切实维护老年人的合法权益
7	《关于推进宁波市医疗卫生与养老服务相结合实施意见的通知》（甬政办发〔2018〕132号）	宁波市人民政府办公厅、宁波市卫生计生委等部门	推进医疗卫生与养老服务相结合，满足群众日益增长的健康养老服务需求

续表

序号	政策文件	发文机构	核心内容
8	《关于规范老年人生活能力评估机构管理的指导意见》（甬民发〔2018〕157号）	宁波市民政局	科学、客观评定老年人生活能力，规范老年人生活能力评估机构管理
9	《关于印发宁波市居家养老服务补助实施办法的通知》（甬民发〔2018〕148号）	宁波市民政局、宁波市财政局、宁波市卫生计生委	政府向法定特殊和困难老年人提供生活照料等居家养老服务补助
10	《关于印发宁波市民政局2018年工作要点的通知》（甬民发〔2018〕17号）	宁波市民政局	组织开展老年友好城市创建
11	《关于印发宁波市大中专院校毕业生创业和入职养老服务机构补助办法的通知》（甬民发〔2017〕137号）	宁波市民政局、宁波市财政局、宁波市教育局、宁波市人力社保局	健全大中专毕业生从事养老服务工作长效机制，发挥专业人才积极作用
12	《关于宁波市居家和社区养老服务改革试点工作的实施意见》（甬政发〔2017〕69号）	宁波市人民政府	抓好居家和社区养老服务改革试点工作，推动养老事业快速健康发展
13	《关于下发宁波市养老机构等级评定管理办法的通知》（甬民发〔2016〕36号）	宁波市民政局	促进养老机构发展，规范养老机构行为
14	《关于印发宁波市居家养老服务机构建设和运营资金补助办法的通知》（甬民计〔2015〕27号）	宁波市民政局	加强居家养老服务机构建设和运营补助资金发放、管理工作
15	《关于印发宁波市养老服务机构纠纷预防与处置暂行办法的通知》（甬民发〔2014〕135号）	宁波市民政局	有效预防和妥善处置老年人与养老服务机构纠纷，保护各方合法权益
16	《关于印发宁波市老年服务与管理类专业毕业生到养老机构入职奖补办法的通知》（甬民发〔2014〕130号）	宁波市民政局	优化养老机构人员队伍结构，提高养老服务队伍整体素质
17	《关于印发宁波市居家养老服务机构等级评定办法的通知》（甬民发〔2014〕33号）	宁波市民政局	推进居家养老服务机构等级评定工作，促进评定工作规范化、制度化
18	《关于印发宁波市养老服务补贴实施办法（试行）的通知》（甬民发〔2013〕80号）	宁波市民政局	妥善解决城乡困难老年人的养老照料问题

序号	政策文件	发文机构	核心内容
19	《关于印发宁波市养老服务补贴资格评估办法（试行）的通知》（甬民发〔2013〕79号）	宁波市民政局	规范养老服务补贴资格评估工作，维护困难家庭失能、失智老年人权益
20	《关于印发宁波市养老机构管理基本规范（试行）的通知》（甬民发〔2010〕134号）	宁波市民政局	加强全市养老机构的管理，提高养老机构服务质量，促进养老机构规范化、专业化建设

二、宁波市失智症友好社区养老服务存在的主要问题

（一）失智症友好社区建设标准缺乏

当前，宁波市养老服务虽然在失智症照护专区建设方面已经取得了可观的工作成效，但是，目前还未有失智症友好社区的建设标准。江北区慈城镇、镇海区招宝山街道、慈溪市浒山街道、象山县西周镇等部分乡镇（街道）仅仅是推进示范性老年友好型社区的建设标准，针对失智症这一特殊人群的友好社区建设标准还未制定。宁波市民政局、市财政局、市卫生健康委等多个部门尚未正式启动失智症友好社区建设工作。

（二）失智症友好社区照护服务供给不足

一是认知筛查服务供给不足。2019年11月，宁波市卫生健康委员会牵头，会同市委宣传部、市民政、财政、人社等11个部门和单位，制定印发了《宁波市失智老人关爱项目实施方案》，明确了未来五年的目标任务和工作举措。到2023年，每个区（县、市）失智症筛查人数达到辖区60岁以上户籍老年人口总数的5%，实现早诊早治。2019年至2021年一共对35786例60岁以上的老年人做过失智症认知筛查，仅占60岁以上常住人口的2.1%，与方案中5%目标的要求还存在较大差距。

二是专业照护服务能力不足。失智症老年人的社区和家庭照护者缺乏专业的培训，不能很好地提供失智症健康促进活动、非药物干预训练和早期照护活动。截至2022年3月底，仅有5000余名失智症老年人通过宁波市失智老人关爱项目得到康复治疗、认知功能训练、日常生活能力训练等专业照护服务，仅占失智症老年人总数的6.3%。

三是长期护理保险受众较窄。宁波市长期护理保险参保对象为仅在市本级、海曙区、江北区、鄞州区参保本市职工基本医疗保险且在长期护理保险试点机构内入住并重度失能的人员。其试点范围小，试点人群较窄。此外，长期护理险的资金源于城镇职工基本医疗保险基金结余，导致城乡居民医疗保险参保人员未纳入长期护理保险，受众人群较窄。

（三）失智症友好社区社会支持尚未建立

一是社区服务资源不足。宁波市社区尚未梳理失智症服务资源，尚未制作社区失智症家庭支持手册，无法相应满足家庭服务需求；尚未开展社区失智症家庭顾问服务，无法精准匹配社区服务需求。社区专业照护人员缺乏，宁波市失智老人关爱项目每年仅能对 800～1000 名志愿者、医务人员及患者家属等不同对象分批开展失智症方面的业务培训，远远不能满足 8 万名以上失智症老年人的社区照护服务需求。

二是志愿服务活动缺乏。2020 年，宁波市开展专项志愿服务活动 3 万多场，针对老年人的关爱活动项目占比不足 9.7%，医疗健康项目占比不足 7.9%，针对失智症老人的志愿服务活动比例则更低。

三是企业参与动力不足。失智症服务难度大，相比普通老人服务效率更低。许多公建民营项目实现收益比较困难，社会资本参与的积极性不高，也在一定程度上限制了失智症友好社区养老服务的发展。

（四）失智症友好社区照护人才队伍不足

一是照护人才存量不足。目前从事失智症照护服务的护理员和护工普遍年龄偏大、学历偏低，几乎没有接受过失智症服务专业教育，护工职业资格证书获取率仅 59.44%，且以初级为主（87.84%）。大部分人员只能为老年人提供基本的低层次的需求服务，无法提供失智症老年人特殊的医疗保健、康复护理及心理慰藉等较高层次的需求服务。

二是照护人才供量不足。宁波市仅有一所院校拥有养老相关专业（宁波卫生职业技术学院），2021 年养老专业在校生仅约 1000 人，并且毕业后留甬工作人数不足一半。人才培养数量远远不能满足宁波市失智症老年人的现实需求。

三是从业人员动力不足。养老行业从业人员薪酬水平相对较低，养老护理员目前平均薪酬 4800 元 / 月，低于其他行业的平均收入，大大降低了他们积极投身失智症友好社区服务的热情，加剧了人才的流失。

三、关于加快推进宁波市失智症友好社区养老服务的建议

（一）提升失智症友好社区建设标准

一是加强落实政策支持。加快落实《宁波市养老服务提质提升三年行动计划（2021～2023年）》，明确老年失智症友好社区建设的适用范围、基本建设要求、全程服务要求、社区环境要求和保障机制要求。借鉴北京、上海和青岛的失智症友好社区建设标准，从健康教育、社区筛查、早期干预、家庭支持、资源链接和平台建设等方面入手，打造有宁波特色的失智症友好社区建设政策及标准体系。加快探索建立涵盖社区居家照护规范、文娱活动规范、膳食规范、失智症照护者服务规范等社区老年失智症照护的标准规范。

二是启动试点建设方案。组建专门工作小组，由市民政局牵头，市发展和改革委、市科技局、市财政局、市住建局、市卫生健康委、市医保局、市大数据局等部门配合，分工负责失智症友好社区建设的设计、开发、运营等各阶段。积极争取试点，开展"失智症友好社区"（试点）项目，可借鉴上海市长宁区的经验，建立"床位建设、政策扶持、资源整合"的全链条服务模式。

（二）增加失智症友好社区服务供给

一是开展全面认知筛查。依托社区、借助专业卫生机构的力量，在老年人中全面开展失智症筛查，识别高危人群，建立健康档案，形成大数据库。

二是提升专业照护服务能力。加强"3R"治疗、运动游戏治疗、认知功能训练、日常生活能力训练等专业照护服务，构筑涵盖"社区宣导、早期筛查、社区预防、家庭支持、专业干预、照护机构入驻"的全流程服务。推广社区家庭医生签约服务，在解决一般性医疗问题的同时，为老人与上级医疗机构联系搭建桥梁。

三是完善长期护理保险。逐步推进长期护理保险试点改革，并结合财政实力，扩大保障范围，将城乡居民医疗保险的重度失能人员纳入制度体系，再逐步将中度失能人员也纳入制度体系，使更多的失能、半失能人员受益。

（三）完善失智症友好社区社会支持

一是加强多方联动机制。逐步打通政府机构、企业、社会组织、个人等服务信息通道，建立并完善多头协同的工作机制（见图1）。

二是加快社区平台建设。依托社区日间照料中心、老人活动室、失智症老

年人的适老化服务设施等，利用大数据、5G 等成熟先进技术建立社区老年失智症支持中心等服务平台，发挥平台作用，合理配置资源，优化服务队伍，推进宁波市失智症老年人关爱项目，完善针对失智症老年人的经济支持、生活照料、医疗服务和社会支持等项目，形成社区长效支持机制。

三是推进社会资本注入。尽快制定和落实对民办养老机构的扶持政策，确保在税收、地价、房租、用水用电、配套收费等方面给予优惠和适当减免，并为民办养老机构预留建设用地，减轻其生存压力。

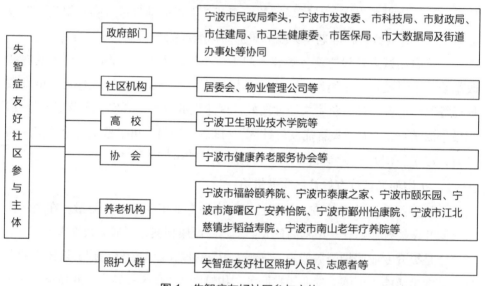

图 1　失智症友好社区参与主体

（四）加强失智症照护服务队伍建设

一是增加专业人才储备。将失智症养老服务专业人才培养纳入高等教育、职业教育、继续教育体系，挂牌建设省、市级失智症养老护理专门学校，鼓励有资质的社会力量开办培训机构，完善养老服务护理人员职业技能等级认定和培训制度。同时，支持高校为老年照护从业者提供专业化的社会培训，鼓励低龄老人、亲属、城市待业人员、乡村妇女等群体加入失智症老年人的照护行业，经过业务培训转型为失智症老年人照护专业人才。

二是加强志愿队伍建设。大力加强失智症友好社区照护志愿者队伍的建设，通过在社区内举办各类科普活动，让更多的人理解并关爱失智症老年人，培养"失智症友好使者"核心志愿服务团队，参与到失智症筛查、失智症家庭发现、失智症家庭关爱等多项志愿服务工作中。

三是激发从业人员工作动力。逐步提高养老服务从业人员工资最低标准，积极改善养老服务从业人员工作条件，加强劳动保护和职业保护，稳定养老服务从业人员队伍。探索建立"养老机构与医疗卫生机构签约合作"的宁波模式，将养老服务的范畴扩大至保健诊疗、护理康复、心理精神支持等各方面，吸引一批高素质的医学人才参与到养老事业中，为从业人员创造更大提升空间。

健康宁波研究基地　孙　宁
宁波市社科院（市社科联）　邵一琼

疫情防控封校管理期间关注大学生心理健康和校园安全的对策建议

新一轮疫情发生后,各高校为防止疫情扩散,进行校园封闭管理。调查发现,封校管理后学生应激心理反应普遍加重,毕业班学生焦虑情绪更加明显,重点群体发生过激行为风险增大,特别是万里学院钱湖校区、宁波大学数千名师生员工被实施管控,在大学生群体中引发情绪波动,应引起高度重视,靶向施策解决。五一假期临近,有关高校疫情防控和放假安排的舆情再次出现。为确保校园疫情防控有序开展,建议在建立心理健康教育资源统筹联动机制、完善毕业生就业帮扶机制、采取措施关注关怀重点群体、营造良好心理环境氛围等方面下功夫,防止因心理问题出现校园安全事件。

一、疫情防控封校管理期间宁波高校大学生应激心理总体情况

为深入了解疫情下大学生心理状况,课题组编制了由认知层面的"疫情恐慌"、情绪层面的"情绪焦虑"、生理层面"躯体化"三个维度构成的应激心理量表,计分标准分为4个等级:2分及以下为"正常",2～3分为"轻微",3～4分为"略高",4分及以上为"较高"或"高"。2022年3月下旬,课题组在宁波市6所高校进行问卷调查,回收有效问卷5335份(高职院校3640份,本科院校1695份)。

(一)疫情导致大学生应激心理反应普遍加重

在应激心理状态下,学生情绪更焦虑、抑郁,行为更冲动、易怒,发生逆反抵抗、人际冲突等不良行为概率增加,给校园安全和社会稳定带来风险和冲击。问卷调查发现,65.1%的样本学生产生轻微应激心理。其中,25.4%的样本学生应激心理水平略高,3.5%的样本学生应激心理水平较高或高。在应激心理状态下,学生更容易产生不良行为。

一是制造传播网络舆情。部分学生通过微信、微博、快手、抖音等自媒体发泄焦虑和不满情绪，发布、转发不实不当言论，指责政府和学校的防疫措施，并在网上发酵。如清明节前夕，微博上"宁波高校一刀切"话题的浏览量迅速超过百万人次，大量跟帖留言充斥不满情绪。五一假期临近，部分高校为防止疫情扩散，做了不调休或暑假补休的安排，引发学生不满，相关舆情已再次出现。"心态崩了""青春才几年，疫情占三年""被疫情偷走的大学时光"等相关话题冲上微博热搜。

二是对抗防控措施。学生或明或暗对抗防控措施。半夜大吵大闹、通宵打游戏的学生明显增多；某高校学工部门负责人反馈，学生翻墙外出问题突出；拒绝核酸检测，或冒用他人核酸检测报告申请返校，或返校不及时做核酸检测等问题时有发生，一旦感染，存在疫情扩散风险。

三是发生人际冲突甚至导致安全事件的风险上升。因校园封闭管理，学生大量时间共处于宿舍、教室等狭小空间，人际冲突事件明显增加，易引发校园安全事件。某高校一周内连续处理多起宿舍肢体冲突事件，有学生因冲突受伤。

（二）毕业班学生焦虑情绪更加明显

本科院校大四学生、高职院校大三学生的应激心理、情绪焦虑水平均高于同类院校其他年级学生（见图1、图2）。50%以上的受调查毕业班学生有或经常有"坐立不安、心神不定""心情苦闷""紧张或容易紧张"等情绪（见图3）。

一是求职机会减少，难度增大。受疫情影响，就业市场提供的岗位数量减少，经济发达、招聘需求较高的珠三角、长三角等地区接连暴发疫情，毕业生就业难度增大。

二是求职便利性降低，区域范围缩小。因封校管理，学生外出求职的便利性受到较大影响，用人单位也不敢贸然接收学生实习或就业。由于疫情反复，当学生行程卡挂上星号，到其他省市面试、实习就更为困难。

三是升学考试延期，继续深造的备考压力增大。受疫情影响，原定于2022年3月26日举行的浙江省普通高校专升本考试延期至5月14日，计划继续学习深造的毕业班学生要继续备考，缩短了毕业求职时间，心理压力增加。

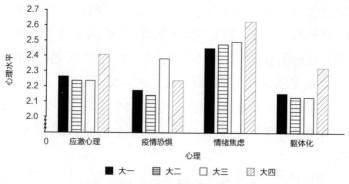

图 1 本科院校各年级学生应激心理情况

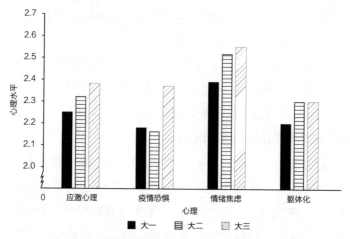

图 2 高职院校各年级学生应激心理情况

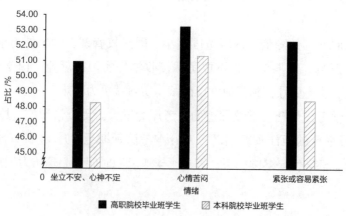

图 3 毕业班学生情绪焦虑情况

（三）重点群体发生过激行为风险增大

疫情发生以来，一些原本有心理问题需要经常与家人见面的学生因校园封闭管理无法与家人见面，心理问题有加重趋势，包括：躯体化情况加重，因头痛、胃痛、失眠等症状请假频繁；情绪波动较大，抑郁、哭泣、暴躁、易怒等情况更加严重；容易失控，产生危险思想和行为的风险增加。调研发现，接受心理咨询的大学生人数和咨询人次均大幅增加。据某高校心理普测统计，2019—2021 年，具有高风险等级需要一级关注的学生占比由 0.02% 上升到 0.43%，具有较高风险需要二级关注的学生占比由 1.33% 上升到 1.62%（见图 4）。该校心理咨询中心咨询量由 2019 年的 275 人次增加到 2021 年的 455 人次，增幅达65.5%（见图 5）。

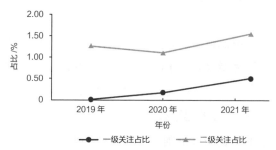

图 4　某高校 2019—2021 年需要一级、二级心理关注的
学生占比变化趋势

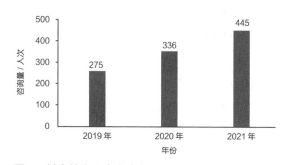

图 5　某高校心理咨询中心 2019—2021 年的咨询量

二、关于加强大学生心理健康教育的建议

（一）建立适应疫情防控需求的全市心理健康教育联动机制，拓展心理健康教育资源

一是完善全市学校心理健康教育资源共享机制。统筹全市教育系统心理咨询队伍和教育资源，建立跨校预约系统，学生可根据需要在全市范围选择专业人员进行心理咨询；推动心理健康教育课程共享，实现校际优势互补。

二是普遍开展专业心理咨询机构进校园活动，弥补学校心理健康教育资源的不足。卫健、教育管理部门联合推动高校与医院心理科室、专业心理机构建立合作机制，建立由专业机构心理专家指导，心理健康教育专业教师、心理咨询师为主体力量，辅导员、班主任共同推进的专兼职师资队伍，协同开展心理健康教育工作。

三是提升学校心理辅导中心标准化水平，尽快补齐高校心理健康教育短板。积极落实 2022 年全省教育系统工作会议提出的"70% 以上高校心理健康教育标准化建设达标"的要求，推动高校加强心理健康教育场地、设施设备、师资力量等建设，补齐短板，提升心理健康教育能力。

（二）完善毕业生就业帮扶机制，缓解就业心理焦虑

一是落实落细现有就业政策。落实市政府关于稳就业的政策要求，加强对大学生就业、创业、见习的补贴，组织开展经常性的线上招聘活动，稳定公务员招录、事业单位公开招聘、教师特设岗位招聘、"三支一扶"招募规模，积极开发高校和科研院所科研助理岗位，引导毕业生升学深造、参军入伍、创业和灵活就业。

二是开展大学生就业技能提升和职业指导行动。由人社、教育、经信等部门联合高校和头部企业，基于重点产业发展需求，开发适应岗位的短期培训课程，举办面向高校毕业生的职业培训。运用大数据、新媒体技术推出"直播带岗""直播政策""新职业体验"等特色云服务，面向高校毕业生精准推送就业政策、岗位信息，开展权益保护专题宣传。

三是结合社会紧缺需求拓展临时性就业岗位。"双减"政策出台后，社会对校内托管、作业辅导的需求强烈，但目前校内师资短缺，教师超负荷工作情况已相当严重，可以探索面向高校毕业生设置临时性校内托管、教辅岗位，既缓

解"双减"给学校带来的压力，又增加就业岗位。疫情防控期间经常会发生社区工作人员紧缺的情况，可以结合防疫需求，在社区工作周期性集中时，设置更具弹性、更灵活的就业岗位。如天津市印发《2022 年度招录社区工作者工作实施方案》，提出面向高校毕业生招录 1916 名社区工作者，这不失为促进就业的重要举措。

（三）加强重点群体关注关怀，协同营造良好的心理环境

一是加强对重点群体的关注和心理关怀。高校是学生心理健康教育的主阵地，要结合疫情防控的需求，发挥现有心理健康教育网络系统作用，形成师生联防联控机制，加强学生心理健康监测，及时对有严重心理困扰和心理危机倾向的学生进行有效干预。对于有特别心理需求的学生，要采取特殊的管控政策，给予特别的心理援助。

二是开展经常性疫情防控的知识教育。市疾控部门、教育部门、高校加强协作，向大学生传播准确的疫情信息，普及新冠肺炎相关知识，宣传有效的防护方法，提升学生自主防控意识，避免学生因突发情况而产生心理恐慌。

三是加强正面舆论引导，推动疫情、舆情、学情"三情"良性联动。院校要利用官方媒体平台，发挥"两微一端"等网络媒体的高效传播作用，创建学生乐于参与、传播的防疫和心理健康资讯，引导学生形成积极向上的心理状态。

四是加强负面舆论监控和消除。网信、公安网警等部门加强对微信、微博、快手、抖音、知乎等非官方媒体的舆情监控，净化网络环境，警惕谣言在大学生群体中发酵，减少不良信息对大学生心理健康的影响。

"一带一路"职业教育研究基地　王　琪　江春华　胡丹莹

宁波市社科院（市社科联）　严雪松

推进宁波市高等学历继续教育改革　助力人才强市建设

高等学历继续教育是建成世界重要人才和创新高地的主要途径。宁波市共有14 所高校举办学历继续教育，本专科招生总规模约每年 5 万人，整体水平居全国前列。但宁波也面临着劳动人口学历普遍偏低、学历提升供给与行业需求不相匹配等问题。建议采取更为精准的应对举措，强化教育政策制度创新、加大重点行业学历供给、推进办学管理机制改革，为宁波市打造"六个之都"、高质量建设现代化滨海大都市提供人才支撑。

2022 年 3 月，浙江省发布《浙江省社会人员学历提升行动计划（2022—2025 年）》，明确具体目标任务为："从 2022 年起，力争每年新增成人初高中学历提升 10 万人，新增大专及以上学历层次教育学员 30 万人；到 2025 年，力争劳动年龄人口受教育年限达到 12 年。"省级层面的政策设计为宁波人力资本大幅提升提供了重要机遇。在新时代人才强市战略背景下，宁波作为全国高等学历继续教育的先行者、引领者、示范者，敢于创新理念、敢于突破转型、敢于提升品质，通过高等学历继续教育高质量发展，充分挖掘劳动人口教育红利，为打造"六个之都"、高质量建设现代化滨海大都市提供人才支撑。

一、宁波市推进高等学历继续教育改革面临的新形势、新问题

（一）劳动人口学历普遍偏低

2021 年，在宁波市常住人口中，拥有大专及以上文化程度的人口为1677495 人，占比 19.27%；拥有高中（含中专）文化程度的人口为 1297540 人，占比 14.91%；拥有初中文化程度及以下的人口为 5728419 人，占比 65.82%。在2020 年五大计划单列市各区人口高等学历人数的调查中，宁波市与深圳、大连、青岛、厦门等城市相比仍有一定差距，情况最好的鄞州区每 10 万人中本科学历

人数仅 28563 人，处于第 18 名的位置。这种情况与宁波市经济实力不相符（见表 1）。

表1　2020 年五大计划单列市各区人口高等学历人数占比情况（含功能区）

排名	行政区	每10万人口大学（大专及以上）学历人数	区位
1	大连高新区	56679	大连（1）
2	南山区	46175	深圳（1）
3	市南区	45597	青岛（1）
4	福田区	40507	深圳（2）
5	中山区	39971	大连（2）
6	思明区	38794	厦门（1）
7	崂山区	38041	青岛（2）
8	李沧区	36356	青岛（3）
9	西岗区	35512	大连（3）
10	市北区	35372	青岛（4）
11	沙河口区	33217	大连（4）
12	罗湖区	32153	深圳（3）
13	湖里区	30442	厦门（2）
14	集美区	29849	厦门（3）
15	甘井子区	29743	大连（5）
16	盐田区	29595	深圳（4）
17	龙华区	29380	深圳（5）
18	鄞州区	28563	宁波（1）
19	龙岗区	25849	深圳（6）
20	黄岛区	25815	青岛（5）
21	江北区	25316	宁波（2）
22	旅顺口区	24796	大连（6）
23	城阳区	24430	青岛（6）
24	宝安区	24203	深圳（7）
25	镇海区	23171	宁波（3）
26	海曙区	22593	宁波（4）
27	金州区	21803	大连（7）
28	海沧区	21650	厦门（4）
29	大鹏新区	20142	深圳（8）
30	翔安区	19701	厦门（5）
31	坪山区	19663	深圳（9）

续表

排名	行政区	每10万人口大学 （大专及以上）学历人数	区位
32	北仑区	17933	宁波（5）
33	光明区	16106	深圳（10）
34	长兴岛	15651	大连（8）
35	同安区	12797	厦门（6）
36	宁海县	12331	宁波（6）
37	胶州市	12288	青岛（7）
38	慈溪市	12218	宁波（7）
39	奉化区	12201	宁波（8）
40	象山县	11686	宁波（9）
41	余姚市	11609	宁波（10）

注："区位"栏括号中的数字表示排名。

（二）学历提升供给与行业需求不相匹配

宁波市低学历人口主要分布在制造业、服务业等行业，与打造"全球智造创新之都"的人才需求不相匹配。宁波市第十四次党代会报告提出，未来5年的行业需求紧紧围绕产业提级、创新提能、数智提效，形成一批重大标志性成果，包括工业经济规模稳居全国第一方阵、做大做强三大万亿级产业、培育打造一流企业、全面提升创新实力等。然而，宁波市学历提升供给明显滞后于行业发展需求，高等学历继续教育专业设置较不清晰，与产业对接的匹配度较低，往往集中在一些办学成本较低的文科专业上，不符合行业实际需求。此外，针对制造业的继续教育学历提升计划经费资助指标人数十分有限，如"产业工人圆梦计划"每年仅有1000个指标。

（三）部分院校高等学历继续教育办学管理陷入恶性循环

目前部分院校高等学历继续教育存在"招生不足—办学不规范—质量不高"的循环困境。这些问题环环相扣，亟待系统性解决。

一是招生不足。随着普通高等教育的高质量发展，继续教育毕业生质量与普通高等教育毕业生质量拉开一定差距，社会对继续教育的需求逐渐弱化，成人教育的生源数量相应减少。从近十年宁波市成人高等教育的招生情况（见表2）来看，招生数从2008年的55104人降到2017年的39654人。而在2017年之后，虽然与前两年相比略有回升，但是上升幅度有限。

二是办学规范性较弱。由于生源不足，宁波市部分高校的高等学历继续教育基本采用与校外教学点合作办学模式，甚至有高校在合作中将学费收入的70%～80%给了合作办学单位，造成分配比例"倒挂"。

三是教学质量不高。个别高校教学环节落实不到位，在安排教学计划时，不同程度存在缩短上课周数、减少教学时长的情况。个别高校督学促学不到位，老师上课不抓课堂纪律，对学生迟到早退、缺勤旷课等现象不闻不问；学生面授课出勤率低，个别院校甚至长期低于50%。个别高校考试管理不严格，考场管理松懈，学生作弊现象较为突出，答卷中雷同卷较多，导致继续教育毕业生质量较低，进而对招生产生一定影响。

表2　2010—2021年宁波市高等教育规模

年份	普通高等学历教育			高等学历成人教育	
	研究生数/人	本科生数/人	专科生数/人	学生数/人	在高等教育招生中的占比/%
2010	3880	79026	59068	49456	26
2011	4517	85505	55850	49826	25
2012	6850	90290	55068	51550	25
2013	7538	94372	54582	53320	34
2014	7877	96056	55161	40276	20
2015	8356	96935	54358	53168	25
2016	8607	96349	54095	47364	23
2017	9035	96820	53874	39654	20
2018	9465	96612	53175	40563	20
2019	9630	97044	59411	42905	21
2020	10411	99896	68414	51562	22
2021	12960	102967	71151	55398	23

二、关于宁波市推进高等学历继续教育改革的建议

（一）强化教育政策制度创新

一是实施分类发展政策，精准对接不同类型高校。由宁波市教育局牵头，市发展和改革委、市经信局、市科技局、市人力社保局、市民政局等相关部门配合，加强对举办继续教育高等院校的分类引导，以全日制特色专业为依托举办高校成人教育，突出行业特点和专业优势，鼓励高校直接在学科对应的行业企业设立校外教学中心或者企业大学。

二是完善智慧教育制度，精准满足不同学习需求。改革当前高等学历继续

教育中以全网教学为主的教学形式，大力提倡融媒体教学，实现继续教育与职业教育融合、全日制教育与非全日制教育融合、学历教育与非学历教育融合、线上教育与线下教育融合。

三是健全学分银行制度，精准开展不同形式的成果认定。健全并完善学分银行制度，借鉴上海经验，建立健全学分银行管理委员会和学分银行专家咨询委员会，联合行业企业、普通高校、高职院校、开放大学、社区学院以及教育培训机构等单位，广泛吸收各相关部门、机构的领导与专家，推进各类教育机构深化学分制改革，积极开展多种形式的学习成果的认证与互认，允许学习者通过跨校学习、在线学习、自主学习等不同渠道学习并累积学分。

（二）加大重点行业学历供给

一是加大行业所需的专业扶持力度。加大对宁波开放大学等 14 所举办高等学历继续教育的学校的支持力度，整体提升高等学历继续教育相关专业办学水平，大力推进市民学历提升工程，完善产业工人学历提升项目，专项支持一批高等学历继续教育院校的教学科研设施建设，重点支持建设一批国家级教育基地。

二是扩大行业所需的人才补贴惠及面。应尽快针对核心基础零部件、关键基础材料、工业基础软件、先进基础工艺、产业技术基础等领域有学历需求的工人，扩大继续教育学历提升政策惠及面；针对有双学历需求的管理人才、社会人才、技术人才，增加继续教育学历提升计划经费资助指标人数。

三是完善行业所需的学历培养模式。构建校企继续教育联盟，由宁波市教育局牵头，引导高校与政府、企业、行业协会、商会等多方合作，共同制定人才培养目标、共同制定培养方案、共同确定课程体系、共同实施培训过程、共同评价教学效果，以订单方式联合培养行业急需的各类人才。在"十四五"期间，探索尝试行业试点认证项目，探索推广"大国工匠"学院、"卓越工程师"产教联合培养班、高新技术企业"青年人才"双学历班，高质量建设校企合作继续教育示范基地和实训基地。

（三）推进办学管理机制改革

一是统一办学标准。对高等学历继续教育开展全面深化改革，实现办学形式融合、统一人才培养要求、统一开放入学标准、统一出口标准，逐渐向"同校同质"发展，真正实现"宽进严出"，并适时发展研究生层次继续教育。引导普通高校、高职院校、开放大学等面向在职成人的继续教育，在培养目标、师资队伍、专业课程和信息技术教育应用等方面办出特色，通过分类推进，使各类继续教育机构在办学层次、专业设置等方面实现错位发展。

二是提升教学质量。实行教学常态监测，由宁波市教育局牵头，市经信局、市大数据局等相关部门协同推动建立全过程、实时化的教育教学监测管理机制，从招生、收费到学生考试、论文撰写和毕业证书发放，动态掌握高校学历继续教育教学过程的基本情况，提前对教学失范行为进行预警。健全质量评估体系，研究制定教学质量评估的标准体系和实施办法，对属地高校学历继续教育办学质量定期开展专项教学质量评估，探索建立高等学历继续教育办学信用管理记分和处罚机制，开通违规办学举报受理渠道，并对办学质量低的学校及时调减招生计划，对于质量问题频发、突破质量底线的学校做停招处理。

三是规范校外教学。规范校外教学点管理。由宁波市教育局统一负责关于校外教学点的政策制定、统筹规划、备案管理和监督检查。明确校外教学点设置标准、程序和监管要求，严格限定设点依托建设单位的条件和资质，厘清高校与教学点依托单位的职责权限。高校应建立责任清单，定期排查梳理本校高等学历继续教育办学存在的各类问题，对存在风险隐患和突出问题的校外教学点应当及时整改或停止合作。

宁波市社科院（市社科联）　邵一琼
宁波网络与传播研究基地　周　磊　屠琦琼

宁波市加快推进学前特殊教育服务的对策建议

宁波市第十四次党代会报告提出，让"一老一小"服务保障更有温度。作为"一老一小"养老托育服务中的弱势群体，学前特殊幼儿的教育服务是全生命周期公共服务中的薄弱环节。2019—2020 年，健康宁波研究基地对宁波市 20 家学前教育机构、19 家康复服务机构和所属 165 名康复治疗师与教师及 0—6 岁特殊幼儿的 330 名家长进行了专项调研，发现宁波市学前特殊教育服务在学前特殊教育服务机制、资源供给、服务能力、队伍建设等方面存在问题，亟待重视。为此，建议高标准推动学前特殊教育服务机制建设、高质量增加学前特殊教育资源有效供给、高水平提升学前特殊教育服务能力、高素质加强学前特殊教育人才队伍建设，加快推进宁波市学前特殊教育服务，确保学前特殊幼儿在高质量发展建设共同富裕先行市的道路上"一个也不掉队"。

截至 2021 年底，宁波市约有 18 万名持证残疾人，其中，0—6 岁特殊幼儿为 1164 人。《"十四五"特殊教育发展提升行动计划》《浙江省学前教育发展第四轮行动计划（2021—2025 年）》和《宁波市残疾人事业发展"十四五"规划》等文件均要求，加快推进学前特殊（融合）教育。根据专项调研，宁波市开展特殊幼儿学前特殊教育服务尚不普遍，学前特殊教育状况不容乐观，亟待重视。

一、宁波市学前特殊教育服务存在的问题

（一）学前特殊教育政策机制有待健全

一是配套政策措施有待进一步完善。目前，与贯彻落实《残疾人教育条例》相配套的专项规划管理、财政投入、评估监督、公众参与、法律责任等多方面政策制度尚不健全，公平普惠的学前特殊教育经费补偿机制较不完善，特殊教育办学条件有待加强，特殊儿童康复项目覆盖范围有限，机构和配套设施覆盖

面尚需扩大。

二是部门管理职责有待明晰。学前特殊教育涉及教育、卫生健康、民政、财政、编办、残联等职能部门，各部门职责与分工尚不明确，同级多部门、同部门多层级之间的多方协同特殊教育推进机制尚不健全，不利于推进学前特殊幼儿评估鉴定、入学安置、教育教学、康复训练等方面的工作。

（二）学前特殊教育资源供给有待强化

一是特殊幼儿入园率不高。调查发现，学前特殊幼儿由父母照顾的占比为72.3%，由祖辈与保姆照顾的占比为25.0%，由托养机构照护的占比仅为2.7%。

二是学前特殊教育发展速度较慢。目前，特殊教育机构和残联下设教育机构有22家，主要接收听障、智障、孤独症等类型的特殊幼儿。但宁波市学前特殊融合教育基本上处于空白状态，90%以上的普通幼儿园没有建立相应的学前特殊教育制度和措施，普通幼儿园尚不具备开展学前特殊教育的能力，乡镇、街道普通幼儿园内设的特教点覆盖面明显偏低。

（三）学前特殊教育服务能力有待提高

一是学前特殊教育入园评估能力偏弱。调研显示，仅有48.7%的教育机构或康复机构在学前特殊幼儿入园（机构）前进行精神状态评估；评估手段较为单一，康复治疗师与教师采用心理治疗项目的比例偏低（占比为13.3%），对线上言语康复训练、康复机器人等先进评估手段了解极少（占比为9.1%）。

二是学前特殊幼儿个性化照护不足。调研发现，宁波市相关地方性法规不健全，政府对特殊教育经费、家庭经济补贴等支持较少，家长对与学前特殊幼儿权利保护相关的法律法规掌握程度较低，特殊幼儿个性化教育需求难以得到满足。（见表1）

（四）学前特殊教育队伍建设有待加强

一是人才结构性短缺较为明显。全市特殊教育教师中，医师、护士、心理健康教育教师及社工人员等专业人才占比不足5%，特殊儿童专业照护服务人员数量与质量还有较大提升空间。

二是人才专业化程度不高。95%以上的普通幼儿园教师没有经过专业学习与训练，不了解特殊幼儿的需求及其补偿特点，导致在对特殊幼儿进行教育时容易出现忽视幼儿、误判幼儿、教学脱离幼儿水平等问题，个性化特殊教育缺失。

表1 特殊教育支持信息需求满足情况

	需求项目	需求人次	占比 /%
1. 政府支持	有完善保障权利的法律法规	133	40.3
	投入教育经费支持	174	52.8
	给予更多家庭经济补贴	168	50.9
2. 家长对与特殊幼儿权利保护相关的法律法规掌握情况	非常了解	14	4.2
	了解程度一般	126	38.2
	不太了解	190	57.6
3. 特殊幼儿社会支持	特殊教育专业知识	310	93.7
	孩子生活、医疗、教育方面得到更多经济补助	291	87.9
	支持特殊幼儿融合教育和社区教育	283	85.5
	特殊教育社会资源	262	79.3
	更多的未来生活规划指引	258	78.2
	针对特殊幼儿的法律援助	257	77.7
	特殊幼儿自我调节能力	232	70.1

注：$n=330$ 人。

二、关于宁波市加快推进学前特殊教育服务的建议

（一）高标准推动学前特殊教育政策机制建设

一是健全完善政策法规。进一步完善学前特殊教育政策体系，全面落实《残疾人教育条例》，统筹规划行政管理、财政投入、评估监督、公众参与、法律责任等多方面政策制度体系。强化政府财政兜底保障，向低收入家庭特殊儿童免费提供学前教育、营养与康复保健服务等基本公共服务，促进这些儿童的社会性发展和认知发展，消除他们与其他儿童入学前的差异，实现教育机会平等。持续优化特殊教育办学条件，以市、区（县、市）专项经费方式支持特殊教育相关重点项目的研究和推进，着重建设和改建资源教室，改善学生学习环境，切实保障学前特殊（融合）教育服务的有效供给与实施。

二是强化部门协同合作。健全宁波市学前特殊教育部门协同工作体制机制，建议由市教育局牵头，会同市发展和改革委、民政局、财政局、人力社保局、卫生健康委、残联等政府部门，制定出台《宁波市学前特殊教育三年专项行动计划（2023—2025年）》，细化重点工作，确定核心指标。完善市、区（县、市）两级协调联动的学前特殊教育推进机制，各区（县、市）形成与《宁波市学前特殊教育三年专项行动计划（2023—2025年）》核心指标对应的主要任务分解表，

协同推进计划落地，实现同级多部门、同部门多层级之间的有机合作与高效运营，加强特殊幼儿评估鉴定、入学安置、教育教学、康复训练的针对性和有效性。加强卫生保健机构、特殊学前教育机构和家庭的合作，强化对特殊幼儿的早期发现、早期干预和早期教育。

（二）高质量增加学前特殊教育资源有效供给

一是积极推进设点布局。每个乡镇街道至少选取一所普通幼儿园设置一个特教点，举办特教班或开展定点定时服务。支持将儿童福利机构纳入定点康复机构，健全特殊幼儿康复设施建设，让更多特殊幼儿享有优质康复资源。引导支持各类社会组织、慈善组织依法做好直接登记工作，引导支持广大志愿者和志愿服务组织规范有序开展特殊教育服务，引导支持各类康复辅助器具企业为特殊幼儿提供方便急需、质优价廉的康复辅助器具产品和服务。大力推进市、县、园三级学前特殊教育资源中心建设，并形成网络，更好地为幼儿园提供学前特殊教育的专业支持。

二是强化多元融合教育。在普通幼儿园积极开展融合教育，切实推进普通幼儿园接收具有接受普通教育能力的特殊幼儿就近入园随班就读。推进特殊教育学校和有条件的儿童福利机构、特殊幼儿康复机构普遍增设学前部或附设幼儿园，鼓励设置专门招收特殊幼儿的特殊教育幼儿园（班），积极探索适应特殊幼儿和普通幼儿共同成长的融合教育模式。推动特殊教育幼儿园和普通幼儿园结对帮扶共建、集团化融合办学，创设学前特殊融合教育环境，为各类学龄前特殊幼儿接受早期教育创造机会，确保特殊幼儿融合教育招生入学"全覆盖、零拒绝"。支持在特殊教育幼儿园和普通幼儿园资源教室中配备满足特殊幼儿需求的教育教学、康复训练等仪器设备和图书，加强幼儿园无障碍设施设备建设。

（三）高水平提升学前特殊教育服务能力

一是完善特殊幼儿入园评估体系。积极深化医教结合，在市级层面确定特殊幼儿残疾定点诊断医院，统一诊断标准。建议在宁波市特殊教育指导中心下设宁波市特殊幼儿教育评估中心，会同市教育局招生考试中心等相关部门共同制定《宁波市特殊学生评估安置流程（学前/义务教育阶段）》，建立健全发现与咨询、评估与鉴定、安置与转介等三阶段的评估流程，为区域特殊幼儿得到适切的教育安置提供基础保障；在县级层面建立由区（县、市）特教指导中心统筹，教育、心理、康复、社会工作等方面专家组成的学前特殊教育专家委员会，为各所学校提供医教结合的专业指导。

二是加强特殊幼儿个性化照护。各区（县、市）教育行政部门根据市特殊幼儿教育评估中心的评估结果和学前特殊教育专家委员会提出的意见与建议，综合考虑幼儿园的办学条件和特殊幼儿及其父母的意愿，建立个人成长档案，形成"一人一案"，尽早为特殊幼儿提供适宜的保育、教育、康复、干预服务。

（四）高素质加强学前特殊教育人才队伍建设

一是提升教师学前特殊教育专业能力。在幼儿高等师范专科学校、宁波外事学校等中高职院校，开设特殊学前教育专业，推动师范类相关专业开设特殊教育课程内容，列为必修课并提高比例，纳入师范专业认证指标体系。将融合教育纳入普通幼儿园教师继续教育必修内容，落实教师资格考试中含有特殊教育相关内容要求，不断提升教师学前特殊教育专业能力。

二是完善特殊教育教师配备和职称评定机制。推动区（县、市）结合当地实际，为特殊教育幼儿园和招收特殊幼儿较多的普通幼儿园制定教职工编制标准。在职称评聘体系中建立分类评价标准，将特教教师职务（职称）评聘工作纳入当地教师职务（职称）评聘规划。教师职称评聘和表彰奖励向特殊教育教师重点倾斜。

三是保障学前特殊教育教师待遇。认真落实特殊教育教师津贴标准，吸引优秀人才从事特殊教育事业。在普通幼儿园在绩效工资分配中，对直接承担特殊幼儿教育教学工作的教师给予适当倾斜。将在儿童福利、特殊幼儿康复等机构中依法取得相应教师资格的特殊教育教师，纳入特殊教育教师培训、职称评聘、表彰奖励范围，并保障其按规定享受相关待遇、津贴补贴等。

健康宁波研究基地　应志国　周　静　孙统达
宁波市社科院（市社科联）　邵一琼

深化校企合作 有力推动职业教育提质培优的对策研究

　　校企合作是产教融合的基础与支撑，宁波职业教育提质培优、制造企业创新转型、现代服务业倍增发展都迫切需要深化校企合作。入选国家产教融合试点城市、《中华人民共和国职业教育法》（简称《职业教育法》）修订实施等重大事件为宁波深化校企合作拓展了空间、增强了动力。宁波要以职业教育重点领域改革为牵引，加快建设重大平台，积极创新企业激励制度和学校考核制度，奋力构建政府引导、企业和学校合作主导、更多社会力量共同推动的职业教育校企合作新格局。

　　产教融合、校企合作是宁波基本建成职业教育高地的关键支撑，也是城市经济保持较好较快发展的重要引擎。2021 年入选国家产教融合首批试点城市、修订后的《职业教育法》于 2022 年 5 月 1 日正式施行等重大事件，为宁波职业教育跨越发展和功能发挥带来了强大的外部动力。宁波市要抢抓机遇，把深化校企合作作为有力推动职业教育提质培优、高水平服务全球智造创新之都建设的重要举措。

一、宁波深化校企合作迎来良好发展机遇

（一）校企合作的制度基础更加稳固

　　2022 年 5 月 1 日起施行的新《职业教育法》将企业参与职业教育办学具有实际成效的政策举措和实践探索法治化，明确规定"国家发挥企业的重要办学主体作用，推动企业深度参与职业教育，鼓励企业举办高质量职业教育"。修订后的《宁波市职业教育校企合作促进条例》于 2020 年 10 月公布施行，强化了校企合作专项资金、产教融合型企业的培育与支持，为进一步深化产教融合、巩固企业重要办学主体地位提供了法律基础，为校企合作的长远发展提供了有力的制度支撑。

（二）校企合作的政策体系更加完善

国家发改委、教育部等部门持续推出鼓励校企合作的系列政策。2021年，宁波入选国家产教融合首批试点城市，获得一系列政策支持。《宁波市人民政府办公厅关于深化产教融合的实施意见》从资金安排、激励机制、平台建设等多个方面助推校企合作。2021年，宁波市级财政投入校企合作专项经费达到2850万元，同比增长7.4%；2022年，宁波安排职业教育校企合作经费8125万元，同比增长103.1%。在各级政策的有力推动下，校企合作热情不断高涨。

（三）校企合作的实践成果更加突出

宁波早在2009年就出台了支持职业教育校企合作的地方性法规，并在共建实习实训基地、订单培养、产业学院、现代学徒制（双元制）教育等校企合作育人模式方面取得突出成效。职业院校毕业生就业率和就业质量稳步提升，2021年全市中职毕业生一次性综合就业率突破99%，高职院校高于95%，留甬率超过40%，有力支持了区域经济的发展。

二、宁波职业教育校企合作面临新的困境

（一）保持全国领先优势还需要加强校企合作平台高地建设

宁波职业教育发展基础良好，教育质量一直保持全国领先地位。2013年，宁波与教育部合作建立国家职业教育与产业协同创新试验区，有力推动了职业教育发展。但随着各地职业教育改革创新力度不断加大，宁波职业教育发展优势逐渐减弱。如江西、甘肃、广东等省均与教育部合作推进职业教育改革创新，推出系列支持产教融合、校企合作的创新政策。教育部、浙江省人民政府联合发布的《关于推进职业教育与民营经济融合发展助力"活力温台"建设的意见》明确提出，"以制度创新推进温台职业教育与民营经济融合发展""创新产教融合校企合作方式""激发企业参与职业教育新动能"。宁波职业教育需要进一步加强与教育部合作，加强平台高地建设，继续保持全国领先地位。

（二）落实教育政策还需要打通"最后100米"

地方层面的《宁波市职业教育校企合作促进条例》、国家层面的《建设产教融合型企业实施办法（试行）》《国家产教融合建设试点实施方案》等政策文件提出的部分关键性措施尚未真正落实。如上述文件均提出建立产教融合型企业认证制度，对认证的企业给予"金融＋财政＋土地＋信用"的组合式激励来调动其

积极性，但落实的具体措施尚不明确。供需信息互通是高质量校企合作的重要前提，但当前校企合作的信息平台没能充分发挥作用。如宁波市教育局曾在全国率先建成了校企合作信息服务平台"校企通"，但调研显示，企业对"校企通"的知晓度和使用率偏低，普遍不知道如何了解学校专业信息、合作意愿和联系方式，"合作无门"的现象依然存在。

（三）创新合作模式还需要加强对职业院校的激励与考核

当前，针对学校开展产教融合、校企合作的成效的考核还停留在平台层级、师生数量、项目投入等传统指标上，缺少量化评价。个别项目的出发点就是为了完成指标，实施效果不理想并不影响考核成绩；不少老师在获得"双师资格"证书后，并没有通过实质性参与企业项目来提升职业技能。校企合作的区域差距较大，以中职学校为例，北仑、镇海两地学校的生均公用经费保障超过6000元，慈溪、余姚、宁海等地则低于3000元，导致校企合作质量和成果的区域不平衡问题突出。

三、关于宁波市有力推动职业教育提质培优的建议

（一）谋划建立职业教育改革发展高地

一是积极对接教育部，争取共建职业教育服务共同富裕示范区先行市试验区。继续深化国家级职业教育与产业协同创新试验区建设，借鉴产教融合试点城市建设经验，争取与教育部合作共建职业教育服务共同富裕示范区先行市试验区，争取职业教育发展的政策支持。

二是建设滨海职教科技城，加快探索主体多元的办学体制改革。以滨海职教科技城为突破口，探索空间集聚推动职业教育集约化、规模化、产业化发展的新路径，加速"产学研培用"协同发展。探索政府统筹管理、社会多元参与办学的体制机制，支持更多优秀企业和其他社会力量以独资、合资、合作等方式依法参与职业教育办学。

三是加强国家和省级"双高"院校建设，发挥示范引领作用。抓紧对接教育部和浙江省政府，抢抓"今年建设10所左右高水平职业本科教育示范学校""支持符合条件的国家'双高计划'建设单位独立升格为职业本科学校""升级部分专科专业，试办职业本科教育"等政策机遇，全力争取宁波城市职业技术学院成为国家高水平职业本科教育示范学校，争取宁波职业技术学院独立升格为本科

职业技术大学，争取更多高职院校的专业升级。

（二）多元共建更高水平的校企合作平台

一是建设更高水平的校企信息互通平台。坚持把校企信息对称作为先导性工程来抓，并由经信部门牵头，组织教育和更多产业主管部门合作建设"校企通"，将其打造成为宁波市中小企业公共服务平台的重要功能板块，畅通企业找学校、学校找企业的双向路径。

二是建设更高水平的职业培训联盟。开放式建设"线上＋线下""院校＋企业""学习＋考核"的多层次、多类型、多业态的职业技能培训体系，深入探索以行业企业为主导的专业职业认证机制，打造文教社区等一批职业技能培训集聚区样板。

三是积极推广产业学院和科研创新协同平台。大力推广宁波工程学院杭州湾汽车学院、宁大科院慈星智能产业学院、均胜集团产教融合中心等先进典型经验，引导支持更多行业领军企业牵头共建行业（产业）特色学院和科研创新协同平台。

四是完善产教融合相关制度和政策落实督导反馈制度。对相关制度执行和政策落实情况进行全面调研梳理与检查督导，明确堵点和症结，打通政策和制度落实"最后一公里"。

（三）强化"寓教于产"的企业激励

一是提高对企业参与校企合作的支持力度。设立产教融合专项资金，整合职业教育校企合作经费等财政投入。开拓资金的企业用途，重点支持校外实习实训基地建设、企业导师队伍建设、高等级和新型职业技能证书考核站点建设、产教融合型企业培养等，明确企业申报路径。建立实习实训基地的评级制度和分级奖补标准，允许学生实习报酬、相关材料消耗费用等计入企业生产成本予以税前扣除，或者给予财政补贴。

二是大力培育企业实习实训基地标杆。以服务购买的形式，支持"大优强"企业、制造业单项冠军企业、专精特新企业等新建或改建先进制造业实习实训基地，将新技术、新工艺、新规范同步纳入实习实训内容。在职业教育培训评价组织遴选中，优先考虑标杆基地的建设单位和运营单位。

三是大力培育产教融合型企业标杆。在已深入开展校企合作的龙头企业中选择一批代表性强、成效突出、机制相对健全的企业作为重点培育对象，按"一企一策"的方式在政府购买服务、人才配套、用地政策等方面强化政策支持。

（四）压实"融产于教"的学校责任

一是指导督促学校优化专业设置。由教育部门牵头，尽快组织行业主管部门、职业院校、企业、行业协会等力量共同绘制全市职业教育专业对接产业发展"一张图"，指导督促职业院校优化专业设置。定期组织专题学习研讨，引导职业院校对接需求，及时调整专业设置，促进全市职业院校错位发展、品质发展、内涵发展。

二是深化现代学徒制和企业新型学徒制探索。加快推进问题导向的教学改革，有序创新教材教法和学业考核评价，保障企业在教学安排中的话语权和知情权，合理延长实习实训时间，实施更匹配企业生产经营需求的教学安排。积极争取和深化与德国职业教育的合作试点项目，探索更高水平的"双元制"职业教育。

三是壮大高素质"双师型"教师队伍。强化教师教学实践能力培养培训，严格落实职业院校专业教师赴企业实践每5年不少于半年的制度，提升教师服务企业的能力和水平。

宁波市品牌升级研究基地　武莉莉　滕汉华　任洁华

五

党建与社会治理

党建统领城市社区基层治理的积极探索

——和丰社区治理经验与逻辑

作为首个"一统三化九场景"落地的未来社区，和丰社区治理经验可以概括为"四统""三体""二招""一根"的"4321"做法，通过上下协作强基础、党建与治理目标一致、"领头雁"与社区禀赋深度结合、数字化赋能未来社区等，解决了社区党建怎么建、基层治理怎么统领的问题。推广和丰社区经验做法，建议从组织、机制、资源和科技入手，健全党组织嵌入机制，完善社区各类共建共治共享机制，深挖社区建设资源，紧握数字化建设抓手。

当前，宁波市的城市社区治理中，党建与社区建设"两张皮"、治理主体多联共商平台欠缺、数字化底座尚未筑牢等仍是存在的主要问题。和丰社区作为首批通过验收的未来社区，其党建统领社区治理的经验做法值得研究、总结、推广。

一、和丰社区的"4321"经验做法

（一）街道党建"四统"先行

2021年底，作为鄞州区未来社区党建创新试点，明楼街道党工委化一为四，以党建"四统"推进未来社区建设。

一是党建统领方向。明楼街道党工委、和丰社区党总支在未来社区建设中牵头抓总，明确"党建抓全局"工作理念，突出党组织在未来社区建设中总揽全

局、协调各方的领导核心作用。

二是党建统盘规划。在未来社区建设过程中，街道党工委、社区党支部根据"街道—社区—小区—网格"的纵向划分，充分调动政府、市场和社会各方力量，统筹规划，如与居民代表现场商议、集智决策，共同推进未来社区创建工作。

三是党建统建组织。明楼街道党工委统合了和丰社区、和丰创意广场、东岸里商圈，成立和丰区域党建联盟，设立社区党组织、商圈党组织、"两新"党组织，由街道党工委副书记任联盟带头人，专设资深党务人员2名，由党建联盟牵头带动各领域联盟群发挥作用。截至调研时，街道盘活了42个社会各界联盟加入未来社区建设，成为社区建设的重要力量。

四是党建统合资源。在社区建设中，明楼街道整合了115个社区、"两新"、商圈各类组织，15个党群服务中心、博物馆等各类阵地，18支工业设计高层次人才、新业态从业者、志愿者等各方队伍助力未来社区打造，并将未来社区作为实现共同富裕有效载体，大力提升服务平台功能。

（二）社区党建融入"三体"发展

和丰党支部将党建融入社区建设、企业生产、居民生活的全服务链，助推未来社区主体健康发展。

一是党建统领融入社区建设升级进阶。作为旧改类创建社区，和丰社区党组织在如何创建问题上坚持群众路线，对社区民众开展问卷调研、座谈，从满足社区民众需求的角度出发，最终确定了升级方案、进阶方向。在空间上，和丰社区通过旧改建造了老年人活动中心、L型花园式邻里交流中心，设计了亲子空间和健康服务站，凸显人本化、生态化。在技术上，和丰社区前端开发了小程序满足民众需要，后台建设了未来社区驾驶舱为社区治理提供技术支撑，将社区带入数字化。

二是党建融入企业全周期服务。和丰党组织将服务企业、营造企业共建社区的良好生态作为重要抓手。社区常态开展律师、会计师、税务师"三师助企"，推动资源共享和价值交换。实现未来社区内企业"个体发展→系统区块→生态圈"的演化升级，通过设置未来企业发展一级生态指标和企业开放共享、企业互助生活等二级生态指标，不断优化升级企业间文化载体平台，满足企业孵化期、成长期、壮大期等各个阶段需求，营造交往、交融、交心的企业发展最优生态圈。

三是党建融入居民生活需要。和丰社区党组织畅通沟通渠道，及时发现民众需要，以满足民众需要的行动推动社区由"管住人"向"服务人"再到"发展人"的跨越式进步。根据民众的需要，和丰社区整合空间，引入 40 多家社会组织，提供覆盖老中青幼等不同群体的公共服务，启动全国首个"公益脱单便利店·明楼有约"项目，推出全龄段居民互助式成长教育培训，满足居民不同层次的需要。

（三）社区党建用"两招"破难题

一是建立完善协商共建机制。和丰社区设置"和丰议事厅"，定期与居民沟通协商，共话小区建设，共解小区难题。成立了鄞州区首个"红管家"社区共治委员会，推行"3+X"组织架构，由书记担任委员会主任，业委会主任和物业负责人担任副主任，共建单位、职能部门、社会组织和贤达人士等组成"X"，协商社区事务。该模式形成了民主事项党组织先议、重大事项上级党组织先审，业委会党组织研究讨论、征求社区支部意见、问卷调查收集民声民意、召开业主大会进行表决等为主要内容的工作法，有效解决了小区旧改等一系列难题，化解了居民间的矛盾。

二是以数治实现善治智治。和丰社区探索开发了"荷蜂助手"微信小程序，上线"综合治理""红管家服务""5 分钟生活圈"等应用模块，让社区居民、企业商户的问题"解决在线上"。搭建未来社区可视化管理平台，推动基层治理平台优化提升。依托数字底座，建立"一书三清单"常态化机制，各联盟签订共建共驻协议书。党建工作有效对接供需清单，形成可落地的项目清单，提供精准化、智慧化惠民服务，切实解决居民的急难愁盼问题。

（四）全员同承"一根"共传红色基因

和丰工人运动精神是和丰社区"守护红色根脉，居创共享发展"共同价值观之根。社区通过发掘利用百年和丰红色历史资源和文化底蕴，依托党群服务中心、宁波城区第一党支部旧址、和丰工业设计博物馆等党史学习教育基地，打造了"1905"红色书屋、"红"Live House 等文化品牌，建立红色文旅深度融合、产学研一体的城市党建新地标，沁润社区的精神世界。商户传承老厂"和众丰财"理念，为设计博物馆提供展品，为社区数字化提供技术支持，共同打造未来社区驾驶舱，体现了居创共享的价值观。

二、和丰社区实践成功的逻辑

和丰社区成功的关键是根据自身特点，解决社区党建怎么建、党建统领基层社会治理怎么统的问题。

（一）上下协作强基础

"社区党建怎么建"是基层普遍面临的难题，直接表现是感到党建没有方向、没有抓手。和丰社区党组织从社区实际出发，紧紧围绕怎么增强自身能力的核心问题开展工作。在党建过程中，和丰社区、明楼街道、鄞州区打破分层分级建设模式，上下协作，共同打造社区党建，为和丰社区建设打下了坚实的基础。社区别具特色的"一纵三横"、"丰"字形党建模式正是在区委和街道的支持下，反复沟通、提炼形成的。

（二）党建与治理目标一致

部分社区党建与社区建设各项工作"两张皮"的现象的主要根源是党建脱离实际，党建的目的不明确，从而出现"为了党建而党建"的怪象，只有形式没有内容。无论采取何种党建模式或方案，社区党建的最终目的都是解决社区问题、服务社区成员。和丰社区在党建中提出通过建强大联盟、建好红管家、建密小支部，促进精神共富、社会共富、发展共富，将共富这一治理目标融入党建目标，实现了党建目标与治理目标的一致性。

（三）"领头雁"与社区禀赋深度结合

与一些社区商圈参与治理的程度低不同，和丰社区商圈较好地参与了社区建设，实现了双方的相互成就。这既有社区商圈的禀赋因素，也有社区党组织"领头雁"的因素。调研发现，社区党总支书记此前负责"两新"组织党建，与商圈企业有较多的接触；在担任总支书记后，她再次跑遍每家企业，沟通共建事宜，将企业资源导入社区建设。在资金不足的情况下，社区党组织依靠商圈企业的技术支撑最终解决了未来社区驾驶舱前期建设问题。

（四）数字化赋能未来社区

在创建未来社区过程中，和丰社区面临资金短缺问题，但是社区党组织并没有选择放弃或降低数字化建设标准，而是在商圈企业的帮助下完成了数字化的高标准建设，采用360°全景、BIM轻量化、VR扫描等技术，实现了三大硬场景和六大软场景以及物联数据的互通，系统化打造了"线上 + 开放"未来党建服务链、"精准＋精细"未来创业服务链、"共性＋个性"未来生活服务链等未来服务体系，推动社区治理向社区数智转变。

三、进一步加强党建统领社区治理的几点建议

（一）健全党组织嵌入机制

结合"上统下分、强街优社"改革，建强街道"大工委"和社区"大党委"，扎实推进党建工作。明确在社区治理中党组织的"四统主责"，把党组织嵌入本地居住群众、高知群体、新就业群体等各类群体；推进社区党建、单位党建、行业党建互联互动，把党组织嵌入各行各业，发挥对全领域的统领作用。

（二）完善社区共建共治共享机制

共建共治共享是社区建设的基本遵循，是化解矛盾、解决难题的有效路径。市、区、街道党组织应指导、督促社区党组织搭建完善共商平台，完善各类议事制度，让各治理主体都有畅通表达意见的渠道，以民众利益为中心，统筹考虑问题的解决方案；社区党组织应加强党建，统领"三驾马车"，用好社区能人、贤人，形成多元共建共治的局面，构建和维护好稳定而富有活力的社区秩序。

（三）深挖社区建设资源

社区党组织应深入挖掘社区资源禀赋。从社区历史、居民资源、周边商圈资源入手，在资源的置换和共享上做足文章，完善社区硬件建设，提升社区底蕴和文化，让社区有根、有魂；充分利用现有的和可拓展的场地空间，探索引入社会组织参与社区建设，赋予空间内容，满足居民全生命周期的不同需求。

（四）紧握数字化建设抓手

数字化是社区善治智治的关键。从建设现代化滨海大都市的站位和宁波当前的实际出发，加大资金投入，配置数字化设备和技术系统，适度超前完成社区数字化建设，提升社区治理的智慧水平。社区党组织从治理工作的已有基础出发，因地制宜探索符合社区发展的数字化建设方案，注重数据获取和统合平台建设，统筹资金和社区内可利用资源，推动数字化建设逐步升级。

新时代思想政治理论与实践研究基地　成方圆　廖桂村

鄞州区委组织部课题组

宁波市社科院（市社科联）　谢磊（整理）

加快培育"宁波范例"　全域打造清廉高地

　　浙江省第十五次党代会提出了全域深化清廉建设、打造新时代清廉高地的奋斗目标。这是贯彻省委《关于推进清廉浙江建设的决定》，建设海晏河清、朗朗乾坤"四清社会"的再深化。宁波作为全国廉政文化先发地，拥有绵延千年的清廉文脉、赓续百年的清廉文化，具有独特的红色引擎优势、创新先行优势、经济先撑优势、清廉先发优势，理应勇当清廉高地的先行地，激发"两个先行"方向引领力、聚焦"两个先行"内生源动力、提升"两个先行"全域驱动力、增强"两个先行"智治塑形力，为全省打造清廉高地提供更多"宁波范例"。

　　推动党委、政府清廉是顺应社会对党的自我革命新愿望、满足群众对正风反腐新期盼的壮举，守护的正是"两个先行"。推动党员、干部以清廉的作风赢得口碑、以清廉的形象赢得赞誉、以清廉的品牌赢得民心，彰显的也是"两个先行"。只有深挖浙东清廉文化资源、细化政治监督颗粒、释放先行治理优势、破解深层矛盾问题，才能为浙江打造清廉高地供给更多"宁波样本"。这既是宁波以清廉主动赢得先行主动的行动标识，又是宁波推动"两个先行"落地生根的成果标志。

一、清廉高地的特征标识

（一）"六个之都"清廉主色更鲜

　　10个清廉样板成功打造，清廉单元建设"路线图""时间表""任务书""协奏曲"销账式治理达100%，链接"1+8+1"清廉浙江建设高分答卷成功交出，"猎狐拍蝇"、"四风"纠治、"打伞破网"纵深推进。清廉建设"五张责任清单"机制有效强化，打造"民呼我督""民诉我为""民怨我解"小切口撬动大治理精品实践案例100件，涉纪涉腐信访量同比下降1～5个百分点。打造有浓厚"宁波味"的市级及以上清廉文化阵地 50 个，锻造有鲜明辨识度的"一地一品"市级清廉文化精品点 100 个，形成在全省乃至全国都叫得响的现代化清廉"金名片"2～5 个。

（二）"浙江标杆"政治底色更亮

从城市到乡村、从沿海到山区、从企业到院校，各级党组织政治领航力、清廉守护力、塑造变革力的方位坐标更加聚焦，服务型、高效型、法治型、清廉型党委政府建设进一步延伸、升级、强化，党员干部"领雁效应"、激浊扬清"震慑效应"、依法治市"整体效应"充分释放。政治生态更加清明，党风廉政建设群众满意度提升 5～10 个百分点，全面从严治党的战略性、标志性成果进一步显现。全市清廉建设迈上一个新台阶，2～5 个"宁波经验""宁波品牌"成为清廉浙江乃至清廉中国的示范样本。

（三）"全国范例"创新本色更明

《清廉宁波评价实施办法》和匹配"八大清廉单元"的"1+8"宁波清廉评价指数模型成功推出，清廉高地从"设计图"变成"实景图"，清廉标准从带着泥土芬芳的"阿拉标准"升级为"省域标准"，清廉体系从具有生产力、竞争力、推动力的目标工作体系跃升为进度可评估、责任可量化、效果可感知的评估指标体系。清廉创新的程度更深、标准更新、品质更优。"清廉宁波之美"的享誉度、"清廉宁波之治"的影响力、"清廉宁波之效"的辐射面显著增强，实现从"先发"到"高地"的精彩跃迁。

二、宁波打造清廉高地的独特优势

（一）红色引擎的优势

"中国红"中有宁波这座英雄城。宁波是个英雄的城市，拥有全国 19 块抗日根据地之一的浙东抗日根据地，拥有守护中国共产党首部党章的"红色传人"张人亚等 2652 名宁波籍英雄烈士、上百处烈士纪念设施。宝贵的红色资源让宁波建设现代化滨海大都市熠熠生辉。这正是宁波红色引擎燃动先锋力量、赓续红色基因、推进立根铸魂、打造清廉高地的红色根脉优势，也是深化全域清廉建设的精神之源、使命之源、力量之源。

（二）创新先行的优势

"知难而进"是宁波创新先行的精准画像。从 1949 年的"三支半烟囱"到

2022 年的 116 万个市场主体，从没有一所大学到拥有"双一流大学"与 70 余家高端研究院，从"思进思变思发展、创业创新创一流"到"创新突破、争先进位、打造六个之都"，"创新先行"始终贯穿于宁波整体智治全过程，既为宁波高质量深化清廉治理赋能蓄力，又为宁波在"两个先行"中贡献更多创新性、标志性、示范性清廉范例提供持久推动力。

（三）经济先撑的优势

经济发展与清廉建设密不可分，二者相互依存、相互支撑，经济发展为清廉建设提供先导动力、物质基础、综合支撑。打造清廉高地，不仅依靠清廉意识的先行，更依赖亲清经济的支撑。2021 年宁波地区生产总值 14594.9 亿元，居全省第一；一般公共预算收入 1723.1 亿元，居全国城市十强。经济发展的"富足"，保障了清廉建设经费的"充足"。这是宁波在打造清廉高地过程中"有能力"消解阻抑性堵点、"有实力"破解失衡性问题、"有潜力"分解冲突性矛盾的坚实物质支撑优势。

（四）清廉先发的优势

宁波是全国廉政文化先发地。2004 年，宁波率先成立全国首家廉政文化研究所，率先编纂出版 200 万字的"中国廉政文化丛书"，让宁波廉政风尚传遍全国。2014 年，宁波六部门联合印发《将廉洁教育纳入国民教育体系的实施意见》，编印本土清廉教材《廉洁伴我行》，开发"清廉看" 400 余处文化景观、"清廉游"云地图、"清廉行"公交线，推动大、中、小学清廉教育一链式保障。同时在传颂清风廉润上下功夫、在传递清风廉德上下功夫、在传播清风廉品上下功夫，汇聚起打造清廉高地的清风优势。

三、关于宁波市打造清廉高地的建议

（一）政治领廉，激发"两个先行"方向引领力

一是以"红"的政治忠心守好红色根脉。设计好"红色套餐"，实施好"红色根脉强基工程"，弘扬好四明山革命精神，活化好甬城红色资源，守护好浙东红色根脉，把习近平总书记对清廉治理的一贯要求转化为"两个先行"全面扎根的创新行动。

二是以"严"的政治恒心守好清廉图景。坚持"严"的主基调，推进从严治市向纵深发展，力求取得更多制度性廉政成果、更大可感性廉勤成效、更优生

态性廉洁环境，为推进"两个先行"、加快打造"六个之都"提供坚实政治生态保障。

三是以"为"的政治决心守好先行优势。将驰而不息的党风廉政建设优势转化为全域清廉建设的治理优势、发展强势、先行胜势，打造具有滨海大都市特色的"清廉标准"，为清廉中国种好"试验田"，为清廉浙江铸就"大引擎"，为清廉宁波构筑"硬支撑"。

（二）思想育廉，聚焦"两个先行"内生源动力

一是绘就一张清廉教育图谱。推动全域清廉教育"无盲区"、清廉理念"广辐射"，构建1个"宁波清廉文化资源库"，打造50家市级以上清廉教育基地，做到每两年评选表彰10～30项市级清廉教育成果，有效跑出清廉教育启廉润心的"加速度"。

二是构建一项清廉教育机制。优化督学、督教、督治立体链条，对《宁波市将廉洁教育纳入国民教育体系的实施意见》中每年4～6课时的清廉教育规定，至少1年进行1次评估反馈，引导民众回归清廉常识、清廉本分、清廉初心、清廉梦想。

三是串起一条清廉教育环链。克服"上级考下级""自己评自己"的不足，完善"1+8"清廉评价指标体系，提升民间评价等指数在官方评价中的权重，推进评价结果对关涉主体的"落后公告制""权益挂钩制"等五制并行，促进育廉闭合良性循环。

（三）监督促廉，提升"两个先行"全域驱动力

一是从严一抓到底，干出"宁波味"。突出宁波对清廉治理严到位、严到边、严到底的执着追求，及时治理监督中的温差、偏差、落差，确保问题发现得了、调查得清、处置得好，打造1～5个清廉范例，交出辨识鲜明的清廉答卷。

二是提质一鼓作气，干出"清廉味"。突出抓源头，完善清廉责任共同体；突出治标本，推进"7+N"清廉单元建设；突出党员干部全周期成长监督，释放"三不腐"同向发力的立体效能；突出"五张责任清单"的动态完善，推进亲清政商关系示范先行。

三是变革一以贯之，干出"窗口味"。创新以自我革命引领社会革命的"开巡答辩"先行、"清风护苗"先行、"基层提质"先行、"精准亮剑"先行。优化"室、组、地、企、校"联动机制，强化"室组联动"监督模式，深化"室组地联

合"办案。落细从严治吏"四个管好"，提升"四项监督"广度、深度、精度，创造清廉目标提高、清廉进度提速、清廉改革提前的窗口图景。

（四）数字赋廉，增强"两个先行"智治塑形力

一是数字赋能，建成"掌上监控之市"。做大"数据池"，搭建"码上"管理端，以"市→区（县）→镇乡（街道）→村（社区）"的海量沉淀，为精准监督提供强大数据支撑。做精"预警值"，设置权力运行数字化预警阈值，对"数据池"中的海量数据进行比对、碰撞、组合，及时发现问题，实现清廉治理一网通办、一事联办、多端易办，让群众感受到浓浓"廉能量"。

二是数字赋权，建成"掌上监督之市"。以百姓码上诉、问题分流办、结果在线反馈为流程，设置群众"监督端"，方便群众反映投诉；联动智能识别与人工识别，确保第一时间反馈处理结果，打造监督难度最小化与监督效果最大化的闭环链。

三是数字赋责，建成"掌上监理之市"。刚性化"履责"，确保数字化配责精准到人到事。智能化"督责"，实现对履责超时限、不到位、不及时等行为数字化点对点提醒。苗头化"问责"，做到适应履责质量、适用"四种形态"、适时提级处置。客观化"判责"，量化源自大数据监测的廉情生态，为打造宁波清廉高地提供研判依据。

浙江万里学院　陈金波　陈　波

流动党员权利保障、激励关怀问题研究

在当前形势下，从权利保障、激励关怀的角度去关注和加强流动党员的管理、服务工作，是推进新时代党的建设的迫切需要，也是加快建设锋领港城的题中之义。近年来，宁波市在流动党员权利保障和激励关怀方面进行了一系列实践探索，取得了显著的工作实效，但仍然存在一些问题。建议从精准掌握流动党员规模底数、加强流动党员权利保障、加大对优秀流动党员的激励力度、关爱流动党员的生活等方面，最大限度地激励和发挥流动党员作用。

近年来，宁波市在流动党员服务管理方面，主要有以下探索：以服务关爱为理念，制定市域范围内流动党员工作的相关政策；以纳入有效管理为基础，构建流动党员权利保障和激励关怀的实施前提；以基层党建为抓手，创新流动党员权利保障和激励关怀的工作模式；以流动党员权利为出发点，探索权利保障和激励关怀的具体举措。但仍然存在一些问题需解决。

一、流动党员权利保障、激励关怀存在的问题

（一）流动党员规模底数不清，实施保障和关怀的前提基础不牢

由于存在离职不迁转（"两新"）、挂靠不迁转（外企）、迁徙不迁转（异地老人）、原乡不迁转（村级权利）、退休不迁转（单位眷恋）、务工不迁转（小哥、的哥）、创业不迁转（市场）、改制不迁转（乡办企业转制）、新业态影响（务工第一波、新业态经济第二波）等不同类型，宁波流动党员基数理应庞大。以党员占人口总数的比例简单推算，500多万流动人口中的党员人数远不止现在在册、建档的数据。调研发现，确实有一部分流动党员仍然不愿亮显身份，自愿成为"隐形党员"，没有做到"出门领证"（《流动党员活动证》），也没有做到"凭证报到"。在党员自身不主动亮身份的情况下，有些流出地党组织也存在监管不严的

现象。对外出的党员联络不到位、对"凭证报到"督促不够，造成流入地根本不掌握流入党员的情况，更不要谈实施权利保障和给予激励关怀了。

（二）职责划分不明，流动党员的权利保障落实不到位

由于空间距离，流出地党组织对于流出党员的权利，即使有意愿实施保障，尽管也有线上模式，但在很大程度上还是受限的，也自然会对其参与组织生活和教培活动，以人之常情要求不高。虽然宁波的基层党组织都是以开放的态度对流动党员给予全接纳，但是，根据《中国共产党党员教育管理工作条例》（2019）中"流入地党组织应当协助做好流动党员日常管理"的规定，流入地基层组织还是抱着来即收、隐即放的态度，而且对于组织生活和教培活动，特别是在流出地不作要求、不需台账的情况下，对流动党员是否参与实行的是通知送达、来去随意，约束力不强。流入地对于党员所享有的一些权利，大多只限于党内知情权、教育培训权等，很少涉及其他党内权利，但这些权利往往与党员工作生活的切身利益密切相关。

（三）激励关怀的针对性不强，党组织提供服务与流动党员的实际需求存在偏差

尽管宁波市对于流动党员目前给予了就业、创业、维权、结对、救助等方面的关怀，但总体上，关怀的内容还不够全面、关怀的机制也不够系统。例如，对照《中国共产党党内关怀帮扶办法》所规定的4个方面的党内关怀帮扶（政治上激励、工作上支持、待遇上保障、心理上关怀）还存在差距，也没有与宁波市较健全的外来人口公共服务体系进行很好的衔接。在具体操作中，又会受党员不搞特殊化要求的影响，考虑群众感受，对关爱帮扶的尺度把握不准。在激励举措方面，主要是提高政治待遇、给予流动党员以表彰等，物质层面的激励很难落实，而且支部内的评先评优也有限制。对于更高一级的荣誉称号等的评选，多以完成对上考核为主，未能充分兼顾流动党员个体所需。

二、进一步加强新时代流动党员权利保障、激励关怀的举措

（一）精准掌握流动党员规模底数

一是建设管理信息系统。建议借鉴推广象山县数字赋能智慧化管理流动党员的经验，加快建立和完善全国联网的流动党员管理系统，不断完善系统内功能模块，实现排查入库、分类管理、考评处置等全周期管理，动态生成党组织

质量评估和党员党性分析报告。在此基础上，探索证码合一管理模式，打通全国党员信息库的区域信息壁垒，在纸质的流动党员证的基础上，开发 App，依托大数据技术为每位流动党员赋码，提醒流动党员及时到工作或生活所在党组织报到、主动参加组织生活。

二是健全信息交换机制。加强流出地和流入地的信息交换，推行流出地与党员流向集中的流入地签订共管协议，做到资源共享、组织共建、活动共抓、作用共促。加强部门之间的信息互通，与公安局、流口办、人社局、大数据中心等部门实现信息互通，并嵌入人才市场、村民说事等服务平台，实现一个平台、多种场景、信息共通。在流动人口居住管理（登记和抽样调查）、人才（劳动力）市场招聘、流动人口计划生育等登记中，增加"政治面貌"栏，以便及时掌握流动党员数量、结构等情况。

三是创新分类管理路径。根据流动党员流动时间、地点和频率，将流动党员细分为短期（流动时间 1 个月以上 6 个月以内）、高频（流动时间 6 个月及以上、地点不确定）、长期（流动时间 6 个月及以上、地点相对固定）、境外和待吸收发展（入党积极分子、发展对象、预备党员）等 5 种类型，实行兜底式、风筝式、移交式、提级式和跟踪式等差异化管理，解决长期流动党员组织关系应转未转问题。

（二）加强流动党员权利保障

一是明确流动党员权利的归口赋权。建议进一步明确流动党员以流出地党组织为主、流入地党组织协助配合的归口管理原则。梳理流动党员应享有的权利，采用权能分置的方法，明确各项权能的归口属地，对 13 项党员权利，按使用频率的高低进行分类，高频行使的权利的保障以流入地为主，低频行使的权利的保障以流出地为主（见表 1）。

二是推行权利行使的数字化方式。建立线上和线下的双轨课堂，开设网上课堂，开发线上栏目、云课堂，方便党员随时点击学习。推广"微型党课""情景式课堂""菜单式教育"，适应流动党员的工闲特点和生活节奏，增强教育实施的可操作性，为流动党员接受教育提供方便。推行参加组织生活情况的互认制度，流动党员在流入地参加"三会一课"等组织生活，可以把参加活动的现场照片等资料，发给流出地党组织，以获得认可。建立"三个一情况通报"制度，要求流动党员服务站点每月向流动党员发送一条温馨短信，每季度给流动党员打一个亲情电话，每年组织一次乡音座谈会。完善"温馨提示"机制，每月定期收集整理"党员活动日"主题内容，发送给流动党员，提示其规范学习内容，确保流而不"失学"。

三是提升基层党组织的开放度。突破基层党组织仅负责所属党员管理的形态，开放流入地党组织体系以及相应的服务平台，打造"流动党员15分钟服务圈"，要求所有基层党组织对其党建工作责任范围内的流动党员，必须及时接纳，承担起教育管理责任，为其提供各类服务。确保流动党员不因工作单位、居住地的变更而中断与组织的联系，确保基层党组织不因频繁流动而削弱对流动党员的教育管理。让流动党员流动到哪里，哪里就有组织的关心，哪里就能感受到组织的温暖。

表1　明确流动党员权利的归口赋权

序号	权利类型	流出地	流入地
1	党内知情权	√	√
2	接受党的教育培训权	×	√
3	党内参加讨论权	√	√
4	党内建议和倡议权	√	×
5	党内监督权	√	√
6	党内提出罢免撤换要求权	√	×
7	党内表决权	√	×
8	党内选举权	√	×
9	党内申辩权	√	√
10	党内提出不同意见权	√	×
11	党内请求权	√	√
12	党内申诉权	√	×
13	党内控告权	√	×

（三）加大对优秀流动党员的激励力度

一是吸纳优秀流动党员参与社会治理。在街道"大工委"、社区"大党委"和居民小区党组织中，全面吸纳素质高、乡情熟、有威信的优秀流动党员担任兼职委员，大力提升参事议事话语权。在各类社会组织中，培养优秀流动党员成为骨干力量，参与基层社会治理。引导流动党员参与基层社会组织建设，推广"乡音说事"优化治理。借鉴象山县爵溪街道"乡音说事"经验，在流动人口集聚地打造"乡音驿站",组织流动党员说民生难事、办关键小事,解决子女上学等难题,回应合理诉求,化解矛盾纠纷。推动新居民自治,将流动党员和流动人口纳入社区居民代表推选范围,每个社区设置一定比例的新居民代表,共同参与社区治理,成立由党支部牵头、流动党员带头、热心人士参与的"同心圆"议事团,分组协助新居民处理工资待遇、社会保险事务。

二是建立优秀流动党员表彰奖励制度。在流出地党组织的"两优一先"评选名额中,专门切块为流动党员设置一定比例的名额,并在党员大会等公开场合给予表彰命名。积极推荐优秀流动党员参评各级劳动模范、先进工作者、首席工人等荣誉,担任各级"两代表一委员"。推广流动人口积分制,对亮明组织关系和被评为优秀党员的流动党员,分别给予积分奖励。

三是鼓励流动党员在流入地当好先锋。积极搭平台、建舞台,引导流动党员在建设他乡、回报家乡、服务老乡上比作为。对有意愿服务群众的党员,要积极做好思想引导,通过选拔任用后备干部、培养帮带等方式,将优秀返乡党员逐步培养为村社干部。不断增强流动党员对流入地党组织的认同感和归属感,激发他们作为党员的光荣感和责任感,使他们尽快融入当地社会,自觉服从当地党组织的管理。引导流动党员融入当地社会,提升存在感和党员的身份感、获得感、归属感。

(四)切实关注流动党员的生活

一是建立流动党员专人联系结对制度。实行"一对一"或者"一对多"等方式,组织有能力的本地党员、党员志愿者、流动党员服务站点工作人员,与流动党员进行结对帮扶,加强沟通联络,定期了解流动党员的思想、工作、生活情况,帮助他们解决实际困难。建议将每年12月的第一个星期天定为"外来务工者节",开通"新居民心灵驿站"援助热线,帮助流动党员化解心理焦虑和人际纠纷。

二是提供高质量基本公共服务。按照"社会事业内外共享"理念,结合户籍制度改革,通过积分制,逐步建立完善教育、医疗、文化、民生等共享机制,为外来流动党员子女入学提供便利,流动党员子女与本地学生同享免除借读费、学杂费、书费等政策。继续强化"权益保障内外同等"理念,探索成立新居民维权服务站和慈善工作站,设置特困求助点、法律援助点、职工维权点等。推动便民事项"一窗受理"、异地服务"跨省(市)通办",提升新市民服务满意率。

　　三是提供流动党员困难救助。合理扩大流动党员困难互助金规模，对困难流动党员实行救助。向流动党员开放慈善会、企业家光彩基金等公益慈善平台。依托市总工会建立的市级困难职工档案，按照规定程序，对有困难的流动党员开展助学、助困、助医活动。健全党内关爱基金使用管理规定，通过日常走访、节日慰问、实事代办等，关心和爱护生活困难的流动党员。深化外出党员的关怀内涵，主动帮助照顾家里的"留守老人""留守学生"、照看家里的"留守农田"。

宁波市社科院（市社科联）课题组

加强心理赋能工作 推进干部能力变革的对策建议

宁波市第十四次党代会报告提出要通过立体式赋能推进干部能力变革，锻造高素质干部队伍。心理赋能是立体式赋能的一项重要内容，也为广大干部在承重负重、摔打磨砺中提供了心理保障。宁波市干部心理赋能工作自启动以来成效显著，但也面临一些问题，如在工作层面未能形成全市一盘棋，在个体层面未能覆盖生涯全周期等。下一步应着力构建全市域联动、全生命周期、全方位保障的干部心理赋能体系，通过加强心理赋能工作推进干部能力变革。

一、心理赋能工作的国内外概况和宁波情况

心理赋能工作能有效保持干部心理健康，提升干部心理素质，增强干部心理能力，是建设高素质干部队伍，进而推进干部能力变革的重要内容。干部心理赋能是大势所趋。国外发达国家政府部门的员工帮助计划（Employee Assistance Program，EAP）启动早、模式多，运行成熟，效果显著（见表1）；国内先进地区响应社会心理服务体系建设，相继施行，以心理赋能工作促进干部心理能力建设（见表2）。目前，宁波市组织部门发挥各级党校在干部心理赋能工作中的主阵地作用，打造各级干部心理素质提升中心，在全国走在前列，取得了系列成果（见表3）。

表1 发达国家的政府员工帮助计划

国家	概要	服务模式
美国	率先将在企业成功运行的 EAP 项目引入政府事务。1992年覆盖全美各州；2008年覆盖联邦政府各部门	政府采购，将政府机构划分给若干个独立的咨询机构开展服务。服务对象包括公务人员的家属

续表

国家	概要	服务模式
澳大利亚	效仿美国，将 EAP 项目引入政府事务，覆盖联邦和州政府。政府每年评估咨询机构的工作成效	采用混合模式，政府内部 EAP 组织与外部心理服务企业共同保障服务提供
英国	以立法的形式规定一定人数以上的政府机构必须提供 EAP 项目，每年进行公务人员心理状态风险评估	采用外设模式，政府将 EAP 外包，委托给专业的人力资源与心理服务企业
韩国	在人才革新部成立公职人员心理卫生中心，并在全国按区域设置 8 个分中心，为公务人员提供心理服务	采用内置模式，在政府组织内部形成工作体系，服务对象包括公务人员的家属

注：资料来源于国外政府网站。

表2 国内先进地区干部心理赋能工作

地区	概要	服务模式
上海	2004 年 7 月，徐汇区政府启动国内第一个干部心理健康计划	采用内置模式，政府组织内部设立专门机构完成干部心理赋能工作
北京	发挥各区各系统各单位以及工会、共青团、妇联等群团组织的作用，挖掘现有人力、场地等资源，开展务实有效的干部心理赋能工作	采用内部联合模式，市委组织部联合市直属机关工委开展干部关心关爱工作
深圳	成立心理能力提升中心，配备教师，统筹全市干部心理赋能工作，配置软硬件设备，打造线上平台等	采用混合模式，市委组织部主导，并通过购买服务的方式引入企业中已运作成熟的心理服务项目
南京	依托南京师范大学等本地高校资源，就南京市领导干部心理健康培训、研究、测评和资政等工作展开多项合作	采用外部联合模式，市委组织部引入高校心理资源开展心理赋能工作
成都	在市委党校探索干部心理健康教育，以专题班培训模式开展，有理论讲座、实训课、心理测评、现场教学（民警心理健康保护中心）等	采用内置模式，市委组织部发挥各级党校心理赋能教育优势，将心理赋能深度融入干部培训，形成特色化的课程体系
杭州	2020 年，成立公务员心理健康能力提升中心，注重对重点岗位、重点群体、基层干部的关心关爱；建立心理关怀大数据系统，提高干部心理素质，打造科学化的管人用人体系	采用内部联合模式，市委组织部以市委党校为中心，联合各级党校，整合工会组织、团市委相关资源共同开展干部心理赋能工作，营造和谐氛围

注：资料来源于各市政府网站。

表3　宁波市干部心理赋能相关工作

措施		具体内容
高标站位描绘"心"蓝图	顶层设计建体系	出台《宁波市干部心理健康服务体系建设实施方案》
	科学实施立标准	构建"预防—发现—评估—援助—运用"全链式闭环机制
	集智攻关促融合	发挥党校主阵地作用，打造专兼职专家力量，经费保障
务实管用构筑"心"家园（"1211"体系）	成立"1个服务指导机构"	在市委组织部挂牌"干部心理健康服务指导办公室"
	建立"2个综合服务中心"	在市委党校成立干部心理素质提升中心（教育培训等）；在市第一医院成立干部心理健康保健中心（咨询、诊疗等）
	开设"1组线上服务平台"	创设干部心理服务平台（微信公众号"甬心向上"）
	组建"1张全覆盖服务网络"	各地各单位整合场地和资源，打造特色品牌和站点
精准高效优化"心"服务	日常管理上倡导柔性服务	开发"向组织说说心里话"平台，推行"双向约谈"制度
	重点节点上突出全程服务	把握录用入职、岗位调整、提拔任用、退休离职等时机
	优化方式上运用智慧服务	接入整体智治，运用大数据、"互联网+"手段提供服务
激发担当点亮"心"空间	做优关爱大文章	把加强健康关爱、提升身心素质作为干部队伍建设基础工程
	融入党建大格局	发挥党组织作用，把心理能力建设引入党建
	营造担当大氛围	加强干部自身领导力建设，提高领导艺术，营造担当氛围

注：资料来源于宁波市干部心理素质提升中心。

二、宁波市心理赋能工作面临的问题

（一）各级党校心理赋能教育资源有待整合

一是师资分布不均衡，教学缺乏有效统筹。各级党校心理专职教师配备不均衡，最多的配备6人，大多配备1人，部分尚未配备（见表4）；师资结构不合理，有些以非专业兼职教师为主；教师资历差距大，教龄短的1年不到，长的10年有余。专兼职结合与专业化程度不够高，教师间缺乏互动交流机制，不能做到人尽其用、优势互补。优秀心理课程的不能在全市范围内流动。

二是场地经费差距大，内部发展不平衡。各级党校场地建设、经费投入有差距，线上平台缺乏统筹（如微信公众号重复建设），课题研究缺乏创新（以干部心理压力调研为主）等（见表4）。心理赋能要素未在全市范围内统筹协调、资源共享，阻碍了工作的系统推进。

表4　宁波市党校系统心理赋能教育教学资源表

党校	专职教师/人	兼职教师/人	场地/m²	"两微一端"	年度经费/元	外部合作
中共宁波市委党校	3	0	1550	微信公众号：甬心向上	80万	中国科学院心理研究所、宁波市康宁医院、上海心融健康科技股份有限公司
中共宁波市海曙区委党校	1	0	0	无	0	无
中共宁波市江北区委党校	0	1	590	微信公众号：江北党校（北岸心坊）	50万	无
中共宁波市镇海区委党校	0	1	180	无		无
中共宁波市北仑区委党校	0	1	68	无		无
中共宁波市鄞州区委党校	1	0	80	无		华东师范大学心理学院、中国科学院心理研究所、宁波大学教育学院
中共宁波市奉化区委党校	1	0	200	无		无
中共余姚市委党校	0	1	300	微信公众号：姚江先锋（知行心坊）；空中平台：FM96.6余姚人民广播电台	25万	中国科学院心理研究所
中共慈溪市委党校	6	0	2000	微信公众号：心动慈溪；微信小程序：心动浙里	50万	浙江省心理卫生协会、浙江省大众心理援助中心、华东师范大学心理学院
中共宁海县委党校	1	0	514	无	50万	北京师范大学心理学部
中共象山县委党校	1	0	800	微信公众号：象山县干部心理素质提升中心	20万	暨南大学管理学院心理学专业

注：数据由各级党校提供（2021年12月）。

（二）干部心理赋能供需两端有待平衡

一是供给不够充分。首先，覆盖面较窄。供给单位以各级党校、干部学院为主，公安局、信访办等部门对从事急难险重任务的干部也有供给，但整体而言，覆盖面较窄，基层尤其不足，更没有涉及干部家属。其次，形式较单一。供给形式以心理讲座、实训课程（团辅团建）、心理测评为主，心理干预供给严重不足，供给对象也缺乏分层分类。最后，获取较为不便。干部仅在线下培训中接触相关心理课程，线上平台也多为自主选择收听的讲座，总体内容规划待加强，对时下流行的训练营模式、短视频产品、VR互动体验等受年轻干部欢迎的模式探索不够。

二是需求不够契合。首先，缺乏以对象为中心的设计。干部心理赋能未充分考虑干部成长规律，即干部在不同成长周期中的不同心理需求和在职业初期、中期、后期具有不同的心理特征与状态，心理赋能缺乏对象敏感性。其次，缺乏以内容为中心的规划。在设计干部心理赋能体系时，没能覆盖生涯全周期，培训内容也缺少分层分类，精准性和实效性都有待提高。最后，缺乏以效果为中心的评价。干部心理健康与心理素质提升的效果评价较为困难，干部心理赋能工作满意度测评不够，定性描述和定量测评有待实施。

（三）心理困扰的"污名化"和"病耻感"亟待突破

一是干部心理健康素养尚未得到明显提高。一方面，干部对心理健康影响生活和工作的认识不足，对心理困扰仍存在"病耻感"，心理健康出现异常时就诊率很低，且不愿具名。另一方面，干部个体心理危机事件仍有发生。调研显示，约45.8%的干部从未参加过心理相关的讲座（活动）。干部寻求心理支持服务的最大阻碍因素是干部自身，即"认为自己可以解决"，占比高达67.8%。此外，认为"找咨询师太过尴尬"占21.4%，"不了解心理咨询的作用"占20.2%，说明仍有一定比例的干部心理健康素养不足。

二是干部心理健康保障政策有待完善。一方面，在干部成长的全过程，如考录选调、选拔任用、日常管理、监督管理和考核评价等，缺乏心理健康保障政策。另一方面，在轮岗、挂职、借调等锻炼干部的关键环节，也存在心理健康保障政策的缺位，特别是宁波市每年向对口援建区域派驻大量干部，异地工作、异地任职更需要心理关爱举措。

三是干部关心关爱氛围营造有待加强。谈心谈话沟通机制亟须创新，在心理咨询技术和谈心谈话相融合上也有待加强。相关部门在体现组织关心关爱、营造融洽氛围上的工作机制，以及引导干部正确看待、科学认识心理健康问题，推动组织内部消除对心理健康问题的偏见和歧视上的落实机制有待完善。

三、关于宁波市心理赋能工作提质增效的建议

（一）构建"全市域联动"的干部心理赋能教育体系

一是打造全市域范围内的心理赋能共同体。在市委组织部"干部心理健康服务指导办公室"领导下，统筹全市党校系统在职心理专业教师资源，组建专职心理赋能教育队伍；协调全市党校系统心理教育资源，梳理各单位心理活动场地，打造心理赋能场所体系；联合国内心理学专业知名院校，共同组建心理智库，提供咨询服务与教培资源。

二是构建上下呼应、内外联动的闭环工作机制。由市委组织部制定市县联动、区县联动的具体措施，统筹谋划，区分特色，共享资源，整体推进，加强上下级部门（中心）的联系指导，做到全市干部心理赋能工作的整体性推进；由"干部心理素质提升中心"牵头，统筹借助社会力量，吸纳各群体心理服务工作者，吸收心理健康新内容、新理念，结合干部特点开发教育项目，保持与学术界的良好互动；完善"预防—发现—评估—援助—运用"的全链式闭环机制，与干部心理健康服务"1211"体系交融互通。

三是设计可操作化的评估监测体制。统一目标，细化指标，以评促建，评助结合，制定路线图和时间表；精选工具，定期测评，扩大对象范围，挖掘数据价值，在定期监测的基础上形成案例库、信息库；构建思想引领体系、心理工作体系、作用发挥体系和工作评价体系，形成心理赋能工作标准化体系建设基本内容。

（二）构建"全生命周期"的干部心理赋能供给体系

一是在考录选调中增加心理异常筛查。《中华人民共和国公务员法》对公务员的心理健康和心理素质提出了明确要求，但招录筛查细则未出台，宁波市公务员局可先行探索在公务员面试考官中增加心理专家或进行心理量表测试，作为加权分数之一。

二是在选拔任用中增加心理素质测评。组织部门可探索在岗位匹配中综合分析干部的人格气质、压力耐受、胆量魄力等心理特征，合理使用心理测评结果，增加定岗科学性，增强选人用人精准性。

三是在常规管理中制定心理健康保障制度。可探索将心理检查纳入每年的常规体检，开展选任考察心理评估，实行局级以上干部建立心理健康档案等；试行干部异地任职关爱制度（探亲、谈话、专业疏导等）、心理疾病休假制度等。

四是为重点对象提供心理健康服务。组织部门可以为重点岗位工作人员、重点对象建立心理档案，针对个人的心理状态和压力提供长期的评估服务，采用普遍化和差异化相结合的心理服务方式。在应急事件处理的前后，为应急人员提供及时、专业的干预服务，适当增加针对干部本领恐慌、焦虑、烦躁等方面心理问题的应对训练。

（三）构建"全方位保障"的干部心理赋能服务体系

一是强化素养提升。立足干部身心健康，切实从组织保障层面推进心理赋能工作，关爱干部职工，激励担当作为。各地各部门持续开展线上线下心理健康素养提升活动；工青妇、组织人事等部门加大对干部心理健康知识的科普，聚焦心理健康基本素养（知识、应对、理念），开展送课下基层活动；各级党校继续保障心理课时，丰富课程形式，提高教育质量，融合线上线下资源，为学员提供实体化"心理应急包"。

二是注重组织关怀。各地各部门持续完善谈心谈话沟通机制，推动同级、上下级之间良性互动，及时发现各类心理异常苗头。在晋升遴选时重视干部心理素质考察，在福利保障中落实干部探亲休假制度，在去职退休后做好干部心理健康指导。当干部出现心理异常时进行组织内调适，出现心理危机时进行组织外干预，将服务范围扩展至干部家属，将心理赋能有机嵌入个体和组织，积极打造干部的"心理保护伞"。

三是把握精准辅导。注重精准导向，强化隐私保护。建立干部心理问题的"及时发现—准确识别—快速处置"工作机制，提供个性化心理关爱，避免心理问题"由人到事"，出现泛化。充分利用数字化手段，加快实现数字化场景构建和运用，建立数字化干部心理服务平台，融通"量表筛查—监测预警—咨询教育—诊断治疗"精准辅导体系。依托大数据技术，绘制心理健康监测曲线，分析心理状况变化"心理画像"，提供精准科学有效的"心方案"。

宁波市中国特色社会主义理论研究基地　葛国宏
宁波市社科院（市社科联）　谢磊（整理）

宁波城市社区治理亟待破解的三大难题

　　加强和完善城市社区治理，是推进国家治理体系和治理能力现代化的关键一环和基础性工程。宁波市城市社区治理普遍存在行政化突出、专业化不足、政策支撑不力等三大共性问题，亟待通过体制机制改革予以突破解决。建议以深化"政居分离"改革、政府购买服务改革、社会工作人才政策改革、社区自治与志愿组织改革等"四大改革"为抓手，进一步提升城市社区治理水平。

城市社区是人民群众安居乐业和城市社会治理的基本单元。加强和完善城市社区治理，事关党和国家大政方针的贯彻落实，事关人民群众切身利益，事关城市基层和谐稳定，是推进国家治理体系和治理能力现代化的关键一环和基础性工程。海曙区作为宁波市中心城区，既是城市社区建设及治理改革的先行地，也是民政部首批社会工作人才队伍建设试点示范区、首批社会工作服务示范区。近年来，海曙区按照上级党委、政府的要求，立足自身实际和先发优势，在城市社区治理体制机制创新方面进行了一系列改革探索，特别是在推动专业社工参与城市社区治理、提升社区治理专业化水平方面，形成了显著的理论创新成果和实践改革成效。但通过海曙区的样本分析，课题组也发现，宁波市的城市社区治理存在行政化突出、专业化不足、政策支撑不力三大共性问题，亟待通过体制机制改革予以突破解决。

一、行政化突出的难题

（一）工作内容行政化

我国城市社区呈现出较强的"制度性社区"或"行政性社区"特点，具有"政府派出机构"属性，承担着大量基层党委、政府下达的行政工作。虽然近年来浙江省、宁波市也分别发布了《浙江省村（社区）减负清单指引 2020 版》《宁波市关于村（社区）职责事项准入管理的实施意见》等有关社区职能事项准入的政策文件，宁波市也根据相关文件对社区职责事项进行了规范清理，但社区治理机构仍承担大量行政事务，"政务"与"居务"边界不清问题依然突出。以海曙区为例，据统计，目前该区城市社区承接区级 27 个党政部门的 157 项行政事务，涉及各类信息平台和系统 50 多个。在此情况下，社区"两委"成员、专职社工等"体制内"人员的工作重心主要聚焦于办理政府下达的"政务"，很难顾及社区内部的"居务"处置。

（二）工作方式行政化

一是工作思维行政化。社区治理所依据的社区自治章程、社区工作制度等均由政府制定，社区"两委"、专职社工等基本上是按属地党委、政府的部署要求开展工作，动员居民也主要依靠行政命令方式，工作思维存在着较为明显的行政化惯性。

二是治理资源行政化。社区治理经费主要来源于政府拨款，不仅政府购买服务经费、社区运行经费主要来自财政资金，而且专职社工的薪酬也是由属地财政保障，甚至社区自治服务组织（小区自治理事会）的运行经费也主要来自政府（海曙区按照每千户 3000 元的标准配置）拨款。

从治理效果来看，行政化突出的问题势必造成两方面的不利局面。一方面，居民回应不够到位。"政务"对"居务"的挤压，无法充分体现"岗责一致""专业的人做专业的事"的治理原则，造成社区"两委"、专业社工工作重心的偏移，从而形成难以高效回应社区居民多样化、个性化"居务"处置诉求的不利局面。另一方面，工作导向容易错位。在行政主导的工作方式下，社区"两委"、专职社工等"体制内"的机构和人员，甚至是体制外的社会组织，产生"行政依赖"和"行政惯性"，导致其主动进取、改革创新精神不足；也容易造成"端谁的饭碗归谁管"的工作格局，导致形成重视政府偏好而不够关注社区居民意愿的工作思维和行为导向。

二、专业化不足的难题

（一）"体制内"社区治理人才队伍专业能力不足

社区治理内容复杂多样，涉及规划建设、园林绿化、困难救助、矛盾调处、权益维护等多个治理场景，对从业人员专业素养要求较高，但当前"体制内"的社区治理人才（即城市社区工作者）专业能力参差不齐，专业化"科班人才"和既懂理论又擅实操的复合型人才非常缺乏，人岗不匹配的问题比较明显。以海曙区为例，该区共拥有104万常住人口和104个城市社区，"体制内"的社区治理人才主要由社区"两委"成员、专职社工和专职社区网格员等四类主体构成，共1233人。从学历结构来看，拥有研究生以上学历的只有19人，占比约为1.5%；从年龄结构来看，社会经验积累相对较少的30岁以下的有199人，占比达16%；从专业资质持有情况来看，取得助理社会工作师及以上专业资质的有703人，占比只有57%左右。同时，即使是持有专业资质或在专业岗位上的社区治理从业人员也大多数为"半路出家"，学历层次不高，缺乏系统的社会工作专业知识和技能训练。以海曙区为例，目前该区1233名城市社区工作者中，有969名为通过公开招聘方式进入社区工作的专职社工。其中，专科学历270人，本科学历690人，研究生学历4人；持专业资质的有681人，占比仅为70%左右。因此，相当多持有专业资质或在专业岗位上的社区从业人员属于"通用型"人才而非"专业型"人才，只能从事程序性、事务性的管理或服务工作，而无法提供技术化、个性化的专业服务。

（二）社会化专门机构的专业能力不足

除了社区"两委"行政属性明显，呈现出较强的基层政府"派出机构"特点，距离专业社工机构标准存在明显差距以外，我国社会化的社会组织建设也起步较晚，普遍面临着专业性不足的困境。大多数社会组织规模不大，缺少专业化团队，也不能聚焦特定领域"深耕细作"，很难形成以特色技术、行业经验和社会资本累积为主的"专有能力"，极易对政府产生单向的依赖关系。从海曙区情况来看，目前该区有注册登记社会组织928家，备案社会组织5550家。但这些社会组织的员工规模普遍在10人以下，且大多数人员缺乏资质，行业经验在5年以下，存在筹资能力缺乏、承接政府专业服务力不从心等问题。以海曙区的社会工作人才协会为例，虽然该机构得到了海曙区民政局的大力支持，但目前也只有7名员工，其中只有4人持有专业资质证书，也主要依靠承接政府服务项目生存，无法独立筹资发展。

三、政策支撑不够有力的难题

（一）政府购买服务政策不够健全

一是政府购买社区服务缺少顶层设计。针对社区治理的政府购买服务项目涉及民政、司法、政法、残联等多个部门。不同部门之间常常仅从自身的治理目标出发，各自为政，购买服务的项目设置、资金来源、准入条件、考核标准、信息发布等均缺少整体设计、系统谋划，统一、规范、有序的市场竞争秩序尚未完全建立。这样的治理格局，既不利于社区治理资源的统筹整合和治理效用的提升，也不利于社会组织专业化水平和市场竞争力的提升，甚至可能强化具体的社会组织对某一政府部门的依赖乃至"体制内"化。

二是购买服务的相关政策条款不够科学。比如，在购买服务过程中，对社会组织的人员持证比例没有要求，其中持有资质证书且在岗从事社会工作的人才不能享受相关人才津贴等，造成社会组织员工持证比例不高、专业化程度不够等突出问题。再如，相关政策条款规定，政府支付的购买服务的项目经费中最高只能有 15% 用于人员经费，极大地制约了社会组织对优秀专业社会工作人才的引育；同时，对承担公益职能的社会组织也缺少税收、房租、用水、用电等方面的政策支持。

（二）人才激励政策力度不够

一是社区从业人员的身份认同度低，成就感、价值感和归属感缺乏。在地方人才工作体系中，社会工作人才队伍建设处于相对弱势地位，相关人才层次定位、专项人才工程设计、引育经费投入、优惠待遇或荣誉配置等不到位，能入选各类国家、省市级人才计划的社工人才凤毛麟角。以海曙区为例，目前全区 1233 名持证人才中只有 1 人入选省级人才工程。

二是职业待遇吸引力不强。以专职的城市社区工作者为例，大多数人"身兼数职"，疲于应付上级政府交付的各类行政事务性工作，很难从事专业的社会工作，专业知识、专职岗位的作用发挥不充分，职业的成长空间不大。虽然在海曙区该类从业人员岗位按照 3—18 级分类，月薪可以达到 8000～12000 元，但工作内容繁杂、工作时间长、压力大，职业性价比并不具有优势。此外，一些市场化的社会组织中从业人员的工作稳定性、收入水平、成长性相对更低，一线从业人员月薪一般为 5000～6000 元，这就更难吸引优秀人才。

四、以深化"四大改革"为抓手推进城市社区治理水平提升

（一）深化"政居分离"改革

一是严格社区政务准入制度。各区（县、市）要深入实施《浙江省村（社区）减负清单指引 2020 版》改革要求，修订完善属地《社区工作准入制实施细则》，明晰社区内职责事务、协助事务的内涵边界，定期更新《社区工作准入目录》，为社区"两委"、专职社工集中精力处理"居务"创造良好条件。

二是推动社区便民服务中心整合升级为区域公共服务中心。可在街道统筹下，将多个社区便民服务中心整合为一个"区域公共服务中心"，既解决城市社区便民服务中心"多小散"、效率低下的问题，也进一步推动社区政务、居务相对分离，实现政务服务向街道集约化、居务服务向社区下沉的治理格局。

（二）深化政府购买服务改革

一是加强政府购买服务顶层设计。可由区级民政、财政部门牵头，定期制定并公布政府购买服务内容清单与社会组织准入条件，并动态调整优化。

二是建立统筹化的年度实施机制。统一规划、申报、会审、核定政府购买服务项目，统一经费标准、资金来源、采购条件，集中发布招标信息、实施招标行动，统一验收、评估服务绩效。

三是完善政府购买服务相关政策条款。要修订政府购买服务经费使用办法，提高项目经费中人员经费的开支比例，一般应据实支付，应将相关经费比例提高至 60% 以上，以支持社会组织积极引育优秀专业社工人才；要修订承接政府购买服务的社会组织准入条件，对持证人员比例做一定的要求，对持证比例高的给予加分倾斜。

四是完善落实社会组织税收优惠政策，对重点培育的公益性社会组织依法给予税收减免支持，并在用电、用水、宽带接入等方面给予一定的政策优惠。

（三）深化社会工作人才政策改革

一是把社工人才纳入属地人才分类目录。制定实施"组合式"人才开发举措，将社工人才纳入属地人才分类目录，对符合条件人才进行专门认定，并根据所属人才类别层次享受相应落户、购房补贴、生活补助、子女教育等优惠待遇。

二是规范健全社工人才薪酬制度。在职业准入制度的基础上，地方政府应

对在编社工的岗位制定体系化、层级性、绩效式的薪酬体系，对无编制的社工人才制定基于资质层次、专业水平和岗位类型的工资指导价，构建科学明晰、有增长空间、有吸引力的社工人才薪酬体系。

（四）深化社区自治与志愿组织改革

一是按照"一社一策"原则，统筹推进社区自治组织建设。可将社区自治组织建设着力点落到更为微观具体的小区，通过推荐、选举等多种方式，吸纳小区业主委员会成员、居民骨干以及小区物业公司、辖区单位和社会组织负责人，组建具有较高专业度的"小区自治理事会"，并可通过项目众筹、设立社区基金等创新机制为"小区自治理事会"提供资金保障，从而凝聚多元力量共同参与社区治理。

二是顺应数字化改革趋势，加强智慧化自治平台建设。积极推动各部门对网上办事系统进行"适老化"改造，借助第三方社会组织，引导居民形成"网上办""掌上办"办事习惯与行为能力；积极构建小区智治服务体系，打造小区自治App、微网站等，构建自治站与居民互动桥梁；依托利用"区块链＋数据链"技术，对社区多源信息进行大数据分析，精准了解不同群体差异化需求和治理应用场景，形成多元主体共建共治共享的良好局面。

宁波大学、市域社会治理现代化研究基地　赵全军

推动法治乡村建设示范先行　奋力走在共同富裕乡村振兴最前列

法治乡村建设是实施乡村振兴战略、推进全面依法治国的基础性工作，也是实现共同富裕先行示范的重要内容。宁波市依托区域化党建联盟、多元化组织架构、高素质人才铁军、数字化法治改革、"四治融合"平台等，形成了多元共治、整体智治、文明善治、民主—良治的法治乡村建设大格局，助推农村经济、社会治理、民生福祉、基层民主等方面高质量发展。推动法治乡村建设的建议：一是注重普法与依法治理深融合，夯实基层治理基础；二是推进民主法治改革新突破，提升共同富裕水平；三是加快构建法治乡村大格局，护航乡村振兴战略。

作为新时代全国法治乡村建设"启航地""先行地""示范地"，宁波市于1998年在全国率先提出建设"民主法治示范村"，并由司法部、民政部在全国推广。2019年，全国加强乡村治理体系建设工作会议和司法部全国法治乡村建设工作会议分别在象山和宁海召开，使宁波市法治乡村品牌在全国广受关注。2021年《宁波市法治乡村建设促进条例》的出台，推动宁波市法治乡村建设继续走在全国前列。

一、主要做法

（一）以党建统领为核心，打造"多元共治"的法治乡村

一是推动区域化党建联盟，整合多方主体共治力量。宁波市打破地域限制，整合优质法治资源，通过强村带动、项目牵引、飞地抱团等8种主要模式，组建了600个全域党建联盟，打造了50个示范性党建联盟，以法治思维和法律意识统筹解决全域资源调动、环境整治、矛盾化解等问题，推进法治乡村"多元共治"。

二是构建规范化组织架构，搭建多元协同治理网络。宁波市通过"平安之家"、社会组织服务中心等村级治理平台，搭建综合性、多功能的组织架构。例如，象山县村级社会组织服务中心内含乡村自治、服务、平安类社会组织 13 个，以乡贤参事会、红白理事会、家庭联盟会、道德评议会为代表的村级社会组织加强和创新"共建共治共享"基层治理，不断深化乡村法治建设。

三是锻造高素质人才铁军，激发多元共治队伍活力。宁波市以村"两委"干部、人民调解员、网格员、村民小组长等为重点对象，着力打造农村群众身边的基层法治人才队伍，深化培育"法律明白人""法治带头人""学法用法示范户""法治示范户"。目前，全市各地共选拔"法律明白人"6018 名，累计开展相关培训讲座 139 场次，实现所有行政村全覆盖。

（二）以数字赋能为抓手，打造"整体智治"的法治乡村

一是指尖普法媒体融合。宁波市打造集"纸、网、端、微、屏"于一体的全媒体普法矩阵，高标准推进普法数字化。例如，"甬派"App 设立"法治宁波"频道，将"法治宁波政务""法治宁波微信公众号""宁波普法网""狱务公开"等纳入，为老百姓提供普法教育宣传、政务信息公开等优质法律服务。2021 年，"甬派"App"法治宁波"频道发文量共计 651 篇，总阅读量达到 3150.2 万人次，平均阅读量 6.26 万人次，单篇最高阅读量 106.9 万人次；"法治宁波"微信公众号发文量共计 816 篇，其中原创 522 篇。

二是云端对话线上自治。宁波市创新构建符合农村实际和村民需求的云端对话平台，围绕农村群众关切的治安、卫生、医疗等问题，打造"云端对话"模式，组建线上村民自治圈。例如，江北区"云上会客厅"邀请各职能部门，通过直播共享、弹幕互动等形式，与线上村民交流协商。自平台开通以来，参与村民就达 2738 人次，收集各类诉求 551 件，处置率达 98%。

三是掌上服务 24 小时在线。宁波市通过线上法律服务平台，为村民提供 24 小时人工服务。例如，鄞州打造"律云在线""娘舅大石头""小娘舅握握团"等线上法律服务平台，推进法治乡村建设"整体智治"；余姚"法治微管家"法律服务小程序截至 2021 年底已提供视频咨询 771 次，留言咨询 216 次，预约服务 41 次，智能咨询、法治宣传、赔偿计算等线上服务 25176 次。

（三）以"四治融合"为主线，打造"文明善治"的法治乡村

一是创立"村民说事"制度，拓展乡村自治创新。宁波市打好"乡村法治＋

村民说事"的治理组合拳，依托"警民说事""法官说法""检察官说案""律师说事""渔排说事"等制度，将"说、议、办、评"融入乡村基层治理。目前，"村民说事"制度已覆盖全市乡村，并上升为省级标准。

二是首创"小微权力清单"，规范乡村法治实践。宁波市坚持用法治思维、法治方式推进基层治理，探索农村基层权力规范化运行机制。2014年，宁海县在全国首推第一份村级小微权力清单，制定出台《村级小微权力清单三十六条》，让村干部权力首次有了明确的"边界"。2018年，《村级小微权力清单三十六条》荣获首届"中国廉洁创新奖"并被写进《中共中央、国务院关于实施乡村振兴战略的意见》。宁波市高水平打造乡村振兴法治样板，民主法治示范村建设被视为"四治融合"创新的根本。截至2021年底，全市已建成全国民主法治示范村（社区）29个、省级民主法治村（社区）461个、市级民主法治示范村（社区）1612个。

三是引导群众建章立制，促进乡风文明提升。宁波市注重乡土人情、道德规范的情感认同，把村民自治章程和村规民约作为促进乡风文明的重要习惯。目前，宁波市2465个村已全部制定修订各具特色、有效管用的村规民约，探索建立村规民约执行监督委员会，推行"积分制""红黑榜"，增强德治功能，健全完善村规民约奖惩机制，让群众充分感受到道德力量。

四是推动线上线下融合，助力乡村智慧集成。宁波市聚焦解决村民高频需求，依托村智慧平台，推动"线上＋线下"一体化服务、"政府数据＋社会数据"共享、"数字赋能＋人文关怀"融合，探索形成一批村民爱用、乡村受用的智治集成平台。例如，象山县创新"村民说事＋网格化＋互联网"模式，成功开发"村民e事""律师e事"等智慧大脑集成系统；宁海县创新开发线上"村级小微权力36条多跨场景应用"，覆盖村级工程、资产资源、救助救灾、劳务用工、村级采购、印章管理、重大事项、三务公开等群众最为关注的高频事项。自运行以来，共产生数据13838条，累计挽回损失500余万元。同时依托系统提示，2021年上半年累计查处群众身边的不正之风和腐败问题16起，处理28人，给予党政纪处分18人。

（四）以县乡发展为载体，打造"民主良治"的法治乡村

一是聚焦民生，乡镇法治唯实唯用。一方面，推动乡镇（街道）合法性审查有形覆盖向有效覆盖转变，切实提升审查质效。2021年5月至2022年4月，全市开展乡镇（街道）合法性审查22329件，有20504条审查意见建议被采纳，

余姚市马渚镇"两圈一圆桌"模式入选浙江省合法性审查"最佳实践"培育试点。另一方面，推动乡镇（街道）法治化综合改革，深化"大综合一体化"行政执法改革，推动法治资源下沉基层，释放更多法治红利。其中，鄞州区姜山镇一支队伍管执法破解基层治理难、余姚市泗门镇以"智治"破基层治理之惑、象山县西周镇"村民说事"擘画法治乡村新画卷3个案例被评为省级最佳实践案例。

二是倾听民声，法律服务入细入深。全市各地以乡镇（街道）公共法律服务站为载体、村法律服务点为触角，将司法服务由乡镇（街道）延伸至村，配合公共法律服务自助终端和微信塔群等资源，实现公共法律服务全覆盖。进一步升级健全"一村一顾问"制度，深入农村网格开展"法治坐诊""法治巡诊""法治会诊"。实行法律援助申请"经济困难承诺制""主办责任制""容缺受理""市域统办"等机制，优化审批流程。普及"公证E通"基层推广应用，建立"案件分流""分片包点"等工作机制。目前，全市"公证E通"已建立服务点位178个，实现乡镇（街道）全覆盖。截至2022年4月，"公证E通"乡镇服务点办证总量达3615件。

三是化解纠纷，民事调解高效公平。宁波市大力推广"网格融调"，把调解主阵地前移到网格，开展"流动巡回调解""点单式巡回调解"。目前，宁波市有6家省级金牌调解工作室、14家市级品牌调解工作室，包括海曙敬民、慈溪"五兄弟"、宁海"老何说和"、象山安民等。截至2021年底，全市已有各类人民调解委员会3298个，有1.4万名专职人民调解员持证上岗，全市乡镇、村调解组织共调解矛盾纠纷29632万件。

二、主要成效

（一）乡村经济发展促共富

宁波市法治乡村建设让干部群众一起谋思路、想对策，合力推动农村经济高质量发展。在法治建设保障下，厂房改建、土地流转、公墓承包等农村改革纵深推进；土地经营权流转机制和服务体系不断完善，全市农村承包地流转率达到69.5%、规模经营率达到71.2%，在全省领先。2021年，宁波市农村居民人均可支配收入达42946元，增长7.9%；全市2162个建制村集体经济总收入为69.98亿元，经营性收入35.02亿元，同比分别增长10.80%和10.85%。年经营性收入50万元以上村共计1176个，占比为54.4%；全市年经营性收入15万元以上建制村实现全覆盖。

（二）乡村社会治理促和谐

宁波市法治乡村建设把法治的理念融入全过程，有力夯实了社会治理的法律与道德底蕴。宁波市通过村民说事等手段，及时有效处置影响社会稳定的苗头性问题。2021年，村民说事化解矛盾纠纷平均调处率99.8%。截至2022年，宁波市实现省平安市"十六连冠"，被授予2021年度"平安牌"。此外，宁波市鄞州区云龙镇等15个地区入选全国乡村治理示范乡镇第一、二批名单，乡村治理更加和谐稳定。

（三）乡村民生幸福更可及

宁波市法治乡村建设始终突出以人为本原则，通过依法行政、依法决策等法治手段，打造政府保障基本、社会积极参与、全民共建共享的协同发展新格局，使群众拥有更多获得感、幸福感、安全感。截至2022年，宁波市已第12次荣获"中国最具幸福感城市"称号。此外，宁波市始终依法落实全市乡村的社保、基层调解和保障农民工工资支付等工作。截至2021年底，全市农村户籍人员养老保险参保率达到99.23%；城乡居民养老保险中农村居民参保人数90.3万人，其中待遇享受人数57.4万人；被征地养老保障中农村居民参保人数28.2万人，其中待遇享受人数23.1万人。

（四）乡村基层民主添活力

宁波市把法治乡村建设具体化、规范化、制度化，真正把群众的民主权利落到实处。宁波市组织开展侵占农村集体资产资源问题集中治理工作。2021年，全市累计查出问题806件，全部完成整改，共完善制度367项，退赔金额276万元。宁波市加强涉农违法案件查处，共打掉侵蚀农村基层政权的黑恶团伙18个，查处村"两委"成员28人，配合有关部门清理前科劣迹等问题村干部72名，及时维护和保障了乡村基层民主，农村治安环境得到显著改善。

三、若干建议

（一）注重普法与依法治理深融合，夯实基层治理基础

宁波市坚持普治并举的原则，统筹发展普法与依法治理，注重普法宣传教育与依法治理、依法行政、依法决策深度融合，提高乡村法治化水平。开展全过程沉浸式普法，讲好涉农法治故事，将与村民息息相关的法治文化元素点缀

村民生活圈周边，为村民搭建广泛的学法平台，同时制作一批具有乡土文化特色、群众喜闻乐见的法治文化作品，提升农村法治文化的引导力和向心力。创新基层依法治理，大力推进地方、基层和行业依法治理，深入开展专项治理活动，因地制宜推广村民说事、村级小微权力清单"36 条"等做法，打造基层普法和依法治理有效阵地。

（二）推进民主法治改革新突破，提升共同富裕水平

以改革的思维和办法来破解难题，持续推进宁波市法治乡村建设。要坚持问题导向，着力推动区域化党建联盟、构建多元化组织架构、搭建"四治融合"平台等方面的民主法治改革，以点带面，形成一批具有创新性、示范性和影响力的重大标志性法治成果。纵深推进数字化法治改革，推动乡村法治数字化应用场景迭代升级，如"村民 e 事""律师 e 事""法治微管家""公证 e 通"等重大应用，并争取在全省推广，推动乡村治理效能跃升。

（三）加快构建法治乡村大格局，护航乡村振兴战略

进一步推进机制改革和制度创新，推动法治乡村向纵深发展。加快贯彻落实《宁波市法治乡村建设促进条例》，紧抓乡村法治建设关键环节，补齐法治资源短板，强化规范标准弱项，巩固议事说事优势，推动乡镇（街道）合法性审查有效覆盖，推进乡镇（街道）法治化综合改革，加大乡村优质公共法律服务供给，健全矛盾纠纷多元化解工作机制，提升涉乡村行政执法综合一体化水平，增强涉乡村司法整体保障能力，构建多元共治、整体智治、文明善治、民主良治的法治乡村建设大格局。

宁波市社科院（市社科联）　邵一琼

宁波市司法局　吕汉杰

疫情防控新形势下深化二级网格建设 推进基层治理精准化的对策建议

宁波市第十四次党代会报告提出，打造一流智慧善治之都，全面提升市域治理的社会化、法治化、精细化、智能化、专业化水平。精细精准治理逐渐成为宁波市治理转型的重要方向。作为基础网格的重要补充、联系群众的最小单元，二级网格是疫情防控新形势下推进基层治理精准化的重要模式。结合宁波市实际，按照"平战结合"要求，进一步深化二级网格建设，完善精准治理机制，使特殊管控更加严密；搭建整体智治体系，使流调溯源更加畅通；选优配强网格力量，使资源整合更加便捷，实现基层治理精准化。

一、疫情防控新形势对基层治理精准化提出新要求

（一）快速确定涉疫人员需要基层精确掌握实时人口数据

"三区"范围内的实时人口数据，对流调溯源以及其他工作的决策部署极为重要。宁波流动人口较多，很多人员工作、居住登记不在同一区域。在疫情防控常态化下，需要加强基层精准化治理，细化网格划分，推进二级网格建设，精确把握实时人员。一旦发生疫情，可以快速确定管控涉疫人员。

（二）高效流调需要畅通精密整体智治系统

疫情发生后，密接、次密接等人员信息分布于公安、卫健、乡镇（街道）、村（社区）等不同条块、不同层级部门，短时间内尚未形成统一的汇总机制，流调工作双线甚至多线作战，流调结果难以及时汇总共享，导致流调人力不足与重复工作情况并存。亟须完善基层整体智治系统，推动不同部门数据共享。

（三）高效调配防疫资源需要精准掌握基层需求

由卫健部门牵头，公安、交通等多个部门协同作战，高效调配人力、物力

资源，如安排隔离宾馆、调度运输车辆等防疫资源等需要精准掌握基层需求。基础网格建设还存在服务范围过大、人员底数不清晰、服务不精细等问题，应进一步细化基层网格划分单元，精准掌握基层防控需求。

二、二级网格是疫情防控新形势下推进基层治理精准化的重要模式

发挥二级网格作用，做深做实做细疫情防控工作，是深化基层治理精准化水平助力打赢疫情防控战役的重要模式。

（一）二级网格是有效激活平战转换的"微作战单元"

二级网格作为基础网格的重要补充，在常态化疫情防控期间，能够做好预防宣传、信息采集、隐患排查、应急演练等工作。一旦发生疫情，能够及时唤醒，迅速进行平战转换，24小时全天候融入疫情防控，履行政策宣传、排摸核对、信息报送、管控服务等职能，确保"拉得出、用得上、打得赢"。

（二）二级网格是快速集结基层力量的"再组织平台"

二级网格作为联系群众最紧密的基层单元，在突发疫情等紧急情况下，能够迅速做强组织发动，充分发挥党员干部的先锋模范作用和疾控专家、医务人员、公安干警的专业优势，充分调动网格内各级干部、企事业单位、志愿力量和社会组织等积极作为，众志成城，凝聚起全社会共同抗疫的强大合力。

（三）二级网格是准确摸清风险隐患的"最有效渠道"

二级网格作为基层最小单元体系，承接上情下达、下情反馈、过程管理、闭环管控等功能。网格长（员）通过利用现有信息化平台及各种应用软件，对网格内的人、物、事、地等动态信息进行实时采集、及时录入，能够较快、较准掌握网格内实情底数，做到风险隐患排查的"零死角、零盲区、零遗漏"，为疫情防控打下坚实有效基础。

（四）二级网格是压实压紧防控责任的"最牢固防线"

二级网格直通群众，具有底数清、力量足、职责明、指挥灵等优势。在统一指挥、协同作战、巡查督办等机制保障下，形成以网格党建为引领、信息技术为支撑、数字化改革为载体的疫情防控组织运行体系，严格落实防控要求，确保防控措施落实到最末端，成为处理处置突发疫情的最牢固防线。

三、疫情防控新形势下深化二级网格建设、推进基层治理精准化的对策建议

（一）完善精准治理机制，使特殊管控更加严密

一是精准指挥，把握防疫实时数据。统一领导，在疫情防控"战时"阶段，区（县、市）全面推行专班模式，迅速激活由政法委、公安局、综合执法局、市场监管局、信访局、矛调中心等部门集中办公的扁平化指挥机制；乡镇（街道）成立疫情防控指挥中心及流调工作专班。统一操作，设置专职联络员，对纳入"浙政钉"疫情防控平台的不同部门工作数据进行统一操作，汇总录入日常工作情况，以便专班及时掌握实时人口、车辆、防疫物资等相关数据。统一口径，及时告知相关部门专班组织框架、职责分工及专班值班表等重要信息，便于统一口径反馈信息。

二是精准定位，夯实基础单元体系。按照属地性、整体性、适度性原则，调整优化基础网格，合理划分二级网格。排摸清楚辖区内实有人口（包括外来人口）总数，以二级网格为基础进行分配导入。对于不属于工业社区的企业、个体工商户，由乡镇（街道）党（工）委统筹纳入二级网格管理。划分完成后的二级网格相对固定，实行地理信息统一编码，实现全市基层服务管理综合信息系统上图上格。

三是精准掌控，聚焦防疫重点工作。聚焦货车司机等重点人群，加大重点人员筛查检测频次，制定集中隔离人员转运工作指引，完善隔离转运信息化系统建设，积极向上对接，研究开发"运单通用二维码"，确保信息自动采集、自动更新。聚焦高速卡口等重点场所，织密织牢重点场所防控闭环，把牢各类交通卡口，加强对周边中高风险地区来甬返甬人员的服务管控。聚焦物流快递等重点行业，严格落实邮政快递、进口货物等防疫措施，加强对投递员、包裹、车辆等的多轮消杀，全力切断病毒通过物流快递传播链条，实现"人物同防"。加强"企业安全码"平台推广应用，推进安全生产重点企业配备风险点位"健康码"。

（二）搭建整体智治体系，使流调溯源更加畅通

一是推进线上智能管理"一张网"。完善数据信息共享机制，以公安数据为核心打通数据平台，整合全员核酸检测数据、三大运营商数据、健康码数据、人口普查数据、医保社保数据等数据资源，优化信息流转程序，统一数据清洗

和信息完善，形成数据底库。积极发挥数字赋能实效，借助"雪亮工程"、视联网系统及时发现问题，运用大数据、区块链、云计算等现代分析手段，实现流调溯源智能化、密接人员判定精准化。

二是推进线下自治共治"一张网"。运用"标准化+"理念手段规范引领二级网格建设，对二级网格的测绘划分、功能定位、工作机制、管理服务内容等进行明确和固化，坚持系统性、科学性和导向性，建立健全部门、（乡镇）街道、村（社区）等不同条块、不同层级之间协同响应的标准体系、实施体系和监督体系，进一步提升宁波基层社会治理的效能与水平。

三是推进全市域全领域智能管理"一张网"。健全线上线下联动机制，完善"一中心四平台"，依托现有"一格两群"（工作钉钉群和服务对象微信群），广泛收集社情民意，及时准确发布信息，服务群众。对于矛盾纠纷、安全隐患等重大突发急情，经专职网格员确认后，通过"一中心四平台"层层上报，形成闭环。

（三）选优配强网格力量，使资源整合更加便捷

一是队伍建设梯队化。坚持广泛发动、双向选择，优先动员群众骨干、物业管理人员、优秀年轻干部等担任二级网格长。引入第三方社会风险评估力量，学习绍兴市柯桥区经验，通过政府购买服务的方式，将社会风险评估组织和工作人员引入乡镇（街道）层级，融入"基层治理四平台"。社会风险评估师主要承担网格督导员角色，监督指导网格员（二级网格员）走访摸排，并给予相关业务培训、实地训练等，提高队伍专业化水平。

二是资金保障多元化。二级网格员的工作（培训）经费主要通过政府购买服务方式，人员经费通过以奖代补等方式列支。专属网格内二级网格的工作经费主要由企事业单位自行负责，减轻财政负担。

三是物资调配一体化。按照二级网格点位图的部署，乡镇（街道）疫情防控指挥中心牵头，协调城管、民兵组织、公交公司做好防护及采样物资的调拨及配送工作。持续规范转运流程，进一步加强属地乡镇（街道）和相关部门之间的沟通联系和工作配合。

宁波市社科院（市社科联） 邵一琼 史 斌 严雪松

关于进一步完善宁波市应急救灾物资保障体系的建议

　　加强应急救灾物资保障体系建设，是应急治理体系和治理能力现代化建设的重要组成部分，也是各级政府履行抢险救援和救灾救助职责的重要保证。宁波市应急救灾物资保障体系建设取得显著成效，但仍然存在一些短板，建议加强应急管理组织体系建设、完善物资储备体系和方式、优化物资储备布局、构建应急物资保障标准体系、加大民生物资保障力度、提高物资保障数字化水平，进一步完善宁波市应急救灾物资保障体系。

一、宁波市应急救灾物资保障体系建设现状与成效

（一）制度体系不断健全

　　2019 年 7 月，宁波市应急管理局会同市粮食和物资储备局制定了调拨应急救灾物资规程，建立了应急救灾物资调拨使用管理机制。2020 年 9 月，市减灾办会同防指办、安委办、森防办、防震办等议事机构研究制定了《关于加强应急救灾物资保障体系建设的指导意见》，按照"统分结合、分级负责、条块结合"的要求，强化了市减灾委与安委办、防指办、森林防灭指办、防震减灾办等相关议事机构协同保障，明确了市、县、乡、村四级应急救灾物资储备体系建设规模。2021 年 12 月，市应急管理局、市发展和改革委、市财政局联合印发了《宁波市应急救灾物资储备管理办法（试行）》，提出了应急救灾物资储备品种目录、应急救灾物资调拨管理、使用回收轮换管理和常用应急救灾物资储备种类及年限标准。

（二）组织领导不断加强

　　2020 年 5 月，宁波市政府办公厅印发了《关于公布市政府议事协调机构清理调整结果的通知》，建立了以市政府常务副市长为主任、市政府副秘书长、市

应急管理局局长为副主任的市减灾委员会，并在市应急管理局设立了市减灾委员会办公室。2021 年 3 月，研究制定了《宁波市减灾委及其办公室工作规则》，统筹推动防灾减灾救灾各项工作，推动建立高效科学的自然灾害防治体系，促进防灾减灾科技推广应用，提高全社会自然灾害防治能力。

（三）物资储备不断丰富

市级储备生活用品类、生活设施类、应急救援类应急救灾物资品种 60 种（超到期 20 种），数量达 37177 件（超到期 12863 件、储备期内 24314 件），储备物资价值约 483.54 万元（超到期价值约 247 万元）。市、县两级应急救灾物资储备库 12 个，储备库面积 6239 ㎡（含市级物资储备库面积 760 ㎡），储备帐篷 877 顶、应急包 5075 个、发电机 313 台、橡皮艇 602 条、卫星电话 33 部、排水泵 1787 台、冲锋舟 108 艘、对讲机 674 部等物资共 46 种 151116 件。全市乡镇、村共储备卫星电话 1026 部、应急发电机 992 台、排水泵 2890 台（部分协议储备）。公共卫生类物资，各地共储备医用口罩 758.5 万只，医用防护服和隔离衣 20.2 万套，医用隔离眼罩和面罩 13.4 万只，医用手套和鞋套 37.1 万双。

（四）保障作用不断凸显

2021 年全市共保障防汛抗旱及防疫救灾物资 1210000 件 / 套，其中排水泵、冲锋舟、救生衣、移动式升降照明灯组、柴油发电机、折叠床、应急生活包、毛毯等 15 种常用应急救灾物资 279256 件。省调拨应急救灾物资 1874 件，市级发放 3966 件。应急救灾物资储备有力保障了防疫、抢险救灾工作需要和受灾安置群众的基本生活。

二、宁波市应急救灾物资保障体系存在的短板

（一）应急救灾物资保障统筹能力还较薄弱

宁波市现行应急救灾物资储备管理分散于不同行业部门，发改、经信、商务、应急、水利、城管、消防、海事、红十字会、供电、通信等各部门均有涉及（见表 1），存在多头管理、力量分散、重复建设、储备物资种类不全、跨部门统筹协调能力不够强等问题，统筹全局的科学调度能力有待进一步提升。

表1　全市应急救灾物资储备行业分布情况

物资类型	现场任务类型	储备行业部门数/个	物资种类/种
抢险救援类	现场监测	2	4
	现场安全	8	11
	应急通信和指挥	6	8
	紧急运输保障	10	24
	应急动力	8	8
	生命搜救	8	15
	人员防护	9	18
	工程抢险与专业处置	11	128
	社会安全事件	0	0
生活保障类	救灾物资	7	46
	重要保供物资	3	14
公共卫生类	医疗救护	8	62
	防疫消杀	4	23

注：课题组根据调研所得各行业部门数据，按照《浙江省应急物资分类指导目录（2021年）》进行统计。

（二）应急救灾物资储备体系还不健全

全市存在应急职能、物资储备、物资调度相互脱节的现象。目前，宁波市应急救灾物资储备以政府储备为主，社会化储备、家庭储备、企业储备数量较少，多元化的物资储备体系尚未形成，而且县、乡两级物资储备体系亟待规范。乡、村应急救灾物资储备点多面广、类杂量少，缺乏有效管理。

（三）应急救灾物资标准体系还未建立

一方面，应急救灾物资储备标准、储备物资的种类及数量不明晰。例如，当前市、县、乡、村四级物资储备库的建设规模缺乏科学评估，对于储备库建设规模设计是应对巨灾还是一般性灾害没有明确标准；市、县、乡、村四级每年安排多少财政预算才能满足救灾需要，应急救灾物资保障重点领域是人还是防御工程，或是基础设施，都需要全盘考虑。另一方面，应急物资储备不够充分，特别是避灾安置场所应急物资保障还未纳入各级财政预算安排。

（四）应急救灾物资信息化水平还不高

目前，宁波市未开发独立的应急救灾物资信息化平台，主要依托浙江省减灾救灾信息系统（应急物资综合管理平台），组织开展各地各行业部门应急救灾物资调查统计、避灾安置场所副食品储备统计、防汛防台常用应急救灾物资统计、多灾易灾乡村重要应急物资"三大件"统计。浙江省应急物资综合管理平台的建设权限不在市级，应急物资只是减灾救灾信息系统的一个模块，仅能实现应急救灾物资的粗略统计和简单调用，不能实现物资精准检索、全流程科学管理。

三、关于完善宁波市应急救灾物资保障体系的建议

坚持"大应急"理念，加大改革创新力度，着力推进从重救轻防向全面应急管理转变、从职能分散向集中领导转变、从单一作战向社会协同转变，构建形成系统集成、多方参与、保障有力、反应灵敏的现代化"大应急"管理体系和"大物资"保障机制。

（一）加强应急管理组织体系建设

充分发挥各级减灾委员会及其办公室的作用，按照平灾结合要求，落实编制，实行常态化运行，统筹自然灾害和安全生产两大领域中应急救灾物资的调拨、使用、管理，完善统一的调拨指挥机制。明确由各级减灾办、乡镇（街道）减灾工作领导小组履行统筹指挥、统一调度，避免相关议事机构多头指令。灾时应急处置突出一线应急保障作用，各级减灾办可在灾区视情设立应急救灾物资调配中心，提高灾区应急救灾物资供应保障时效。

（二）完善物资储备体系和方式

一方面，建立多元化、多层次储备体系。构建以政府储备为核心、社会力量储备为补充、家庭储备为前端、生产企业提供代储的多元化与多层级应急救灾物资储备网络体系。由政府负责应急重点和专业物资、装备的储备，社会组织负责一部分生活物资和救援物资的储备，各单位分别储备适用本单位的应急物资，家庭储备个人自救和应急防护装备，从而形成应急物资生产能力储备与实物储备、社会储备为一体的多元化、多层次应急物资储备体系。另一方面，结合各类物资的功能特性、重要度、储备成本和产能恢复周期等因素，采用"实物＋产能"的动态储备方式，科学设定储备结构，强化生产能力储备，明确产能储备标准体系，注重对生产企业实施扩能改造能力的储备，建立突发事件下产能的平战转换机制。

（三）优化物资储备布局

一是遵循"平战结合、主体多元、保障有力、科学调度"原则，修改完善

《宁波市应急救灾物资储备管理办法（试行）》，以市政府办公厅名义印发，从制度层面规范应急物资储备规模、储备标准、储备方式、资金安排，规范跨部门协作和应急联动。

二是通过建立分级储备制度，形成市级储备为核心、区级储备为支撑、乡镇（街道）储备为辅助、社区储备为补充的市域应急物资储备格局。

三是通过完善应急保障预案，规划应急运输通道，建立市级储备为总基地、县级储备为地域库、街乡储备为前置仓的三级物流保障网络，提高应急物资调运和发放时效，缩短应急保障响应周期。

（四）构建应急物资保障标准体系

一是进行系统评估，优化市、县、乡、村四级物资储备库建设标准，发布各行业、各地区应急救灾物资储备指导目录，并根据应急救灾工作的需要及时更新、修订，实现物资储备规模和种类的标准化。

二是推进应急救灾物资生产、采购、储备、运输、发放、回收等全过程标准体系建设，通过管理过程的标准化提高物资管理效率和质量。

三是加强应急物资分类及编码标准规范运用，让应急物资在入库、维护、轮换、出库等各个环节都有完备统一的程序规范，做到账实相符、账表相符、编码与实物相符。

（五）加大民生物资保障力度

一是根据宁波市人口数量，科学预测生活保障类、公共卫生类等涉及民生的应急救灾物资储备需求，制定应急救灾物资储备中长期规划和储备计划，明确有关单位储备任务。

二是提高民生物资保障供应能力。优化宁波市应急物资产能布局，保障本地一定的应急物资及其辅料的生产能力。探索建设"应急救灾物资供应园区（基地）"，集中应急物资及其辅料上下游企业，安排定点生产，规范质量标准，增强战略储备，便于关键时刻集中调度、保障供应。

三是完善民生物资配送网络。科学评估宁波市应急物资运输能力，通过各种方式储备与应急需求相适应的物资调运车辆、物流中转分发及配送人员，打通物资配送"最后100米"。

（六）提高物资保障数字化水平

以省应急物资综合管理平台为基础，规划建设全市应急救灾物资信息管理系统（见图1），将其纳入数字化改革"1612"体系架构，作为数字政府建设的重要多跨应用场景。按照统一的网络平台、系统结构、技术标准、数据接口，建立一套全维覆盖、端到端、全方位可视化的实时可知、全程可视、运转高效的数字化储备系统。

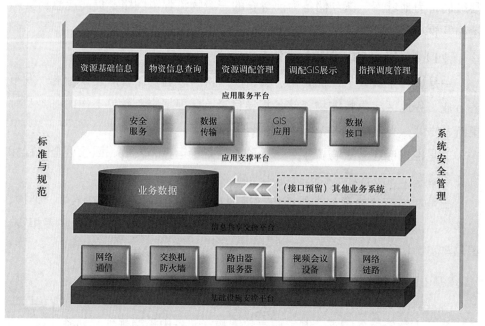

图1　宁波市应急救灾物资信息管理系统参考界面

一是运用虚拟现实技术，建立物资保障模拟系统，科学预测物资消耗，优化物资储备规模和标准。

二是通过信息管理系统实现对应急救灾物资的储备基础信息采集录入、查询管理、入库检查、更新、审核等，将全市所有地区、所有行业的应急救灾物资进行分级、分类汇总统计，做到"驾驶舱"一目了然。

三是对应急救灾物资的生产企业进行信息录入登记，评估其生产能力，按照不同条件对其进行信息录入、查询管理、入库检查。有效协调相关部门和生产企业建立应急物资生产、储存、调用及物流保障等信息沟通机制，准确、及时掌控全市应急物资的分布、类型、储量及相关生产能力和商业储备等信息。

　　四是通过信息管理系统实现应急救灾物资分类检索、储备预警及到期更新预警、灾情及救灾信息发布、调度审批、物资运输可视化管理、物资回收管理等功能，实现应急救灾物资的综合管理、科学调配和高效利用。

中共宁波市委党校　王梦莹　梁　亮

宁波大学疫情应急处置中"保供应"的主要做法及启示

"保供应"是疫情应急处置的关键一环，高校是人员高度密集的超大型单位，一旦发生疫情，应急处置过程中会面临更为突出的"保供应"难题。在 2022 年 4 月中旬的疫情应急处置中，宁波大学围绕如何高效"保供应"，采取了"四化协同"的举措，从指挥运行"扁平化"、供给力量"多元化"、物资配送"网格化"、技术手段"智慧化"四个方面着力，取得了不错的实践成效，值得思考借鉴。建议疫情应急处置中"保供应"，要强化四个方面的措施：一是强化"党建统领"的领导力引领；二是强化"多元共治"的治理合力；三是强化"网格化"的组织支撑保障；四是强化"数字化"的精准赋能。

"保供应"是疫情应急处置的关键一环，做好这项工作，就能聚人心、保稳定。高校是人员高度密集的超大型单位，一旦发生疫情，应急处置过程中就会面临更为突出的"保供应"难题。高校师生数量庞大、可调动的资源相对有限，"保供应"的难度相对更大。2022 年 4 月 12 日凌晨，鄞州区在常态化核酸检测中发现宁波大学计财处 1 名工作人员的检测结果呈阳性。接到疫情防控部门通知后，宁波大学立即启动疫情应急处置机制，按省疫情防控"七大机制"的要求，经科学研判后，决定自 4 月 12 日 8 时起，对校园实行"静态管理"，2.3 万余名在校学生被封闭在校园内，实行"留在寝室、足不出室、服务上门"的管理措施。在此期间，宁波大学围绕如何高效"保供应"，采取了"四化协同"的举措，从指挥运行"扁平化"、供给力量"多元化"、物资配送"网格化"、技术手段"智慧化"等四个方面进行了积极探索，取得了不错的实践成效。

一、主要做法

（一）构建扁平化指挥运行体系

一方面，立即成立以分管后勤工作校领导为组长的"保供应"工作专班，与学校疫情防控领导小组办公室在同一空间办公，在学校疫情防控领导小组的统一领导下开展工作，确保"保供应"工作能根据疫情的实时情况做出及时、有针对性的响应。另一方面，立即激活学校疫情防控网格化管理系统，组织学校学工条线的 108 名教职工（各学院党委副书记、学生辅导员）和后勤系统的宿舍管理人员下沉到学生公寓楼宇，会同学生队伍中的志愿者，构建起"楼宇服务队"，承担起需求排摸、物资分发，以及心理疏导等一线工作。同时，学校各级党组织闻令而动，机关党委和后勤党委组建了 14 个党员突击队，24 个二级学院组建了 30 余个由教师、学生党员组成的党员先锋队，充实到餐食打包、物资搬运、场地清理等紧急任务中。学校党委的扁平指挥、"楼宇服务队"的下沉一线、党员先锋队的冲锋陷阵，形成了扁平高效的"保供应"指挥运行系统，为静态管理中"保供应"工作平稳有序运行提供了强大引领力。

（二）形成多元化供给模式

一是"保供应"单位多元化。面对"盒饭"需求量大、单靠学校生产来不及的难题，学校党委立即决策，采取"校企合作"模式，面向社会餐饮企业采购部分"盒饭"供应服务。在属地政府的联系协调下，从 4 月 12 日晚餐起，选定 2 家有品牌、有资质的专业餐饮机构，每餐向学校提供约 1 万份"盒饭"。这极大地缓解了学校食堂产能不足的矛盾。

二是"保供应"方式多元化。为充分体现以学生为本理念，学校党委决定从 4 月 13 日起，在一日三餐正常供应的基础上，动员多方力量，创新推出"方便食品包"（由方便面、面包、牛奶等选样组合），既可以满足少量学生一份"盒饭"吃不饱的需求，也可以为学生提供风味不一的多样化服务，尽量让学生既能"吃饱"又能"吃好"。

三是"保供应"参与主体多元化。多个学院的班主任、任课教师个人出钱出力为所在学院的学生采购运送生活物资，多位校友、多家企业也积极捐赠各类生活物资。其中仅雅戈尔集团就捐赠了近 5000 万元的物资。校地校企、校内校外的紧密合作，有效破解了学校资源不足的难题。

（三）构建网格化物资配送体系

为打通保供应的"最后100米"，针对学生数量多、供应量大、居住空间散、运输距离长等现实情况，学校探索建立了以"五长制"为核心的网格化配送模式，以标准流程、网格逻辑打通物资配送的堵点。

一是设立"指挥长"。由"保供应"专班负责人担任指挥长，履行做决策、定方案、统资源、抓协调的职能，确保配送工作指令统一、步调一致、行动迅速。

二是设立"点长"。根据学生住宿的空间分布情况，在校本部公寓、甬江公寓、北区公寓、梅山校区等7个学生集中住宿区，每个区域设置1名片区"点长"，由学工（研工）条线的相关负责人担任，具体负责配送方案制定、需求报送、供应单位对接、现场协调指挥等工作。

三是设立"车长"。每辆运输车辆到达相应片区后，由该片区的"点长"指派1名工作人员担任"车长"，由"车长"跟车将物资运送到指定目的地。

四是设立"楼长"和"层长"。在学生居住的楼宇，每一幢楼设置1名"楼长"、每幢楼的每一楼层设置1名"层长"。当运送物资车辆到达指定楼宇后，由跟车的"车长"将物资交给该楼宇的"楼长"和"层长"，再由"楼长"和"层长"将物资配送到学生寝室。

网格化的配送模式把学校的超大空间"化大为小"、把体量庞大的学生群体"化多为少"，用"五长"把一个个网格连接起来，确保配送工作无缝、有序衔接。

（四）创新智慧化技术手段

一方面，2020年疫情发生后，宁波大学打造的"疫管通"大数据平台，发挥了"智慧大脑"的功能，为"保供应"决策提供了快速精准的人员排查、数据统计等支撑。另一方面，学校的"辅导猫""意见通"等功能模块，发挥了桥梁和纽带的作用，为师生表达意见建议、学校了解师生需求，做好对接服务提供了有效的载体。同时，学校的网站、公众号、各类微信群等数字化载体，发挥了"传播平台"的功能，刊发转发的"保供应"工作感人故事、温暖瞬间等，形成了强大的正能量，为学校整个疫情处置工作创造了良好的外部环境。

二、经验启示

（一）疫情应急处置中"保供应"，需"党建统领"领导力引领

学校坚持以党建统领为抓手，形成党委统一领导、二级党组织有力支撑、广大党员师生积极参与的治理格局，从而有力、有序地落实好各项保障措施，构筑起高效顺畅的保供机制。

一是学校党委高度重视，第一时间扛起主体责任。党政一把手及分管安全稳定和后勤保障的校领导带队进驻学校，靠前指挥，科学决策，并坚持深入寝室、食堂，走近教师、学生，及时了解并化解矛盾，安抚学生情绪。同时，充分发挥党委的领导作用，及时发布通告，坚持全校上下和校内校外统一领导、统一部署、统一行动，快速构建起"一盘棋"的应急响应机制。

二是各二级党组织闻令而动，高效落实各项措施。广大党员干部主动担当作为、下沉一线，及时协调解决困难。

三是积极发动学生党员中的骨干力量充实到志愿者队伍，倡导学生自我管理、自我服务。在本轮疫情防控战中，由各级党组织和党员师生凝聚形成的担当力、信念力、驾驭力和向心力，为防控工作提供了坚强的战斗堡垒，是提高保供效能的"核心密码"。

（二）疫情应急处置中"保供应"，需"多元共治"治理合力

学校创新探索了校地融合保供模式。

一是主动向属地政府寻求支援。学校第一时间向属地政府报告疫情防控工作情况，并重点就"保供应"工作中存在的困难做了报告，当日就争取到属地政府有关政策、物资支援。

二是建立购买服务的保供机制。对于疫情防控期间确实紧缺急需的膳食物资，学校设立专项经费，出台专项制度，确定优质的应急食品供应商和应急团餐供应商，为学校食堂提供应急补充力量，确保在校师生的应急用餐需求。

三是积极引入各方力量参与供给。学校提前与社会专业机构建立合作关系，弥补高校资源不足的短板，及时保障了师生平稳的生活秩序。

（三）疫情应急处置中"保供应"，需"网格化"组织支撑保障

聚焦并破解静态管理期间"配送难"问题是整个"保供应"任务中的关键一环。学校创新构建的以"五长制"为核心的网格化配送模式，将保供工作的触角

延伸至每一个生活片区、每一幢楼宇、每一个楼层，甚至是每一个寝室门口，构筑了一个个有效的最小保供单元。这种精准化的"网格化"的管理系统，依托"网格"、整合资源、配备人员，在"格内"处理各类事务，是"保供应"忙而有序的组织基础。

（四）疫情应急处置中"保供应"，需"数字化"精准赋能

疫情防控中数字化手段的运用，不仅保障了学校教学任务能够随时线上线下切换，做到"停课不停学"，也为极端应急场景下的"保供应"工作提供了强大的技术支撑。在校内师生几乎"全员隔离，足不出户"的情况下，钉钉群、视频会议等网络平台成为维系学校运转的新路径，在数据统计、意见征求、物资派送、志愿者招募、通知发布等多个环节，起到了畅通信息、维持秩序的作用。智慧化的"微生态"助力平战结合、平急转换，数字化的"智治力"赋能相关处置部门的高效决策、有序行动。

宁波大学　赵全军　金芬芬　杨少华